新媒体营销系列

直播电商法律法规解析

IMS（天下秀）新媒体商业集团　编著

U0361772

清华大学出版社
北京

内容简介

随着网络的逐渐发达和智能设备的不断普及，生产经营者利用抖音、快手等视频播放平台，以短视频、直播的形式直观地向消费者展现商品，带动了网络购买力的大幅增长。但是，花样繁多的带货玩法背后，相关投诉举报量却在不断增加，带货中的"三无产品、价格虚高"等违法违规现象屡屡成为舆论焦点。

为了抑制短视频与网络直播行业的野蛮生长，为行业健康、长远发展护航，国家相继出台了多部法律法规对短视频与网络直播行业进行规范。本书对电子商务新媒体相关的法律法规进行了梳理和介绍，助力读者逐步养成严谨认真的法治精神，提升专业技能。全书共分为6章，包括了解《广告法》、了解《电子商务法》、熟悉《网络信息内容生态治理规定》、了解《网络短视频平台管理规范》、了解《电子商务平台产品信息展示要求》和相关行业及平台规范等内容。另外，本书还赠送课程标准、授课大纲、讲义、PPT课件以及测试题，以便读者学习和教师授课。

本书侧重"以案释法"，希望通过案例注释法条的方法，将法律法规与真实案例相结合，帮助读者准确理解与适用法律法规，并领会法律法规的内在精神。

本书适合正准备学习新媒体专业的初中级读者，也可作为大中专院校以及社会培训机构相关方面的教材。

图书在版编目（CIP）数据

直播电商法律法规解析 / IMS（天下秀）新媒体商业集团编著. —北京：清华大学出版社，2022.2

（新媒体营销系列）

ISBN 978-7-302-60011-4

Ⅰ. ①直… Ⅱ. ①I… Ⅲ. ①电子商务—法规—法律解释—中国 Ⅳ. ①D922.294.5

中国版本图书馆CIP数据核字（2022）第020304号

责任编辑：张　敏
封面设计：郭二鹏
责任校对：徐俊伟
责任印制：杨　艳

出版发行：清华大学出版社
　　　　　网　　址：http://www.tup.com.cn，http://www.wqbook.com
　　　　　地　　址：北京清华大学学研大厦A座　　　　邮　　编：100084
　　　　　社 总 机：010-83470000　　　　　　　　邮　　购：010-83470235
　　　　　投稿与读者服务：010-62776969，c-service@tup.tsinghua.edu.cn
　　　　　质量反馈：010-62772015，zhiliang@tup.tsinghua.edu.cn
印 装 者：北京鑫海金澳胶印有限公司
经　　销：全国新华书店
开　　本：170mm×240mm　　　印　　张：13.5　　　字　　数：315千字
版　　次：2022年4月第1版　　　印　　次：2022年4月第1次印刷
定　　价：59.80元

产品编号：094166-01

编委会名单

主　　　编：IMS（天下秀）新媒体商业集团

编委会成员（排名不分先后）：

王　薇	王冀川	卢　宁	李　檬	李　剑	李文亮
李云涛	李　杨	孙　宁	孙杰光	孙　琳	刘　鹤
张歌东	张宇彤	张建伟	张　烨	张笑迎	张志斌
陈　曦	陆春阳	徐子卿	韩　帆	郭　擂	段志燕
杨　丹	杨　羽	吴奕辰	袁　歆	唐　洁	雷　方
蔡林汐	韩世醒	秦　耘	樊仁杰		

前言

PREFACE

近年来，随着社交电商及直播电商的高速发展，商家及主播通过网络短视频、直播以动态的、极富个人魅力的方式展示商品和服务，极大地调动了消费者的消费热情。但是与此同时，直播带货还存在产品质量参差不齐、刷单炒信、违法广告、维权不畅等现象。

短视频和直播是营销带货的形式载体，与常规营销手段既有相同点又有不同点。相同之处在于都要履行广告责任和产品质量责任，不同之处在于还涉及著作权归属、敏感信息审查和未成年人保护等。

任何业态模式运行都必须符合有关法律法规，保障消费者的合法权益。对新业态的监管要从发展的角度对各方主体行为的法律属性和责任进行深入研讨、具体分析，既要防止规制不足，也要防止规制过度。

本书内容安排

了解和适用法律法规最好的办法，就是阅读、参考已经发生并裁判生效的真实案例。本书围绕短视频与直播带货这种新兴的业态，向读者集中介绍了相关法律法规，以及由此建构的一整套社会制约机制框架。

本书内容安排如下：

第 1 章　了解《广告法》。近年来我国互联网广告发展迅速，已成为我国广告产业最大和增速最快的板块。利用网络直播平台在线推销商品吸引消费者购买属于商业广告活动，依法受到《广告法》的规范及约束。

第 2 章　了解《电子商务法》。《电子商务法》的出台进一步明确了电子商务经营者、平台经营者、消费者以及支付、物流等第三方机构各自的权利义务，对于个人信息保护、平台监管职责、知识产权保护等内容都有了明确规定，有利于进一步促进电子商务的健康发展。

第 3 章　熟悉《网络信息内容生态治理规定》。《网络信息内容生态治理规定》全面规定了各参与主体的权利、义务，旨在营造良好的网络生态，保障公民、法人和其他组织的合法权益，维护国家安全和公共利益。网络信息内容生态治理需要政府、企业、社会、网民等多方主体参与，共同构建良好的网络生态。

第 4 章　了解《网络短视频平台管理规范》。《网络短视频平台管理规范》作为网络视听行业首个细分平台管理规范，是在总结吸收多家网络短视频平台的经验和建议的基础上，结合主管部门政策和平台管理实际，出台的行业管理自律规范，对短视频长远健康发展有重大意义。

第 5 章　了解《电子商务平台产品信息展示要求》。《电子商务平台产品信息展示要求》规定了电子商务平台销售的产品信息展示的基本原则和要求，展示内容和方式等，为电子商务平台的产品信息展示提供指南，促进电商平台销售产品的信息展示规范化，从而保障消费者权益。

第 6 章　相关行业及平台规范。为了避免短视频与网络直播行业的野蛮生长，为行业健康、长远发展护航，国家相继出台了多部法律法规对短视频与网络直播行业进行规范。

本书特点

本书侧重"以案释法"，希望通过案例注释法条的方法，将法律法规与真实案例相结合，帮助读者准确理解与适用法律法规，并领会法律法规的内在精神。

另外，本书还赠送课程标准、授课大纲、讲义、PPT 课件以及测试题，以便读者学习和教师授课，读者可根据个人需求扫描下方二维码下载使用。

编者

课程标准

授课大纲

讲义

PPT 课件

测试题

目录
CONTENTS

第1章　了解《广告法》

《广告法》于第八届全国人大常委会第十次会议于 1994 年 10 月 27 日通过，自 1995 年 2 月 1 日起施行。该法施行二十余年来，在规范广告活动，促进广告业健康发展，保护消费者合法权益，维护社会经济秩序，促进社会主义市场经济健康发展方面，发挥了重要作用。2014 年 8 月，第十二届全国人大常委会第十次会议对国务院提请的广告法修订草案进行了初次审议，此后又经过 2014 年 12 月常委会第十二次会议和 2015 年 4 月常委会第十四次会议两次审议。2015 年 4 月 24 日，第十二届全国人大常委会第十四次会议通过了修订后的广告法，自 2015 年 9 月 1 日起施行。

1.1　立法目的

为了规范广告活动，保护消费者的合法权益，促进广告业的健康发展，维护社会经济秩序，制定本法。

法条解析： 本条是关于立法目的的规定。根据本条的规定，制定本法的目的有四个：一是规范广告活动；二是保护消费者合法权益；三是促进广告业的健康发展；四是维护社会经济秩序。

1.2　适用范围及定义

在中华人民共和国境内，商品经营者或者服务提供者通过一定媒介和形式直接或者间接地介绍自己所推销的商品或者服务的商业广告活动，适用本法。

本法所称广告主，是指为推销商品或者服务，自行或者委托他人设计、制作、发布广告的自然人、法人或者其他组织。

本法所称广告经营者，是指接受委托提供广告设计、制作、代理服务的自然人、法人或者其他组织。

本法所称广告发布者，是指为广告主或者广告主委托的广告经营者发布广告的自然人、法人或者其他组织。

本法所称广告代言人，是指广告主以外的，在广告中以自己的名义或者形象对商品、服务作推荐、证明的自然人、法人或者其他组织。

法条解析： 本条是关于广告法适用范围以及广告主、广告经营者、广告发布者和广告代言人的规定。根据本条规定，本法主要调整的是商业广告活动。按照广告活动是否以营利为目的，可以分为商业广告活动和非商业广告活动。本条规定与1994年广告法在调整范围上是一致的，即以商业广告活动为主要调整对象。但是本法又授权国务院工商行政管理部门会同有关部门另行制定公益广告管理办法。

另外，与1994年广告法相比，删除了1994年《广告法》第二条中关于广告主"承担费用"的内容，将广告发布者的范围扩大到了自然人，新增了广告代言人的规定。

直播带货是基于互联网购物平台或者短视频平台的一种广告营销行为，目前广泛存在于各网购平台和短视频平台上。《广告法》第二条规定："在中华人民共和国境内，商品经营者或者服务提供者通过一定媒介和形式直接或者间接地介绍自己所推销的商品或者服务的商业广告活动，适用本法。"因此网络直播利用网络直播平台在线推销商品吸引消费者购买属于商业广告活动，依法受到《广告法》的约束。

根据我国《广告法》规定，广告的发布可能涉及四种身份的归属，分别是广告主、广告经营者、广告发布者和广告代言人。传统意义上的"代言人"是指商家利用有一定社会影响的知名人士对自己的产品做推销推荐，最终达到提高销量、获得更大效益的目的。商家在和他们签订合同时，一般都有一定的时效性和排他性，即代言人不得使用或推荐其他类似品牌的商品。网络主播则不同，甚至主播在同一天推荐不同品牌的面膜和化妆品。虽然不同于传统广告中的广告代言人，但其利用自身的名义及形象对商品、服务进行推荐。对于消费者而言，在直播间主播对商品做出"买它"的承诺保障，让大家赶紧购买的行为，符合《广告法》中对于"代言人"的定义。

网络带货主播在被认定为"广告代言人"的同时，也极有可能同时被认定为"广告发布者"。广告发布者是广告投放给公众的最后环节，法律为其设定了比广告代言人更为严格的义务，例如查验产品质量证明文件、核对广告内容是否相符等。

最后，诸如淘宝、京东这种网购平台，也有许多店铺商家自己上阵，亲身卖货，一身兼商品生产者、广告主、广告发布者和代言人诸多身份，在这种情况下主播就要承担更为严格的法律责任。

案例　"李某某专属店"虚假宣传被罚

近期，"李某某专属店"就因为虚假宣传被罚款。处罚文书来自上海市某区市场监督管理局。2019年8月，有举报人称在由李某某持股公司开设的天猫网店（李某某专属店）购买了42瓶某品牌洗发水，花费了3738元。该款商品在网店上宣传有防脱发功能，但实际上没有，因此向监管部门投诉"李某某专属店"涉嫌发布虚假广告。经监管机构查明，"李某某专属店"确实在某品牌洗发水商品广告中宣传该商品具有防脱发功效，却无法提供相关依据证实产品具有防脱发功效。

而根据进口非特殊用途化妆品备案电子信息凭证，该品牌洗发水也不是特殊用途化妆品。结合多方证据来看，"李某某专属店"的行为违反了《广告法》的相关规定，构成了发布虚假广告的行为。

1.3　基本行为规范

广告主、广告经营者、广告发布者从事广告活动，应当遵守法律、法规，诚实信用，公平竞争。

1.4　监督管理机制

国务院市场监督管理部门主管全国的广告监督管理工作，国务院有关部门在各自的职责范围内负责广告管理相关工作。

县级以上地方市场监督管理部门主管本行政区域的广告监督管理工作，县级以上地方人民政府有关部门在各自的职责范围内负责广告管理相关工作。

1.5　广告内容准则

广告内容准则又称广告内容标准，是指发布广告内容的一般原则与限制，是判断广告内容是否合法的依据，是广告法律、法规规定的广告内容与形式应符合的要求。

1.5.1　广告表述

广告中对商品的性能、功能、产地、用途、质量、成分、价格、生产者、有效期限、允诺等或者对服务的内容、提供者、形式、质量、价格、允诺等有表示的，应当准确、清楚、明白。

广告中表明推销的商品或者服务附带赠送的，应当明示所附带赠送商品或者服务的品种、规格、数量、期限和方式。

法律、行政法规规定广告中应当明示的内容，应当显著、清晰表示。

法条解析： 本条是关于广告表述应当准确、清楚、明白的规定。广告中对商品或者服务的重要信息的表示应当准确、清楚、明白。所谓准确、清楚、明白，一是要实事求是，客观、明确地作出表述，不能含混不清；二是要使普通消费者能够正确理解，不致误解。如果广告中宣称附带赠送商品或服务的，应当明确赠送商品或服务的品种、规格、数量、期限和方式。一些特殊商品、服务可能对消费者产生重要影响，为更好地保护消费者合法权益，法律、行政法规对其广告中应当明示的内容作了明确规定，对于这些内容，广告中应当依法显著、清晰地表示。

案例 马鞍山市某地产开发有限公司发布虚假违法房地产广告

当事人通过宣传册和微信公众号发布与事实不符的房屋户型图广告，欺骗、误导消费者，违反了《广告法》第四条、第二十八条的规定。2019年1月，马鞍山市工商局作出行政处罚，责令停止发布违法广告，并处罚款115万元。

案例 某银行存款广告表述不清

某银行的存款广告宣传单，印有"存款到某行，利率上浮55%……"，实际上只针对大额存单这一产品才利率上浮55%，但宣传单上并没有大额存单字样。该行为违反《消费者权益保护法》第八条"消费者享有知悉其购买、使用的商品或者接受的服务的真实情况的权利"，第二十条"经营者向消费者提供有关商品或者服务的质量、性能、用途、有效期限等信息，应当真实、全面，不得作虚假或者引人误解的宣传"，以及《广告法》第八条"广告中对商品的性能、功能、产地、用途、质量、成分、价格、生产者、有效期限、允诺等或者对服务的内容、提供者、形式、质量、价格、允诺等有表示的，应当准确、清楚、明白"的规定，侵害消费者的知情权，并构成发布虚假广告行为。

1.5.2 一般禁止情形

广告不得有下列情形：

（一）使用或者变相使用中华人民共和国的国旗、国歌、国徽，军旗、军歌、军徽；

（二）使用或者变相使用国家机关、国家机关工作人员的名义或者形象；

（三）使用"国家级""最高级""最佳"等用语；

（四）损害国家的尊严或者利益，泄露国家秘密；

（五）妨碍社会安定，损害社会公共利益；

（六）危害人身、财产安全，泄露个人隐私；

（七）妨碍社会公共秩序或者违背社会良好风尚；

（八）含有淫秽、色情、赌博、迷信、恐怖、暴力的内容；

（九）含有民族、种族、宗教、性别歧视的内容；

（十）妨碍环境、自然资源或者文化遗产保护；

（十一）法律、行政法规规定禁止的其他情形。

法条解析： 本条是关于广告内容的一般禁止性情形的规定。

（1）不得使用或者变相使用中华人民共和国的国旗、国歌、国徽，军旗、军歌、军徽。本条中的"国旗"是五星红旗；"国歌"是《义勇军进行曲》；"国徽"的中间是五星照耀下的天安门，周围是谷穗和齿轮；"军旗"包括中国人民解放军军旗和陆军军旗、海军军旗、空军军旗；"军歌"是中国人民解放军军歌，歌名为《中国人民解放军进行曲》；"军徽"包括中国人民解放军军徽（即陆军军徽）和海军军徽、空军军徽。国旗、国歌、国徽都是国家的象征和标志，军旗、军歌、军徽是中国人民解放军的象征和标志，商业广告中不能使用或者变相使用这些标志。

（2）不得使用或者变相使用国家机关、国家机关工作人员的名义或者形象。在广告中使用或者变相使用国家机关、国家机关工作人员的名义或者形象，属于借助社会公众对国家机关及其工作人员的信任牟取不正当利益，应当予以禁止。

（3）不得使用"国家级""最高级""最佳"等用语。广告应当真实、客观地介绍商品或者服务，不得使用"国家级""最高级""最佳"等绝对化用语。经济社会生活是不断发展变化的，对商品或者服务的任何表述都不可能是绝对化的。在广告中使用绝对化用语，不但容易误导消费者，而且可能不正当地贬低了同类商品或者服务，因此法律明确予以禁止。

（4）不得损害国家的尊严或者利益，泄露国家秘密。维护国家尊严和利益、保守国家秘密，是每一个中国公民应尽的义务。广告内容损害国家的尊严或者利益、泄露国家秘密的，应当予以禁止。例如，在广告中散播辱华言论，承担国家涉密尖端装备制造任务的企业在其广告中泄露装备相关信息等，都违反了本项规定。

（5）不得妨碍社会安定，损害社会公共利益。维护社会安定和社会公共利益，是每一个社会成员应尽的义务，广告内容妨碍社会安定、损害社会公共利益的，应当予以禁止。例如，为推销应急设备宣传虚假地震风险，为推销口罩夸大呼吸道传染病疫情信息等，都违反了本项规定。

（6）不得危害人身、财产安全，泄露个人隐私。公民的人身自由、合法财产不受侵犯，是我国宪法确立的基本原则，公民的人身权、财产权、隐私权都受到我国法律的严格保护。广告内容危害人身、财产安全，泄露个人隐私的，应当予以禁止。例如，诱导普通消费者从事需要具备特殊身体条件、知识技能才能从事的、有特定危险或者风险的活动的广告等，都违反了本项规定。

（7）不得妨碍社会公共秩序或者违背社会良好风尚。社会公共秩序是维护社会公共生活所必需的秩序，包括生产秩序、工作秩序、教学秩序、交通秩序、公共场所秩序、生活秩序等。社会良好风尚是历史相沿、积久而成的善良习俗，是民族精神和风貌的体现。每一个社会成员都应当维护社会公共秩序和社会良好风尚。广告内容妨碍社会公共秩序或者违背社会良好风尚的，应当予以禁止。例如，为制造轰动效应，吸引大量人群聚集堵塞交通、影响治安的广告，以及宣扬享乐主义、奢靡之风的广告等，就违反了本项规定。

（8）不得含有淫秽、色情、赌博、迷信、恐怖、暴力的内容。"淫秽"，是指具体描绘性行为或者露骨宣扬色情；"色情"，是指以撩起性兴奋为目的，而展示或描述人类身体或人类性行为的一种表现；"赌博"，是指用财物作注以一定方式争输赢的活动；"迷信"，是指相信命相、鬼神、风水、占星、卜筮等的思想；"恐怖"，是指使人面临危险情境，企图摆脱而又感到无能为力的心理状态；"暴力"，是指侵犯他人人身和财产安全的强暴行为。淫秽、色情、赌博、迷信、恐怖、暴力的内容有损于社会良好道德风尚，违背社会主义精神文明建设的要求，对含有上述内容的广告，应当予以禁止。

（9）不得含有民族、种族、宗教、性别歧视的内容。"民族"，是指历史上形成的，处于不同社会发展阶段的各种人的共同体。"种族"，是指人种，即具有共同起源和共同遗传特征的人群。"宗教"，是指相信并崇拜超自然的神灵，是支配人们日常生活的自然力量和社会力量在人们头脑中的虚幻反映。"性别"，是指男女两性之分。所有人类应当一律平等，不因其民族、种族、宗教、性别而受到歧视。广告中既不得含有歧视少数民族的内容，也不得含有歧视多数民族的内容；既不得含有歧视亚洲人种（黄种人）的内容，也不得含有歧视高加索人种（白种人）、非洲人种（黑种人）、大洋洲人种（棕种人）的内容；既不得含有歧视信仰宗教的人士的内容，也不得含有歧视不信仰宗教的人士的内容；既不得含有歧视男性的内容，也不得含有歧视女性的内容。

（10）不得妨碍环境、自然资源或者文化遗产保护。保护环境、自然资源和文化遗产，是我国宪法所明确规定的公民义务，如宪法第九条规定，禁止任何组织或者个人用任何手段侵占或者破坏自然资源；第二十二条规定，国家保护名胜古迹、珍贵文物和其他重要历史文化遗产；第二十六条规定，国家保护和改善生活环境和生态环境，防治污染和其他公害。本项从规范广告活动角度规定，广告也不得妨碍环境、自然资源或者文化遗产保护。

（11）不得有法律、行政法规规定禁止的其他情形。广告是一项十分复杂的经济活动，本法不可能穷尽广告不得含有的所有情形，为适应经济社会发展的需要，本项作了衔接性规定，作为兜底条款：法律、行政法规规定禁止的其他情形，在广告中也不得出现。例如，《商标法》第十四条规定，生产、经营者不得将"驰名商标"字样用于广告宣传；直销管理条例第十四条规定，直销企业及其分支机构不得发布宣传直销员销售报酬的广告；等等。

※相关法律法规

《中华人民共和国国旗法》 第十八条；

《中华人民共和国国徽法》 第十条；

《宪法》 第九、二十二、二十六条；

《商标法》 第十四条；

《中华人民共和国妇女权益保障法》 第四十二条；

《中国人民解放军内务条令》 第三百一十五、三百一十七条；

《中华人民共和国保守国家秘密法》 第三条；

《直销管理条例》 第十四条。

案例 上海某科技有限公司：使用国家机关工作人员形象做广告宣传

当事人在微信公众号和官网中使用多名现任或原国家机关工作人员的形象做广告宣传，其广告发布持续时间长，且在案件调查时当事人未及时整改，违反了《广告法》第九条第（二）项的规定。依据《广告法》第五十七条第（一）项的规定，2019 年 2 月，上海市市场监督管理局执法总队作出行政处罚，责令当事人停止发布违法广告，并处罚款 100 万元。

案例 河南鄢陵县某科技发展有限公司：使用国家机关工作人员的名义和形象

当事人通过微信公众号、自建网站、宣传画报发布含有"万庄新肥、领导关怀"文字、党和国家领导人与企业代表合影等内容的广告。当事人利用国家机关工作人员的名义和形象进行商业宣传发布广告的行为，违反了《广告法》第九条的规定。2019 年 1 月，鄢陵县工商局作出行政处罚，责令停止发布违法广告，并处罚款 20 万元。

1.5.3 保护未成年人和残疾人

广告不得损害未成年人和残疾人的身心健康。

不得在中小学校、幼儿园内开展广告活动，不得利用中小学生和幼儿的教材、教辅材料、练习册、文具、教具、校服、校车等发布或者变相发布广告，但公益广告除外。

在针对未成年人的大众传播媒介上不得发布医疗、药品、保健食品、医疗器械、化妆品、酒类、美容广告，以及不利于未成年人身心健康的网络游戏广告。

针对不满十四周岁的未成年人的商品或者服务的广告不得含有下列内容：

（一）劝诱其要求家长购买广告商品或者服务；

（二）可能引发其模仿不安全行为。

※相关法律法规

《中华人民共和国未成年人保护法》第二、三、五条；

《中华人民共和国残疾人保障法》第三、十五、二十一、三十、三十一、四十六、五十二条；

《广告法》第三十九、四十条。

1.5.4 涉及行政许可和引证内容的广告

广告内容涉及的事项需要取得行政许可的，应当与许可的内容相符合。

广告使用数据、统计资料、调查结果、文摘、引用语等引证内容的，应当真实、准确，并表明出处。引证内容有适用范围和有效期限的，应当明确表示。

✎ **法条解析：** 本条是关于广告内容涉及行政许可和广告使用引证内容的规定。

一、关于广告内容涉及行政许可

广告内容涉及的事项需要取得行政许可的，主要包括两种情形：一种是对特殊商品或者服务，法律明确规定，其广告内容需要经过行政机关审查。例如，本法第四十六条规定，发布医疗、药品、医疗器械、农药、兽药和保健食品广告，以及法律、行政法规规定应当进行审查的其他广告，应当在发布前由广告审查机关对广告内容进行审查；未经审查，不得发布。另一种是法律、行政法规规定从事特定活动须经许可，广告内容涉及该项活动的。需要说明的是，广告内容涉及的事项应当与许可的内容"相符合"，具有两方面含义：一方面，广告内容不能偏离行政许可的原意，使社会公众产生与行政许可内容不同的理解，这是广告内容真实性、准确性的必然要求，也是本条对涉及行政许可的事项作出规定的目的所在。另一方面，不要求广告内容一字不差地照搬行政许可的内容，只要符合行政许可，在具体表现形式上可以采取多种艺术形式。

二、关于广告使用引证内容

广告的内容涉及多种学科、多种门类的知识和资料，为了增强广告的证明力和说服力，广告中常常使用引证内容。引证内容的具体形式包括数据、统计资料、调查结果、文摘、引用语等。在广告中使用引证内容应当慎重，符合下列要求：

（1）引证内容应当真实、准确。首先，广告中使用的数据、统计资料、调查结果、文摘、引用语本身应当真实、准确。如果广告中使用的数据是实验或者测量得来的，实验、测量的方法应当科学，进行实验、测量的机构应当具有可信度等。广告中使用的统计资料和调查结果应当依照科学方法取得，统计和调查应当具有广泛性，进行抽样统计或者调查应当具有代表性和普遍性，统计结果的偏差应当在合理范围。文摘、引用语应当确有其事、有据可查，不能是任意编造或者道听途说的。其次，在引证内容本身真实、准确的基础上，其在广告中的使用也应当真实、准确。广告中使用上述引证内容时，不得牵强附会、任意引申、断章取义，不得省略对广告主不利的内容，更不得含有违背引证内容原意、可能使社会公众产生误解的内容。

（2）引证内容应当表明出处。这里有两层含义：一是，广告中使用的数据、统计资料、调查结果、文摘、引用语必须明示出处，以表明其确有其事，不是胡编乱造；二是，广告中使用的数据、统计资料、调查结果、引用语必须有据可查，经得起查验对照、重复验证。这样规定，可以防止广告主使用不真实、不准确的引证内容，或者对引证内容作歪曲使用；有利于促使广告主选择权威出处，提高广告的说服力，增强社会公众的信服度；在因广告引证内容产生争议时，也便于当事人举证。

（3）引证内容有适用范围和有效期限的，应当明确表示。广告中的引证内容本身虽然真实、准确，但是有适用范围和有效期限的，应当对其适用范围和有效期限作出明确表示，不得隐瞒限制、扩大适用，这也是广告引证内容应当真实、准确的要求的进一步细化。例如，数据只有在特定条件下才能够实现的，应当说明实现条件，不得将其宣传为普遍适用；仅针对特定期间的评价，应当明确表示其有效期间。

※ **相关法律法规**

《行政许可法》第二条；

《广告法》 第四十六条。

案例 **张家港市某商务咨询有限公司：从事与行政许可不符的业务**

当事人经登记机关核准登记的企业名称为"张家港市某商务咨询有限公司"，其登记的经营业务范围中并不含投资理财业务，但其在广告中宣称为"民间创富连锁服务中心""民间借贷连锁服务中心""张家港民间借贷连锁服务中心""中国最权威的民间银行"等不实内容；此外，当事人还在广告宣传中使用了国家领导人名义和肖像，并宣称"公司采取不摸钱的方式进行理财，理财收益率达14.4%～18%"等内容。由于当事人的广告行为违反了《广告法》第九条第（二）项、第二十五条第一款第（一）项、第二十八条第二款第（二）项等规定，2019 年 1 月，张家港市市场监管局责令当事人立即改正违法行为，并处罚款 25 万元。

> **案例**　南京市某置业有限公司：引证内容未表明出处

当事人在其开发的某楼盘售楼处 LED 显示屏上滚动播放广告，广告中含有"中国地产综合实力 TOP10；蝉联福布斯亚太地区最佳上市公司 50 强；中国领先的城市综合体运营商；香港上市名企；中国别墅专家；中国园林美学大师；中国物业管理领先品牌"等无法证明的内容。当事人的广告行为违反了《广告法》第二十八条第一款和第二款第（二）项的规定，2018 年 10 月，南京市某区市场监管局责令当事人在相应范围内消除影响，并处罚款 40 万元。

1.5.5　涉及专利的广告

广告中涉及专利产品或者专利方法的，应当标明专利号和专利种类。

未取得专利权的，不得在广告中谎称取得专利权。

禁止使用未授予专利权的专利申请和已经终止、撤销、无效的专利作广告。

※相关法律法规

《专利法》第二条。

> **案例**　淄博市某磨料有限公司：谎称取得专利权

当事人在网络平台上发布含有"不锈钢专利产品"等内容的广告，广告中所称的"专利产品"实际并没有取得相关专利证书，其行为违反了《广告法》有关规定，构成发布广告中涉及产品未获得专利权而谎称取得专利权的违法行为。2017 年 8 月，淄博市某区工商局责令当事人停止发布违法广告，处以罚款 8 万元。

> **案例**　某科技有限责任公司：宣传"已申请46项专利"误导消费者

当事人于 2015 年 9 月 15 日起在其官网宣传中称某品牌手机边缘触控已申请 46 项专利的"黑科技"等文字表述的内容，当事人尚未取得专利证书，只有专利申请号。当事人使用未授予专利权的专利申请做广告。北京市工商行政管理局海淀分局认为，根据《广告法》第十二条第三款的规定，当事人的上述行为已构成了发布违法广告的违法行为，依据《广告法》第五十九条第一款第（三）项的规定，责令当事人立即停止发布违法广告，处以罚款 3 万元。

1.5.6　广告不得含有贬低内容

广告不得贬低其他生产经营者的商品或者服务。

※相关法律法规

《反不正当竞争法》第十一条。

案例 **新昌县某汽车有限公司：贬低其他汽车品牌**

新昌县某汽车有限公司从 2017 年 5 月起，在其汽车销售展厅发布一幅"全新一代某品牌汽车 VS 另一品牌汽车"的易拉宝广告。将其经营的"全新一代某品牌"与其他经营者经营的另一品牌汽车在动力、天窗、驾驶、科技、舒适等方面进行对比，以"明显落后""科技更新明显滞后"等内容贬低其他经营者经营的另一品牌汽车。

当事人在广告中以"明显落后""科技更新明显滞后"等内容贬低其他经营者经营的另一品牌汽车的行为违反了《广告法》第十三条"广告不得贬低其他生产经营者的商品或服务。"的规定，属于贬低其他经营者的商品的行为，根据《广告法》第五十九条第一款第（四）项的规定，对当事人处以罚款 1 万元。

案例 **石家庄市某美容服务有限公司：贬低其他生产经营者商品**

石家庄市某美容服务有限公司发布的化妆品广告中含有"其他同类商品达不到该品牌补水、锁水、储水的效果"等贬低其他生产经营者商品的内容。当事人的行为违反了《广告法》第十三条的相关规定，属于贬低其他经营者的商品的行为，根据《广告法》第五十九条第一款第（四）项的规定，石家庄市某区市场监督管理局责令当事人立即停止发布该违法广告，并处罚款 5 万元。

1.5.7　广告可识别性以及发布要求

广告应当具有可识别性，能够使消费者辨明其为广告。

大众传播媒介不得以新闻报道形式变相发布广告。通过大众传播媒介发布的广告应当显著标明"广告"，与其他非广告信息相区别，不得使消费者产生误解。

广播电台、电视台发布广告，应当遵守国务院有关部门关于时长、方式的规定，并应当对广告时长作出明显提示。

法条解析： 本条是关于广告可识别性以及广播电台、电视台发布广告的时长、方式的规定。

一、广告应当具有可识别性

实践中，由于广告的表现形式日益复杂多样，有的广告仅从表面上看难以与其他信息传播形式相区别，使消费者无法辨明其是否是广告，不正当地影响了消费者的购买决策，给消费者造成损害，需要加强规范。因此，本条第一款规定，广告应当具有可识别性，能够使消费者辨明其为广告，使消费者既能够获得必要的商品或者服务信息，又能够对该信息有客观、清晰的认识，避免受到误导。

二、大众传播媒介不得以新闻报道形式变相发布广告

实践中，有的大众传播媒介以新闻报道形式发布广告，混淆了广告和新闻的界限，如以通讯、评论、消息、人物专访、专家访谈、纪实报道、报告文学、专家咨询、科普宣传等形式发布广告；或者是不标明"广告"标记，而使用"专版""专题""企业形象"等非广告标记；或者是在新闻报道中标明企业的详细地址、邮编、电话、电子邮件等联系方式方法，变相为企业进行商业宣传。这种做法滥用了社会公众对新闻的信任，容易误导社会公众，损害消费者的利益。因此，本条第二款中特别强调，大众传播媒介不得以新闻报道形式发布广告。

三、广告应当显著标明"广告"

为了将通过大众传播媒介发布的广告与新闻等非广告信息相区别，避免使消费者产生误解，本条第二款中规定，通过大众传播媒介发布的广告应当显著标明"广告"。例如，报纸、期刊、电影、电视、互联网页面上的广告应当在显著位置、以显而易见的方式标明"广告"字样；广播中的广告应当由播音员作出明确提示，如"以下进入一段广告"。从效果上看，就是要使消费者能够清晰地辨别出广告，不会与其他非广告信息相混淆，不会将广告误以为是非广告信息。

四、广告发布时长、方式

实践中，有的广播电台、电视台发布广告时存在一些突出问题，如广告播放时间过长，节目插播广告过于频繁，在新闻类节目中插播广告，插播游动字幕广告等，严重影响了听众、观众正常收听、收看节目，需要予以规范。本条第三款规定，广播电台、电视台发布广告，应当遵守国务院有关部门关于时长、方式的规定。同时，为了便于听众、观众清楚了解广告时长，使其既能够在广告期间从事其他活动，又不至于错过广播、电视节目，本条第三款还规定，广播电台、电视台发布广告，应当对广告时长作出明显提示。

※相关法律法规

《广播电视广告播出管理办法》第十三～二十七条。

1.5.8 虚假广告

广告以虚假或者引人误解的内容欺骗、误导消费者的，构成虚假广告。

广告有下列情形之一的，为虚假广告：

（一）商品或者服务不存在的；

（二）商品的性能、功能、产地、用途、质量、规格、成分、价格、生产者、有效期限、销售状况、曾获荣誉等信息，或者服务的内容、提供者、形式、质量、价格、销售状况、曾获荣誉等信息，以及与商品或者服务有关的允诺等信息与实际情况不符，对购买行为有实质性影响的；

（三）使用虚构、伪造或者无法验证的科研成果、统计资料、调查结果、文摘、引用语等信息作证明材料的；

（四）虚构使用商品或者接受服务的效果的；

（五）以虚假或者引人误解的内容欺骗、误导消费者的其他情形。

法条解析： 本条是关于虚假广告的规定。

一、虚假广告的含义

虚假广告应当同时包含两个特征：

（1）形式上，广告的内容虚假或者引人误解。广告内容虚假，即广告内容不真实，与实际情况不符。例如，将国内小作坊产品宣传为国外知名企业产品，宣传药品包治百病，等等。广告内容引人误解，一般是指广告中使用含糊不清，或者有多重语义的表述，或者表述虽然真实，但是仅陈述了部分事实，让人引发错误联想。例如，"瑞士进口全机械机芯手表"，既可以理解成机芯是瑞士进口的，又可以理解成手表是瑞士进口的。

（2）效果上，造成了欺骗、误导消费者的客观后果，或者有欺骗、误导消费者的可能性。此处的"消费者"，既包括购买了广告商品或者服务的消费者，又包括可能购买广告商品或者服务的潜在消费者。

应当注意的是，"欺骗、误导"应当与广告的艺术表达相区分。广告需要通过一定的艺术手法来表达，有的内容虽然虚假或者引人误解，但正常的消费者能够正确理解其含义，不足以欺骗、误导消费者的，不构成虚假广告。例如，某化妆品宣传"今年二十，明年十八"，虽然现实中不可能实现，但是消费者都知道这是夸张的表现方法，不会被欺骗或者误导。

二、虚假广告的情形

为了便于识别判断虚假广告，本条第二款对构成虚假广告的常见情形作了列举。分别是：

（1）商品或者服务或不存在的，为虚假广告。例如，没有货物、虚构产品发布邮购广告，打算收到汇款就跑的；不具备从事特定服务的资质、能力等，就发布提供服务的广告等。

（2）商品的性能、功能、产地、用途、质量、规格、成分、价格、生产者、有效期限、销售状况、曾获荣誉等信息，或者服务的内容、提供者、形式、质量、价格、销售状况、曾获荣誉等信息，以及与商品或者服务有关的允诺等信息与实际情况不符，对购买行为有实质性影响的，为虚假广告。此项规定包括两个条件：一是商品、服务及其允诺信息"与实际情况不符"。例如，将国产商品宣传为进口商品；将工业化制成品宣传为纯手工制品；将提供服务的普通工人宣传为国家高级技师；将三无产品宣传为拿过若干国际国内大奖；宣传无条件包退包换，结果拒不履行；等等。二是"对购买行为有实质性影响"，即宣传的虚假信息影响或者可能影响消费者的购买决策。如果信息虽然不真实，但对购买决策没有实质性影响的，不构成本项规定的虚假广告。例如，某商场宣称"十周年店庆，三折特惠"，实际上该店营业仅九年，该信息虽然不真实，但对消费者购买决策有实质性影响的是优惠力度，不是营业年限，即不构成本项规定的虚假广告。

（3）使用虚构、伪造或者无法验证的科研成果、统计资料、调查结果、文摘、引用语等信息作证明材料的，为虚假广告。广告中使用科研成果、统计资料、调查结果、文摘、引用语等信息作证明材料，能够大大增加广告的可信度以及商品或者服务的吸引力，从而影响消费者的购买决策。因此，证明材料本身应当真实、准确。如果证明材料本身是虚构、伪造或者无法验证的，则必然会欺骗、误导消费者，构成虚假广告。

（4）虚构使用商品或者接受服务的效果的，为虚假广告。广告中关于使用商品或者接受服务的效果的描述，是吸引消费者购买的重要因素，其描述既不能无中生有，又不能肆意夸大，否则，必然构成欺骗、误导消费者。例如，招商广告虚构收益，药品广告宣传"包治百病"，牙膏广告宣称一刷就白，在减肥产品广告中使用演员扮演消费者介绍减肥成功经验等。

（5）以虚假或者引人误解的内容欺骗、误导消费者的其他情形。虚假广告情形千变万化，在本法中无法逐一列举，为防止挂一漏万，本项规定了兜底条款。

案例 **某知名化妆品品牌：虚假内容广告被罚**

当事人在重庆某百货有限公司某知名化妆品品牌专柜发布印刷品广告，其内容含有"法国某品牌8天，肌肤犹如新生愈颜，弹润、透亮源自活源精粹的愈颜力，奇迹水肌底精华露，无论年龄，无论肌肤状态，8天肌肤犹如新生，明星达人挚爱之选，众人见证8天奇迹，肌肤问题一并解决，68800人已经见证奇迹水带来的肌肤新生……"等用语。经查明，广告内容虚构使用商品的效果，违反了《广告法》第二十八条第二款第（四）项的规定。依据《广告法》第五十五条第一款等规定，2019年6月，重庆市某区市场监督管理局对其作出行政处罚，责令其停止发布违法广告，并处罚款20万元。

案例 **上海某实业有限公司：虚假内容广告被罚**

当事人通过经营场所的广告牌、官方网站、微信公众号等媒介发布普通食品"某某多醣体"等产品的广告，包含"某某多醣体能深度解肝毒，活化干细胞，让肝细胞再生，所有慢性肝病包括乙肝大小三阳、脂肪肝、酒精肝、肝硬化、肝腹水、肝癌都有调理好的成功案例"等疾病预防、治疗功能以及谎称取得专利权等内容，并在产品未取得"有机"认证的情况下，在产品外包装上宣传标注"有机"字样。当事人行为违反了《广告法》第九条第（三）项、第十二条第二款、第十七条、第二十八条第一款、第二款第（二）项、第（五）项及《有机产品认证管理办法》第三十五条第一款第（一）项的规定。依据《广告法》第五十五条第一款、第五十八条第一款第（二）项、第五十九条第一款第（三）项、《有机产品认证管理办法》第五十条的规定，2019年4月，上海市某区市场监督管理局作出行政处罚，责令其停止发布违法广告，并处罚款50万元。

1.6　法律责任

直播带货过程中，明星直播的主要作用表现在商品展示、咨询服务和广告代言。其中商品展示与咨询服务可以依据法律规定视其为电子商务经营者的代理人，按照代理关系进行处置。广告直播者类似广告代言人，需要按照《广告法》的相关规定进行处理。

1.6.1 虚假广告

违反本法规定，发布虚假广告的，由市场监督管理部门责令停止发布广告，责令广告主在相应范围内消除影响，处广告费用三倍以上五倍以下的罚款，广告费用无法计算或者明显偏低的，处二十万元以上一百万元以下的罚款；两年内有三次以上违法行为或者有其他严重情节的，处广告费用五倍以上十倍以下的罚款，广告费用无法计算或者明显偏低的，处一百万元以上二百万元以下的罚款，可以吊销营业执照，并由广告审查机关撤销广告审查批准文件、一年内不受理其广告审查申请。

医疗机构有前款规定违法行为，情节严重的，除由市场监督管理部门依照本法处罚外，卫生行政部门可以吊销诊疗科目或者吊销医疗机构执业许可证。

广告经营者、广告发布者明知或者应知广告虚假仍设计、制作、代理、发布的，由市场监督管理部门没收广告费用，并处广告费用三倍以上五倍以下的罚款，广告费用无法计算或者明显偏低的，处二十万元以上一百万元以下的罚款；两年内有三次以上违法行为或者有其他严重情节的，处广告费用五倍以上十倍以下的罚款，广告费用无法计算或者明显偏低的，处一百万元以上二百万元以下的罚款，并可以由有关部门暂停广告发布业务、吊销营业执照、吊销广告发布登记证件。

广告主、广告经营者、广告发布者有本条第一款、第三款规定行为，构成犯罪的，依法追究刑事责任。

📝 法条解析： 本条是关于发布虚假广告应承担的行政责任、刑事责任的规定。

本法在 1994 年《广告法》第三十七条规定的基础上，加大了对发布虚假广告行为的惩处力度，提高了罚款幅度，并对两年内有三次以上违法行为或者有其他严重情节的，规定了加重处罚。同时，还对广告经营者、广告发布者的责任承担予以明确。

一、关于虚假广告

《广告法》第三条和第四条中明确规定，"广告应当真实、合法"，"广告不得含有虚假或者引人误解的内容，不得欺骗、误导消费者"，对广告内容的真实性提出了原则要求。同时，《广告法》第二十八条对虚假广告作出界定，明确以虚假或者引人误解的内容欺骗、误导消费者的，构成虚假广告，并对虚假广告的情形作了列举规定，包括"商品或者服务不存在"，"商品的性能、功能、产地、用途、质量、规格、成分、价格、生产者、有效期限、销售状况、曾获荣誉等信息，或者服务的内容、提供者、形式、质量、价格、销售状况、曾获荣誉等信息，以及与商品或者服务有关的允诺等信息与实际情况不符，对购买行为有实质性影响"，"使用虚构、伪造或者无法验证的科研成果、统计资料、调查结果、文摘、引用语等信息作证明材料"，"虚构使用商品或者接受服务的效果"，以及"以虚假或者引人误解的内容欺骗、误导消费者的其他情形"。发布虚假广告，欺骗、误导消费者，损害消费者合法权益，影响广告业健康发展，损害社会经济秩序，是严重的广告违法行为，应当依法严格追究相关主体的行政责任和刑事责任。

二、关于发布虚假广告行政责任的构成

《广告法》第四条第二款规定："广告主应当对广告内容的真实性负责"。实践中，虚假广告的素材一般是由广告主提供的，虚假广告所要达到的效果的要求是由广告主提出的，虚假广告内容也主要是由广告主决定的，可以说广告主是虚假广告的源头，发布虚假广告的行政责任首先应由广告主承担。同时，广告经营者、广告发布者，明知或者应知广告虚假仍设计、制作、代理、发布的，也要承担行政责任。这里的"明知"属于一种故意，即明知故犯的心理状态；"应知"则属于一种过失，即应知但由于疏忽等原因而实际未知的心理状态。广告经营者、广告发布者明知或者应知广告虚假仍进行设计、制作、代理、发布，主观上存在过错，客观上为虚假广告最终得以发布提供了便利、创造了条件，因此也应当承担相应的行政责任。

三、关于广告主、广告经营者、广告发布者的具体责任

发布虚假广告的，首先由市场监督管理部门责令停止发布广告，并责令广告主在相应范围内消除影响，比如以同一媒介、同一方式再发布更正性的广告或者声明，以消除虚假广告造成的不良影响。同时，由市场监督管理部门对广告主，以及明知或者应知广告虚假的广告经营者、广告发布者，进行处罚：（1）对广告主，处广告费用三倍以上五倍以下的罚款，如果广告费用无法计算或者明显偏低，则处二十万元以上一百万元以下的罚款；两年内有三次以上违法行为，或者有其他严重情节的，处广告费用五倍以上十倍以下的罚款，如果广告费用无法计算或者明显偏低，则处一百万元以上二百万元以下的罚款，并可以吊销广告主的营业执照，如果其发布的虚假广告属于依照《广告法》第四十六条的规定需在发布前由广告审查机关进行审查的广告类别的，还应当由广告审查机关撤销广告审查批准文件，且一年内不受理该广告主的广告审查申请。（2）对广告经营者、广告发布者，没收广告费用，并对其处以罚款，确定罚款数额的办法与广告主相同；两年内有三次以上违法行为，或者有其他严重情节的，除了处以罚款外，还可以由有关部门暂停广告发布者的广告发布业务，即可以禁止其在一定期间内发布广告，可以吊销广告经营者、广告发布者的营业执照，以及吊销广告发布者的广告发布登记证件。

为加强对医疗广告的管理，加大对违法发布广告的医疗机构的处罚力度，本条第二款对发布虚假医疗广告的广告主，即医疗机构的行政责任作出特别规定。对于发布虚假医疗广告，且情节严重的，比如多次发布虚假医疗广告，或者使患者受到人身伤害或者遭受严重的财产损失等，除由市场监督管理部门依照广告法规定对医疗机构作出罚款、撤销广告审查批准文件等处罚外，还可以由卫生行政部门吊销其广告相关诊疗科目，或者吊销其医疗机构执业许可证。

四、关于发布虚假广告的刑事责任

广告主、广告经营者、广告发布者发布虚假广告的行为，依照刑法规定构成犯罪的，应当依法严格追究其刑事责任。《刑法》第二百二十二条规定，广告主、广告经营者、广告发布者违反国家规定，利用广告对商品或者服务作虚假宣传，情节严重的，处二年以下有期徒刑或者拘役，并处或者单处罚金。

※相关法律法规

《广告法》第三、四、二十八条；

《刑法》第二百二十二条。

案例 某网红直播带货虚假承诺

多名消费者向上海市消费者权益保护委员会投诉称，2020年10月21日凌晨，通过某网红直播间购买某公司销售的24小时定制无瑕粉底液，直播时承诺购买该产品会赠送价值400元花火底妆刷，但收到的是价值9.9元普通粉刷，认为与承诺不符。为及时快速处理消费者投诉，市消保委第一时间约谈该公司。该公司表示在直播销售过程中因花火底妆刷库存不足，中途改赠双头底妆刷，由于交易页面延迟和未精准把控订单量引发消费者投诉。市消保委向公司提出促销活动要制定预案，通过技术优化确保仓库库存与物流精准衔接，明确售后服务规则。经调解，该公司通过补寄花火底妆刷、更换其他型号化妆刷、补偿消费者金额等方式解决了纠纷。

案例 上海某医院发布虚假违法广告

当事人在未与某大学附属眼耳鼻喉科医院、上海某妇产科医院等上海知名医院建立过任何合作关系的情况下，使用"上海某大学附属眼耳鼻喉""上海某妇产科医院"等关键词作为搜索条件进行广告推广活动，违反了《广告法》第二十八条的规定。2019年2月，上海市市场监督管理局检查总队作出行政处罚，责令当事人停止发布违法广告，并处罚款73.45万元。

1.6.2 发布的广告的责任

有下列行为之一的，由市场监督管理部门责令停止发布广告，对广告主处二十万元以上一百万元以下的罚款，情节严重的，并可以吊销营业执照，由广告审查机关撤销广告审查批准文件、一年内不受理其广告审查申请；对广告经营者、广告发布者，由市场监督管理部门没收广告费用，处二十万元以上一百万元以下的罚款，情节严重的，并可以吊销营业执照、吊销广告发布登记证件：

（一）发布有《广告法》第九条、第十条规定的禁止情形的广告的；

（二）违反《广告法》第十五条规定发布处方药广告、药品类易制毒化学品广告、戒毒治疗的医疗器械和治疗方法的广告的；

（三）违反《广告法》第二十条规定，发布声称全部或者部分替代母乳的婴儿乳制品、饮料和其他食品广告的；

（四）违反《广告法》第二十二条规定发布烟草广告的；

（五）违反《广告法》第三十七条规定，利用广告推销禁止生产、销售的产品或者提供的服务，或者禁止发布广告的商品或者服务的；

（六）违反《广告法》第四十条第一款规定，在针对未成年人的大众传播媒介上发布医疗、药品、保健食品、医疗器械、化妆品、酒类、美容广告，以及不利于未成年人身心健康的网络游戏广告的。

※相关法律法规

《广告法》第九、十、十五、二十、二十二、三十七、四十条；

《中华人民共和国药品管理法》第六十条。

1.6.3　广告业务管理的责任

违反《广告法》第三十四条规定，广告经营者、广告发布者未按照国家有关规定建立、健全广告业务管理制度的，或者未对广告内容进行核对的，由市场监督管理部门责令改正，可以处五万元以下的罚款。

违反《广告法》第三十五条规定，广告经营者、广告发布者未公布其收费标准和收费办法的，由价格主管部门责令改正，可以处五万元以下的罚款。

🖋 **法条解析：**　本条是关于广告经营者、广告发布者未按照规定建立健全广告业务管理制度、未对广告内容进行核对以及未公布收费标准和收费办法应承担的行政责任的规定。

广告经营者、广告发布者建立健全承接登记、审核、档案管理等广告业务管理制度，有利于分清广告活动主体的责任、减少广告活动主体之间的民事纠纷，同时也有利于广告监督管理机构对其广告违法行为进行查处。为此，《广告法》第三十四条第一款规定，广告经营者、广告发布者应当按照国家有关规定，建立、健全广告业务的承接登记、审核、档案管理制度。同时，《广告法》第三十四条第二款规定，广告经营者、广告发布者依据法律、行政法规查验有关证明文件，核对广告内容。对内容不符或者证明文件不全的广告，广告经营者不得提供设计、制作、代理服务，广告发布者不得发布。广告经营者、广告发布者违反《广告法》第三十四条规定，未按照国家有关规定建立、健全广告业务管理制度的，或者未对广告内容进行核对的，由市场监督管理部门责令改正，并可以由市场监督管理部门对其处五万元以下的罚款。

价格法第十三条中规定，经营者销售、收购商品和提供服务，应当按照政府价格主管部门的规定明码标价。与该规定相衔接，《广告法》第三十五条规定，广告经营者、广告发布者应当公布其收费标准和收费办法。广告经营者、广告发布者违反《广告法》第三十五条的规定，未公布其收费标准和收费办法的，由价格主管部门责令改正，并可以由价格主管部门对其处五万元以下的罚款。

※相关法律法规

《广告法》第三十四、三十五条；

《价格法》第十三条。

1.6.4　广告代言人的责任

广告代言人有下列情形之一的，由市场监督管理部门没收违法所得，并处违法所得一倍以上二倍以下的罚款：

（一）违反《广告法》第十六条第一款第（四）项规定，在医疗、药品、医疗器械广告中作推荐、证明的；

（二）违反《广告法》第十八条第一款第（五）项规定，在保健食品广告中作推荐、证明的；

（三）违反《广告法》第三十八条第一款规定，为其未使用过的商品或者未接受过的服务作推荐、证明的；

（四）明知或者应知广告虚假仍在广告中对商品、服务作推荐、证明的。

法条解析： 本条是关于广告代言人违法行为应承担的行政责任的规定。

广告代言人利用自身的专业性、权威性、影响力等因素对广告商品或者服务进行推荐、证明，往往能够引起消费者对广告商品或者服务的关注和购买，是一种重要的广告宣传手段。为加强对广告代言行为的规范，强化广告代言人的责任，以保护消费者的合法权益，本法对广告代言人的义务和责任作出了具体规定，广告代言人违反本法规定的，应当依法承担责任。

本条规定的广告代言人的违法行为包括以下三类：①违反《广告法》第十六条第一款第（四）项、第十八条第一款第（五）项的规定，在医疗、药品、医疗器械广告以及保健食品广告中作推荐、证明。医疗、药品、医疗器械和保健食品，关系消费者的生命健康和人身安全，且功效因人而异，因此本法禁止在这些广告中进行代言。②违反《广告法》第三十八条第一款规定，为其未使用过的商品或者未接受过的服务作推荐、证明。广告代言人未使用过广告商品或者服务，其代言缺乏实际根据，轻率地向消费者进行推荐、证明，是对消费者的不负责任。③明知或者应知广告虚假仍在广告中对商品、服务作推荐、证明。这种情形下的广告代言人，或是故意欺骗、误导消费者，或是严重不负责任，损害了消费者权益，破坏了社会经济秩序，除依照《广告法》第五十六条的规定承担民事责任外，还应当按照本条的规定承担相应的行政责任。

广告代言人有本条规定的违法行为的，由市场监督管理部门对其进行以下处罚：（1）没收违法所得，即没收广告代言人因在该广告中进行代言活动所取得的相关收入。（2）并处违法所得一倍以上二倍以下的罚款。

从常见的直播带货形式来看，主播接受广告主委托或者接受广告经营者（如直播平台）委托从事商品宣传，应认定广告发布者。主播此时的作用通常是引流——消费者通过点击直播平台上的链接跳转至电商经营者网页继续完成购物。但是如果主播"以自己的名义或者形象对商品、服务作推荐、证明"，应认定为广告代言人。此时，主播的作用除了引流之外，还在以自身形象和信誉为商品"背书"，消费者基于主播对商品质量和服务的承诺和保证购买商品，应视主播为广告代言人。

※相关法律法规

《广告法》第二、十六、十八、三十八、五十六条。

案例 艺人徐某某代言"某品牌猴姑饼干"

2017年5月，徐某某代言的"某品牌猴姑饼干"广告因宣传"养胃"被消费者告上法庭。北京一位消费者由于胃部不适，购买了徐某某代言的"某品牌猴姑饼干"，食用后发现与普通饼干无异，认为"养胃"宣传误导了他。所以将销售者、生产者及广告代言人徐某某告上法庭，要求10倍赔偿货款并在媒体上公开道歉。

猴姑饼干"养胃"宣传最终被认定为不构成虚假宣传。

案例　**艺人郭某某代言"某品牌排油减肥茶"**

2006 年 4 月上旬，郭某某代言"某品牌排油减肥茶"，后被媒体披露藏某品牌油茶涉嫌违规生产，广告涉嫌违法。2006 年 7 月 16 日，因涉嫌虚假宣传，郭某某及某品牌排油茶厂家被消费者告上法庭。2007 年 3 月，央视"3·15"晚会曝光该产品系无批号、违法宣传的伪劣品。

案例　**体育明星姚某代言某品牌胶囊**

2014 年 4 月，北京一位消费者因认为自己购买的某品牌鱼油软胶囊涉嫌虚假宣传，起诉代言该产品的体育明星姚某和经销商，法院随后正式立案。消费者称，自己是因为看了姚某推荐的广告产品后才决定购买，"我对姚某非常崇拜，非常喜爱，之所以买这个产品也是冲着他买的。如果没有他的推荐，我根本不可能买，他欺骗了我，他肯定负有连带责任。"

在给法院递交的起诉书中，消费者要求第二被告姚某承担连带责任、赔偿精神损失费 1 分钱，连续 30 天在国内权威媒体向原告赔礼道歉。

案例　**艺人林某某代言某品牌胶原蛋白**

2014 年，林某某参与宣传的某品牌胶原蛋白饮品涉嫌虚假宣传案在上海开庭。原告自称为林某某的粉丝，称在其微博转发的《林博士课堂》看到某品牌胶原蛋白有补充人体胶原蛋白及美容保健的功效，因而相信了某品牌系列产品具有美容保健功效，故花 107 元购买了某品牌三瓶特惠装胶原蛋白果味饮料。

但随后得知，某品牌胶原蛋白饮品属于普通食品，不具有美容保健功能。而且收到商品发现某品牌组合装看不出由林某某及其团队研发的事实，是企业利用林某某的影响力和号召力欺骗，侵犯了知情权，要求承担相应的赔偿责任，共 8658 元。

1.6.5　互联网发布广告的责任

未经同意或者请求向他人发送广告、违法利用互联网发布广告的责任，违反《广告法》第四十三条规定发送广告的，由有关部门责令停止违法行为，对广告主处五千元以上三万元以下的罚款。

违反《广告法》第四十四条第二款规定，利用互联网发布广告，未显著标明关闭标志，确保一键关闭的，由市场监督管理部门责令改正，对广告主处五千元以上三万元以下的罚款。

法条解析：　本条是关于违反广告法规定向他人发送广告以及利用互联网发布广告应承担的行政责任的规定。本条属于新增加的规定，明确了对违反广告法规定向他人发送广告以及利用互联网发布广告的处罚。

（1）未经当事人同意或者请求，向其住宅、交通工具等发送广告，或者以电子信息方式向其发送广告的，广告主应当承担相应责任。未经当事人同意或者请求，向其住宅、交通工具等发送广告，可能造成环境、交通安全危害；以电子信息方式向消费者发送广告，比如向消费者的固定电话、移动电话，以及消费者个人的电子邮箱、即时通信工具、社交媒体账号等发送广告，可能对消费者的工作和生活产生一定干扰，损害消费者权益，造成网络资源的浪费。为此，《广告法》第四十三条规定："任何单位或者个人未经当事人同意或者请求，不得向其住宅、交通工具等发送广告，也不得以电子信息方式向其发送广告。以电子信息方式发送广告的，应当明示发送者的真实身份和联系方式，并向接收者提供拒绝继续接收的方式。"违反《广告法》第四十三条规定的，应当按照本条的规定承担相应责任。

本条第一款规范的违法行为包括：①未经当事人书面或者口头同意或者请求，即向其住宅、交通工具等发送广告，或者通过固定电话、移动电话、消费者个人的电子邮箱等电子信息方式向其发送广告。②在经当事人同意或者请求以电子信息方式发送的广告中，未明示发送者的名称等真实身份，以及有效邮寄地址等联系方式。③在经当事人同意或者请求以电子信息方式发送的广告中，未向接收者提供拒绝继续接收的方式，不能使接收者很容易地免费取消订阅。有上述违法行为的，由有关主管部门责令停止违法行为，同时，对广告主处五千元以上三万元以下的罚款。

（2）利用互联网发布广告，未显著标明关闭标志，确保一键关闭的，广告主应当承担相应责任。针对实践中网络弹窗广告泛滥、影响用户正常使用网络的突出问题，《广告法》第四十四条第二款明确规定："……在互联网页面以弹出等形式发布的广告，应当显著标明关闭标志，确保一键关闭。"广告主违反该款规定，利用互联网发布广告未显著标明关闭标志的，或者不能确保用户一键关闭该广告的，应当按照本条第二款的规定承担责任，即由市场监督管理部门责令改正，同时，对广告主处五千元以上三万元以下的罚款。

※相关法律法规

《广告法》第四十三、四十四条。

案例 **直播带货夸大产品功能，虚假宣传**

浙江某公司，主要从事泡澡浴粉销售。2019 年，公司安排多名主播在直播平台做直播带货。主播们在直播过程中不断宣传公司的泡澡浴粉拥有"祛湿驱寒""疏通经络"等功效。大量粉丝购买后，发现该产品根本没有上述功效。实际上公司并没有证据证明其产品具有"祛湿驱寒""疏通经络"等功效。

有关部门调查后认定该公司上述行为属于虚假宣传，依法对其处罚款 20 万元。

案例 **直播带货虚假宣传**

江某为江苏某地的个体户，在当地经营一家奶粉店。随着直播带货的兴起，他也开始在直播平台开直播卖奶粉。为了吸引粉丝购买奶粉，他制定了一套极具吸引力的直播话术。比如在直播卖羊奶粉时，他说"羊乳为奶中之王，百无所忌""羊奶的医学保健功能可追溯到几千年前，古今医学都已证实，羊奶不但营养价值高，且具有消炎、护肤、抗衰老的医学保健功能"。他这一套自行编造的话术主要是为了促进成交，吸引粉丝下单，本身并没有相关检验证明和科学依据。

有关部门认定江某上述行为属于虚假宣传，责令其停止违法行为，处罚款 20 万元。

1.6.6　未依法制止违法广告活动的责任

公共场所的管理者和电信业务经营者、互联网信息服务提供者未依法制止违法广告活动的责任，违反《广告法》第四十五条规定，公共场所的管理者和电信业务经营者、互联网信息服务提供者，明知或者应知广告活动违法不予制止的，由市场监督管理部门没收违法所得，违法所得五万元以上的，并处违法所得一倍以上三倍以下的罚款，违法所得不足五万元的，并处一万元以上五万元以下的罚款；情节严重的，由有关部门依法停止相关业务。

※相关法律法规

《广告法》第四十五条。

1.6.7　隐瞒真实情况或者提供虚假材料申请广告审查的责任

违反广告法规定，隐瞒真实情况或者提供虚假材料申请广告审查的，广告审查机关不予受理或者不予批准，予以警告，一年内不受理该申请人的广告审查申请；以欺骗、贿赂等不正当手段取得广告审查批准的，广告审查机关予以撤销，处十万元以上二十万元以下的罚款，三年内不受理该申请人的广告审查申请。

※相关法律法规

《广告法》 第四十六、四十七条。

1.6.8　伪造、变造或者转让广告审查批准文件的责任

违反广告法规定，伪造、变造或者转让广告审查批准文件的，由市场监督管理部门没收违法所得，并处一万元以上十万元以下的罚款。

※相关法律法规

《广告法》第四十六、四十八条。

1.6.9　"极限用语"使用案例

极限用语是指类似于"最佳""第一""顶级"等极端描述性的词语，这类词语本身没有统一的评价标准，极有可能夸大产品的功能和价值，对消费者造成误导。在网络电商直播中，处于信息劣势地位的消费者往往在"限量秒杀"等言语引导下冲动消费，这也使主播更倾向使用"极限广告词汇"博人眼球、提振销量。

下面列举《广告法》规定在广告中禁止使用的"极限用语"。

- 与"最"有关

最、最佳、最具、最爱、最赚、最优、最优秀、最好、最大、最大程度、最高、最

高级、最高档、最奢侈、最低、最低级、最低价、最强大、最便宜、时尚最低价、最流行、最受欢迎、最时尚、最聚拢、最符合、最舒适、最先、最先进、最先进科学、最先进加工工艺、最先享受、最后、最后一波、最新、最新科技、最新科学。

案例 **某品牌包装材料：使用绝对化用语**

2019 年，当事人在其公司官方网页和微信公众号上发布广告，含有"我公司是北方最大的药用铝塑包装和重磅包装生产基地"等禁止使用的绝对化用语，且不能提供有效依据和证明的内容，其行为违反了《广告法》的相关规定，石家庄某县市场监督管理局责令当事人停止发布该违法广告，并处罚款 20 万元。

• 与"一"有关

第一、中国第一、全网第一、销量第一、排名第一、唯一、第一品牌、NO.1、TOP1、独一无二、全国第一、一流、仅此一次（一款）、最后一波、全国 X 大品牌之一。

案例 **某品牌葛根粉：广告内容与实际不符**

当事人通过微信公众号发布含有"某品牌葛根粉，由某军医大学营养与保健品研究中心研制，食效显著。解酒护肝当天有效，便秘痔疮 3 ~ 7 天见效，防治痘痘 7 ~ 10 天见效；更有排毒养颜、丰胸美白，促进儿童体格智力发育，防治前列腺疾病、防治三高、延年益寿等功效。中国葛根行业第一品牌某某某公司官方平台"等内容的食品广告。广告内容与实际不符，且涉及疾病治疗功能，违反了《广告法》第四条第一款、第九条第（三）项、第十七条、第二十八条第二款第（四）项、第（五）项的规定。依据《广告法》第五十五条第一款等规定，2019 年 4 月，重庆市涪陵区市场监督管理局对其作出行政处罚，责令停止发布违法广告，并处罚款 20 万元。

案例 **某知名主播直播带货时出现极限用词**

某知名主播在进行直播带货过程中出现了"销量第一"等字眼，但其知道直接使用这类广告词是违反法律规定的，他将该类词汇制作成纸板再用红线划掉，还在直播中告知网友这些词汇是违反广告法的。尽管主播用红线划掉了极限词，但是这一行为间接地让公众注意到了有关词汇，仍然涉嫌违规。

• 与"级、极"有关

国家级、国家级产品、全球级、宇宙级、世界级、顶级（顶尖/尖端）、顶级工艺、顶级享受、极品、极佳（绝佳/绝对）、终极、极致。

案例 **某App：使用不当用语**

2018 年 11 月 17 日至 2018 年 12 月 10 日期间，当事人在其自营的某 App 福利社发布的带有广告性质的"种草"图文中，宣传"某品牌奶粉是德国第一品牌奶粉，也是欧洲销量最好的奶粉之一。其产品所有系列配方奶粉，只采用最优质／无污染的天然牧场奶源，从源头最大限度地保证了奶粉的营养和安全""加强铁质强化配方，预防婴幼儿缺铁性贫血，促进铁的吸收，牙齿和骨骼的生长"。再查，2018 年 11 月 17 日至 2018 年 12 月 17 日期间，当事人在其自营的某 App 福利社销售"某明星推荐粉丝真丝眼罩"时宣传"顶级桑蚕丝绸更舒适"。

发布广告使用"第一品牌""最好""顶级"等用语，违反《广告法》第九条第（三）项规定，2019 年 2 月 3 日，上海市某区市场监管局作出行政处罚，责令其停止发布违法广告，并处罚款 3 万元。

案例　某品牌手机：全球第二好用

2015 年 2 月，北京市工商行政管理局某分局正式判定某品牌手机"全球第二好用的智能手机"违规，责令停止发布违法广告，并公开更正。

工商局在通知中称，某品牌手机广告中含有"顶级"绝对化用语及引用"全球第二好用的智能手机"调查结果未表明出处，违反了《广告法》第七条第二款第（三）项及第十条之规定。不过在调查中没有发现能确定广告费的证据，依据相关规定责令该品牌手机停止发布违反广告，公开更正。

- 与"首、家、国"有关

首个、首选、独家、独家配方、首发、全网首发、全国首发、XX 网独家、首次、首款、全国销量冠军、国家级产品、国家（国家免检）、国家领导人、填补国内空白、中国驰名（驰名商标）、国际品质。

案例　某医疗美容门诊：使用绝对化用语

当事人于 2019 年 2 月起，在"珠海某医疗美容"微信公众号自行制作发布的"概况"之"品牌简介"页面发布包含"国内首家……美容机构。坚持将最时尚整形讯息，最前沿的整形技术、最精良的整形技法、最优质的全程服务、最优秀的整形效果提供给每一位顾客。为您提供最合适的整形。让爱美人士臻享世界级的整形技术！"的宣传内容。上述行为违反了《广告法》第九条第（三）项的规定，珠海市某区市场监督管理局于 2019 年 6 月 3 日作出了责令当事人停止发布违法广告，处罚款 10 万元行政处罚。

案例　淘宝某知名主播：使用绝对化用语

"你会吃到最新鲜的羊肚菌，这个我跟你说，补身体绝对是最好的，它可以增强抵抗力、益肠胃、助消化、补脑提神、补肾壮阳，给老人吃非常好，年轻人吃也可以，小朋友吃也可以，全都没有问题。"淘宝平台某知名主播在直播间里，向粉丝推荐一款羊肚菌时说。

这段直播内容，涉嫌违反了三部法律。

第一，《广告法》第九条规定，不得使用"国家级""最高级""最佳"等用语，该主播使用了"绝对"这样的语言；

第二，在描述羊肚菌时，容易误导消费者以为羊肚菌有治病功能，如果有消费者因这种宣传而食用造成不良后果，就违反了《消费者权益保护法》，该主播需要承担民事责任；

第三，违反《食品安全法》第七十三条，食品广告的内容应当真实合法，不得含有虚假内容，不得涉及疾病预防、治疗功能；食品生产经营者对食品广告内容的真实性、合法性负责；自然人进行代言需要对代言产品真实吃过或用过，如果代言产品出现问题，代言人也要承担连带责任。

● 与品牌有关

大牌、金牌、名牌、王牌、领袖品牌、世界领先、（遥遥）领先、领导者、缔造者、创领品牌、领先上市、巨星、著名、掌门人、至尊、巅峰、奢侈、资深、领袖、之王、王者、冠军。

案例　某品牌二手车：不实广告宣传语被罚

当事人在媒体发布视频宣传广告，内容是：创办一年，成交量就已遥遥领先。经核查，当事人广告宣传中使用的"创办一年，成交量就已遥遥领先"的广告语缺乏事实依据，与实际情况不符。违反了《广告法》第四条的规定，同时符合《广告法》第二十八条第二款第（二）项之规定，即服务的销售状况与实际情况不符，对购买行为有实质性影响的。北京市工商行政管理局某分局依据《广告法》第五十五条第一款和《行政处罚法》第二十七条第一款第（一）项的规定责令当事人停止发布违法广告，责令广告主在相应范围内消除影响，决定处罚款 1250 万元。

● 与虚假有关

史无前例、前无古人、永久、万能、祖传、特效、无敌、纯天然、超赚。

案例　广州某生物科技有限公司：虚假内容广告被罚

当事人利用产品包装、微信公众号和网络直播带货等多种形式，宣传其产品"采用国际最先进的技术并结合多种草本植物精心研制而成，在黑发的同时还能取得养发、护发、固发的效果"，并利用其网站发布含有"李时珍《本草纲目》黑发秘方，千年古方，本草黑发，100 多位中医药专家 4 年研发的润黑露""1 个千年黑发秘方，100 多万白发人受惠点赞，1000 多个日夜研发升级"等虚假内容的广告。当事人的行为违反《广告法》第四条、第二十八条的规定。2019 年 5 月 9 日，广州市某区市场监管局作出行政处罚，责令当事人立即停止广告违法行为，公开更正广告内容，在相应范围内消除影响，罚款 20 万元。

● 与权威有关

老字号、中国驰名商标、特供、专供、专家推荐、质量免检、无需国家质量检测、免抽检、国家 XX 领导人推荐、国家 XX 机关推荐、使用人民币图样（央行批准除外）。

🔍 **法条解析：**

一、"极限用语"使用指引

（1）绝对禁止使用。核心规则：所有主观的最高级别形容词均绝对禁止使用；客观上无法证明或证伪的极限形容词禁止使用。

（2）相对禁止使用。核心规则：在没有限定范围，或者限定范围但无法通过客观证据证明的描述不得使用。

（3）相对禁止的例外。核心规则：在限定范围且可以用客观证据证明的情况下，由绝对用语变为相对用语时可以使用。比如：某新款产品"第一"次发布、某款车的"顶级"配置型号、某网站某月销量"最高"产品、某公司"最新"推出产品、某楼盘"最大"户型、某鞋型"最小"尺码、某款特定型号的手机在独家平台上"全网首发"、某产品在某范围内的"独家"代理等。

二、实际操作注意要点

（1）使用相对禁止用语时，必须走法务支援流程。按照法务或律师建议，备好万一工商机关调查时可以提供的充足的证据，并应定义适用的范围。

（2）使用相对禁止用语时，应当具体说明所指向的领域或者直接以可量化标准代替，以转化为事实描述（如"最大"指的是员工最多、分支机构最多、注册资本最多等）。

（3）谨慎使用第三方市场调查结果。将该结果作为"销量第一""份额第一"的依据实务中可能被工商机关认定证明力不足，除非该数据经过国家机关的认可（如通过司法裁判确认）。

（4）禁止情形不包括国家机关、人民团体及其他组织、个人的姓名、名称或荣誉性称号中本身含有极限用语的情形（例如英格兰"超级"联赛、奥运会"金牌"获得者、某空军"王牌"飞行员）。

案例　**某食品：广告使用极限用语被罚**

当事人在微信公众号中发布了题为"这杯国饮，果断赞了！"的广告宣传，含有"某豆浆的产品作为国礼走进各国驻华大使馆"的内容。经查实，当事人在非正式场合向个别使馆工作人员赠送其产品，赠送行为和产品均未经政府授权，与广告宣称严重不符。当事人上述广告混淆概念误导受众。

上述行为违反了《广告法》第二十八条第二款第（五）项等规定，上海市市场监管部门依据《广告法》第五十五条第一款等规定作出行政处罚，责令其停止发布违法广告，并处罚款 30 万元。

● 与欺诈有关涉嫌欺诈消费者

点击领奖、恭喜获奖、全民免单、点击有惊喜、点击获取、点击转身、点击试穿、点击翻转、领取奖品。

案例 某小家电品牌：静音破壁机虚假广告被罚

某品牌的"全静音破壁机"因在广告中采用"始终静音"等虚假宣传，2019年11月，上海市某区市场监管局认定当事人发布虚假广告的行为违反了《广告法》第二十八条的规定，并依据《广告法》第五十五条第一款的规定，对当事人处以广告费用4倍，计348万余元的罚款。

案例 某品牌鸡蛋："好土"商标误导消费者

2019年"3·15"晚会曝光湖北省知名的某品牌"土鸡蛋"实为普通鸡蛋冒充，同时在商标上玩猫腻，分别注册"鲜土""好土"商标，让消费者误以为是"土鸡蛋"，对消费者形成误导。2015年该企业曾因"中国最大的蛋品加工企业"的绝对性广告用语被罚款6万元。

- 涉嫌诱导消费者

秒杀、抢爆、再不抢就没了、不会更便宜了、没有他就XX、错过就没机会了、万人疯抢、全民疯抢/抢购、卖/抢疯了。

案例 某置业公司："首批售罄"被罚

当事人通过公交站台、路名牌广告位发布含有"邻州府向邻水致敬，感谢广大业主厚爱，首批售罄！二批次约88～128 m² 阔景洋楼，即将推售"等内容的房地产广告，当事人为了提高知名度、促进房屋销售，在商品房并未销售完毕的情况下，使用"首批售罄"的销售状况与事实不符，欺骗、误导消费者，违反了《广告法》第二十八条的规定。2019年4月，某县市场监管局作出行政处罚，责令其停止发布违法广告，并处罚款12万元。

- 与时间有关

限时必须有具体时间，今日、今天、几天几夜、倒计时、趁现在、就、仅限、周末、周年庆、特惠趴、购物大趴、闪购、品牌团、精品团、单品团（必须有活动日期）。
- 严禁使用

随时结束、随时涨价、马上降价。

1.6.10 特定行业广告"素材"审核及使用案例

在《广告法》中对一些特殊行业和特殊商品的广告进行了单独的规定，包括医疗、药品、医疗器械广告，保健食品广告，母乳代用品广告，烟草、酒类广告等。
- 处方药、易制毒化学品、戒毒治疗药品等广告

麻醉药品、精神药品、医疗用毒性药品、放射性药品等特殊药品，药品类易制毒化学品，以及戒毒治疗的药品、医疗器械和治疗方法不得做广告。

《广告法》规定以外的处方药，只能在国务院卫生行政部门和国务院药品监督管理部门共同指定的医学、药学专业刊物上做广告。

※相关法律法规

《中华人民共和国药品管理法》第三十五、五十八条；

《中华人民共和国禁毒法》第二十一、三十六条；

《处方药与非处方药分类管理办法（试行）》第二条；

《麻醉药品和精神药品管理条例》第二十三条。

案例 **江苏无锡市某药房发布违法药品广告**

无锡某大药房为促销活动，自行张贴和发放涉及 30 种处方药药品的价格优惠、打折促销信息的广告宣传画报和广告宣传单。当事人的行为违反了《广告法》第十五条第二款和《行政处罚法》第二十七条第一款第（四）项规定，2020 年 2 月，无锡市某区市场监督管理局对其作出行政处罚，责令当事人停止发布违法广告，消除影响，并处罚款 8 万元。

案例 **山西某医药连锁有限公司发布违法药品广告**

2020 年 2 月，当事人被发现在其微信公众号上发布药品广告，广告中含有"阿司匹林肠溶片""阿卡波糖片""复方丹参滴丸""盐酸二甲双胍""银杏叶片""消心痛""替米沙坦片""马来酸依那普利"等处方药广告内容，违反《广告法》第十五条规定。2020 年 4 月，运城河津市市场监督管理局依法作出行政处罚，责令停止发布违法广告，并处罚款 5 万元。

- 医疗、药品、医疗器械广告

医疗、药品、医疗器械广告不得含有下列内容：

（一）表示功效、安全性的断言或者保证；

（二）说明治愈率或者有效率；

（三）与其他药品、医疗器械的功效和安全性或者其他医疗机构比较；

（四）利用广告代言人作推荐、证明；

（五）法律、行政法规规定禁止的其他内容。

药品广告的内容不得与国务院药品监督管理部门批准的说明书不一致，并应当显著标明禁忌、不良反应。处方药广告应当显著标明"本广告仅供医学药学专业人士阅读"，非处方药广告应当显著标明"请按药品说明书或者在药师指导下购买和使用"。

推荐给个人自用的医疗器械的广告，应当显著标明"请仔细阅读产品说明书或者在医务人员的指导下购买和使用"。医疗器械产品注册证明文件中有禁忌内容、注意事项的，广告中应当显著标明"禁忌内容或者注意事项详见说明书"。

※相关法律法规

《广告法》第十五条；

《中华人民共和国药品管理法》第五十四条。

案例 山东某广播电视台发布违法广告

当事人通过其多个广播和电视频道发布未经审查的含有"去除皮肤顽疾，有效解决各种皮肤问题""血压125—88，不迷糊了，腰肌劳损好多了"等内容的医疗、药品广告，以上广告未经审批，违反了《广告法》第十六条、第四十六条的规定。2018年12月，泰安市工商局对其作出行政处罚，责令停止发布违法广告，并处罚款12.3万元。

案例 河南许昌某眼科医院有限公司发布违法广告

当事人通过微信公众号发布含有中国人民解放军三军仪仗队持枪行进动态画面、"激光近视手术是国家军检认可，国家体委、军委、教委等五部联合下文，通过准分子激光矫正近视后，可以参加各类考试和当兵"等内容的医疗广告，通过官网发布含有童星形象代言宣传图片、"某眼科集团角膜库，手术成功率90%左右"等内容的医疗广告，违反了《广告法》第九条、第十六条、第二十八条和第三十八条的规定。2019年1月，许昌市工商行政管理局某分局对其作出行政处罚，责令停止发布违法广告，并处罚款10万元。

- 禁止使用医药用语

除医疗、药品、医疗器械广告外，禁止其他任何广告涉及疾病治疗功能，并不得使用医疗用语或者易使推销的商品与药品、医疗器械相混淆的用语。

案例 广东东莞市某健康科技有限公司发布违法广告

当事人通过互联网多次发布含有"缓解疲劳、提升视力、去除黑眼圈、延缓老花眼"等内容的眼罩等商品广告，违反了《广告法》第十七条、第二十八条的规定。2018年12月，东莞市工商局对其作出行政处罚，责令停止发布违法广告，并处罚款78万元。

案例 上海某保健食品有限公司发布违法广告

当事人通过互联网发布含有"攻克眼疾难关"内容的眼部护理液（消毒产品）广告，以及发布涉及对尿路感染、肾结石、心血管疾病和子宫肌瘤等病症具有缓解、治疗内容的普通食品广告，违反了《广告法》第十七条的规定。2018年10月，上海市某区市场监管局对其作出行政处罚，责令停止发布违法广告，并处罚款12万元。

- 保健食品广告

保健食品广告不得含有下列内容：

（一）表示功效、安全性的断言或者保证；

（二）涉及疾病预防、治疗功能；

（三）声称或者暗示广告商品为保障健康所必需；

（四）与药品、其他保健食品进行比较；

（五）利用广告代言人作推荐、证明；

（六）法律、行政法规规定禁止的其他内容。

保健食品广告应当显著标明"本品不能代替药物"。

※相关法律法规

《保健食品广告审查暂行规定》。

案例 **天津市某保健食品销售中心发布违法广告**

当事人通过网络直播、宣传展板等多种形式发布含有"身体多种不适人群的福音，免费调理体验活动项目：颈椎病、腰椎病、糖尿病、高血压和风湿等问题"等内容的保健食品广告。该广告未经审批，宣传疾病治疗功能，违反了《广告法》第十八条、第四十六条的规定。2019 年 1 月，天津市某区市场和质量监督管理局作出行政处罚，责令其停止发布违法广告，并处罚款 15 万元。

案例 **某生物技术股份有限公司发布违法广告**

当事人通过微信公众号发布未经审查的含有介绍疾病预防和治疗功效等内容的保健食品广告，违反了《广告法》第十八条、第四十六条的规定。2019 年 3 月，西昌市市场监督管理局作出行政处罚，责令其停止发布违法广告，并处罚款 22 万元。

- 母乳代用品广告

禁止在大众传播媒介或者公共场所发布声称全部或者部分替代母乳的婴儿乳制品、饮料和其他食品广告。

法条解析： 本条是关于禁止在大众传播媒介或者公共场所发布母乳代用品广告的规定。

在实践中，有的母乳代用品广告向新生儿父母传递了错误的抚育信息，使他们以为配方奶喂养优于母乳喂养，导致我国的母乳喂养率不断降低，对我国妇女儿童的健康权益造成不良后果。为促进母乳喂养、保护婴儿健康成长，有必要限制母乳代用品广告。在具体执行中，无论是直接明确地"声称"，还是以各种形式暗示其商品可以全部或者部分替代母乳（如宣传其乳制品适用于 0 到 6 个月的婴儿），都属于母乳代用品，都应当纳入本条的规范范围，都不得在大众传播媒介或者公共场所发布广告。对于母乳代用品，具体是指针对什么年龄段的婴儿的食品，本法未作明确规定。实践中一般认为，对于六个月以内的婴儿，母乳能够提供全部所需营养，除母婴患有特殊疾病不宜进行母乳喂养、母乳不足等原因外，都应当实行纯母乳喂养。

● 农药、兽药、饲料和饲料添加剂广告

农药、兽药、饲料和饲料添加剂广告不得含有下列内容：

（一）表示功效、安全性的断言或者保证；

（二）利用科研单位、学术机构、技术推广机构、行业协会或者专业人士、用户的名义或者形象作推荐、证明；

（三）说明有效率；

（四）违反安全使用规程的文字、语言或者画面；

（五）法律、行政法规规定禁止的其他内容。

※相关法律法规

《农药管理条例》《兽药管理条例》《饲料和饲料添加剂管理条例》《农药广告审查发布标准》《兽药广告审查发布标准》。

● 烟草广告

禁止在大众传播媒介或者公共场所、公共交通工具、户外发布烟草广告。禁止向未成年人发送任何形式的烟草广告。

禁止利用其他商品或者服务的广告、公益广告宣传烟草制品名称、商标、包装、装潢以及类似内容。

烟草制品生产者或者销售者发布的迁址、更名、招聘等启事中，不得含有烟草制品名称、商标、包装、装潢以及类似内容。

※相关法律法规

《中华人民共和国烟草专卖法》第十八条。

案例　　**中国石化销售股份有限公司陕西渭南某石油分公司烟草广告**

当事人在其加油站便利店内烟草货柜发布某品牌香烟"支支XX烟，丝丝家乡情"的烟草广告，含有某品牌香烟的名称、商标和包装等内容。违反了《广告法》第二十二条第一款的规定。2019年7月，依据《广告法》第五十七条的规定，责令当事人停止发布违法广告，处罚款8万元。

● 酒类广告

酒类广告不得含有下列内容：

（一）诱导、怂恿饮酒或者宣传无节制饮酒；

（二）出现饮酒的动作；

（三）表现驾驶车、船、飞机等活动；

（四）明示或者暗示饮酒有消除紧张和焦虑、增加体力等功效。

案例　　**四川某酒业有限责任公司发布违法广告**

当事人通过官方网站、微信公众号、在线直播等多种形式发布含有国家机关工作人员形象、虚假的荣誉称号以及"强身健体、养生益人"等内容的酒类广告，违反了《广告法》第四条、第九条、第二十三条、第二十八条的规定。2019 年 1 月，绵竹市工商管理和质量监督局作出行政处罚，责令其停止发布违法广告，并处罚款 35 万元。

- 教育、培训广告

教育、培训广告不得含有下列内容：

（一）对升学、通过考试、获得学位学历或者合格证书，或者对教育、培训的效果作出明示或者暗示的保证性承诺；

（二）明示或者暗示有相关考试机构或者其工作人员、考试命题人员参与教育、培训；

（三）利用科研单位、学术机构、教育机构、行业协会、专业人士、受益者的名义或者形象作推荐、证明。

案例　内蒙古某训练中心股份有限公司奉化分公司发布虚假广告

当事人通过海报、宣传页、微信公众号、在线直播等方式发布含有"单词记忆效率提升百倍，30 小时记住 3 年单词""一目十行 过目不忘""7 天记住学期整册英语单词"等内容的教育培训广告。广告内容对培训效果作夸大宣传，对培训效果作出保证性承诺，含有虚假内容。当事人的行为违反了《广告法》第四条、第二十四条和第二十八条的规定，2019 年 1 月，宁波市某区市场监督管理局作出行政处罚，责令其停止发布违法广告，并处罚款 60 万元。

- 有投资回报预期的商品或者服务广告

招商等有投资回报预期的商品或者服务广告，应当对可能存在的风险以及风险责任承担有合理提示或者警示，并不得含有下列内容：

（一）对未来效果、收益或者与其相关的情况作出保证性承诺，明示或者暗示保本、无风险或者保收益等，国家另有规定的除外；

（二）利用学术机构、行业协会、专业人士、受益者的名义或者形象作推荐、证明。

案例　广州市某商贸有限公司舟山分公司发布违法广告

当事人通过自建网站和印制宣传品发布含有"理财选我们稳赚……两年年化率 17%、20%、24%……""年交易额近 20 亿元"等内容的广告，违反了《广告法》第二十五条、第二十八条的规定。2018 年 11 月，舟山市市场监督管理局普陀分局作出行政处罚，责令其停止发布违法广告，并处罚款 35 万元。

案例　福建泉州某金融服务有限公司发布违法金融广告

当事人网站发布含有"预期年化收益率 x%""每投资 1 万元收益 x 元"等内容的广告，违反了《广告法》第二十五条的规定。2019 年 1 月，泉州市工商局作出行政处罚，责令其停止发布违法广告，并处罚款 30 万元。

● 房地产广告

房地产广告，房源信息应当真实，面积应当表明为建筑面积或者套内建筑面积，并不得含有下列内容：

（一）升值或者投资回报的承诺；

（二）以项目到达某一具体参照物的所需时间表示项目位置；

（三）违反国家有关价格管理的规定；

（四）对规划或者建设中的交通、商业、文化教育设施以及其他市政条件作误导宣传。

案例 四川成都某有限公司发布违法广告

当事人在网站投放标题内容为"成都三环房价破三万指日可待！万元出头抢西二环地铁房"等字样的广告内容。当事人行为违反了《广告法》第二十六条的规定。依据《广告法》第五十八条的规定，2018 年 3 月，成都市某区市场和质量监督管理局作出行政处罚，责令其停止发布违法广告，没收广告费 94150.94 元，并处罚款 10 万余元。

案例 山西某房地产开发有限公司发布违法房地产广告

当事人通过互联网发布"长风文化商务区，顶级资源集萃""国家级盛会落址加速区域崛起……未来升值潜力和投资价值不可限量""高端配套环伺，为品质生活加冕：成成中学、太原第二外国语学校等知名学府……""再造一个恭王府"等内容，广告含有升值或者投资回报承诺、对规划或者建设中的文化教育设施作误导宣传、违背社会良好风尚的内容。当事人行为违反了《广告法》第九条、第二十六条的规定。依据《广告法》第五十七条的规定，2018 年 5 月，太原市工商行政管理局某分局依法作出行政处罚，责令其停止发布违法广告，并处罚款 60 万元。

● 种养殖广告

农作物种子、林木种子、草种子、种畜禽、水产苗种和种养殖广告关于品种名称、生产性能、生长量或者产量、品质、抗性、特殊使用价值、经济价值、适宜种植或者养殖的范围和条件等方面的表述应当真实、清楚、明白，并不得含有下列内容：

（一）作科学上无法验证的断言；

（二）表示功效的断言或者保证；

（三）对经济效益进行分析、预测或者作保证性承诺；

（四）利用科研单位、学术机构、技术推广机构、行业协会或者专业人士、用户的名义或者形象作推荐、证明。

案例 绛县古某化肥经销部发布违法农资广告

2020 年 3 月，当事人在其经营的淘宝店铺发布"西瓜种子"广告，广告中含有"躺着都赚钱、抗病性强、产量较高"等内容，违反《广告法》第二十七条的规定。2020

6 月，运城市绛县市场监督管理局依法作出行政处罚，责令当事人停止发布违法广告，并处罚款 0.49 万元。

1.7　本章小结

近年来我国互联网广告发展迅速，已成为我国广告产业最大和增速最快的板块，成为商品生成经营者及服务提供者的重要选择。利用网络直播平台在线推销商品吸引消费者购买属于商业广告活动，依法受到《广告法》的调整及约束。

1.8　案例分析——网络直播销售处方药

2019 年 1 月，上海市市场监管局发布的典型违法广告案例中，有一起某药房"万艾可"网络直播广告案引人关注。该广告不仅严重违反处方药广告发布规定，而且含有违背社会良好风尚的其他内容，成为上海查处的首例网络直播广告活动的案件。该案例也被列入国家市场监督管理总局公布的 2019 年第一批典型虚假违法广告案件中。

上海某药房有限公司为周年店庆，委托天津某科技发展有限公司制作了广告海报，并在当事人下属门店张贴，为网络直播活动做宣传。活动当天，通过直播平台进行了以"有球必硬夜夜激情"为主题进行网络直播。在直播中通过邀请男科医生、网红主播、电视主持人等作为嘉宾参加，采取现场布置道具、嘉宾和主持人互动的方式，对处方药"万艾可"的功效、使用方法、有效率等进行介绍与宣传，并在言语互动中出现"挑逗男性、制服诱惑"等内容。同时，当事人在该直播过程中进行处方药"万艾可"秒杀优惠销售活动。经统计该直播活动在线观看人数达 15 余万人。

解读：

上海市场监管部门表示，当事人利用网络直播这一传播媒介对处方药"万艾可"进行推介、宣传、销售，符合《广告法》第二条商业广告的定义。该广告不仅严重违反处方药广告发布规定，而且在直播活动中含有违背社会良好风尚等其他违法内容。

我国药品分为处方药与非处方药两大类，"万艾可"属处方药，需要凭医师处方才可购买和使用。我国《广告法》第十五条第二款规定，处方药只能在国务院卫生行政部门和国务院药品监督管理部门共同指定的医学、药学专业刊物上作广告。也就是说，即便是要发布该药物的广告，也不能在网络上进行推广，更不能通过直播来宣传。

上海市场监管部门发布的公告表示，上海某药房有限公司与广告发布者天津某科技发展有限公司的行为违反了《广告法》第九条第一款第（七）项、第十五条第二款、第十六条第一款第（四）项的规定。

根据《广告法》第五十七条第一款第（二）项规定，对广告主作出责令停止发布违法广告，罚款七十万元的行政处罚；对广告发布者作出罚款七十万元的行政处罚。

第2章　了解《电子商务法》

《电子商务法》是政府调整、企业和个人以数据电文为交易手段，通过信息网络所产生的，因交易形式所引起的各种商事交易关系，以及与这种商事交易关系密切相关的社会关系、政府管理关系的法律规范的总称。2013 年 12 月 27 日，中国全国人大常委会正式启动了《电子商务法》的立法进程。2018 年 8 月 31 日，十三届全国人大常委会第五次会议表决通过《电子商务法》，自 2019 年 1 月 1 日起施行。

2.1　电子商务法的立法宗旨

为了保障电子商务各方主体的合法权益，规范电子商务行为，维护市场秩序，促进电子商务持续健康发展，制定本法。

法条解析： 2018 年 8 月 31 日，第十三届全国人大常委会第五次会议审议通过了《电子商务法》。至此，历经五年，四次审议，三次公开征求意见，《电子商务法》终于问世了。

中国的电子商务行业近年来发展迅猛，国家统计局电子商务交易平台调查显示，2018 年上半年，全国电子商务交易额为 14.91 万亿元，同比增长 12.3%。另有数据显示，2018 年，我国电子商务的年交易额已达 37 万亿元。

电子商务法的指导思想和立法宗旨可以归纳为：促进发展、规范秩序、保障权益。电子商务法全面贯彻党的十八大和十九大精神，牢固树立和贯彻落实创新、协调、绿色、开放、共享发展理念，按照完善社会主义市场经济体制、全面依法治国的总体目标和要求，坚持促进发展、规范秩序、保障权益，充分发挥立法的引领和推动作用，加强顶层设计，夯实制度基础，激发电子商务发展创新的新动力新动能，解决电子商务发展中的突出矛盾和问题，建立开放、共享、诚信、安全的电子商务发展环境，推动经济结构调整，实现经济提质增效转型升级，切实维护国家利益。

简要概括，即促进电子商务持续稳定健康发展，规范电子商务行为，维护市场秩序，保障电子商务各方主体特别是消费者的合法权益。

2.2 电子商务法的适用范围

中华人民共和国境内的电子商务活动,适用本法。

本法所称电子商务,是指通过互联网等信息网络销售商品或者提供服务的经营活动。

法律、行政法规对销售商品或者提供服务有规定的,适用其规定。金融类产品和服务,利用信息网络提供新闻信息、音视频节目、出版以及文化产品等内容方面的服务,不适用本法。

法条解析: 在中华人民共和国境内从事电子商务活动,均适用电子商务法。无论是中国主体还是外国主体,只要是境内的电子商务活动,都受到本法的规制。而对境外发生的电子商务活动,则不在本法的调整范围之内。

电子商务法的调整对象主要包括以下两个方面:

一、电子商务交易形式

作为商法新的一种表现形式,它必然以商事关系为其调整对象,但是这种商事关系又有着以下一些特点:

(1)它是以数据电文为交易手段的商事关系。

(2)这种商事关系是由于交易手段的使用而引起的,一般不直接涉及交易方式的实质条款。

(3)该商事关系并不直接以交易的标的为其权利义务内容,而是以交易的形式为其内容。

二、电子商务交易内容

电子商务交易内容规范,涉及当事人在电子商务中的权利义务关系。电子商务中交易的对象包括有形货物和无形的信息产品。有形货物的交付仍然可以沿用传统合同法的基本原理;而信息产品的交付则具有不同于有形货物交付的特征,对于其权利移转、退货、交付的完成等需要作详细安排和调整。

具体而言,电子商务法调整的对象是指通过互联网等信息网络进行销售商品或者提供服务的经营活动。首先,涉及的途径和渠道,限定为互联网等信息网络范围,具体包括互联网(因特网)、电信网和物联网。由于网络具有无限的延伸性,随着技术的不断发展,这一途径和渠道将会不断地扩大,也将导致电子商务法调整领域和范围会越来越广。其次,包括商品销售和提供服务的活动。社会活动具有多样性,商品销售贸易活动同样类别众多,既包括销售有形商品,也包括无形商品,如数字音乐、电子商务和计算机软件等,涉及的技术交易也应当纳入电子商务法的调整范围。而提供服务,既包括在线提供的服务,如打车服务、在线旅游产品销售、网络订票、在线租赁等,也包括在线订立合同后线下履行的服务,如家政服务等。另外,对商品销售商和服务提供商进行辅助性的工作,如物流快递、电子支付、网页设计、代运营等,都属于电子商务法调整的范围。最后,活动的属性,仅仅针对经营活动。经营活动是指投资活动和筹资活动以外的所有其他交易和事项。经营活动的范围很广,就公司来说主要包括销售商品提供劳务、经营性租赁、购买商品、接受劳务、广告宣传、推销产品、缴纳税款等。基于经营活动要素的限制，电子商务法调整范围排除了部分用户在网络平台上将自己的二手物品进行交易的非经营性行为。

同时，电子商务法另外规定，法律、行政法规对销售商品或者提供服务有规定的，适用其规定。

而对于金融类产品和服务，利用信息网络提供新闻信息、音视频节目、出版以及文化产品等内容方面的服务，由于其监督管理的专业性和特殊性，并不适用本法。

2.3　电子商务法的基本原则

国家鼓励发展电子商务新业态，创新商业模式，促进电子商务技术研发和推广应用，推进电子商务诚信体系建设，营造有利于电子商务创新发展的市场环境，充分发挥电子商务在推动高质量发展、满足人民日益增长的美好生活需要、构建开放型经济方面的重要作用。

国家平等对待线上线下商务活动，促进线上线下融合发展，各级人民政府和有关部门不得采取歧视性的政策措施，不得滥用行政权力排除、限制市场竞争。

电子商务经营者从事经营活动，应当遵循自愿、平等、公平、诚信的原则，遵守法律和商业道德，公平参与市场竞争，履行消费者权益保护、环境保护、知识产权保护、网络安全与个人信息保护等方面的义务，承担产品和服务质量责任，接受政府和社会的监督。

📌 法条解析：

一、国家鼓励原则

国家大力鼓励电子商务产业发展，正在深入推进"互联网＋"行动和国家大数据战略，全面实施《中国制造2025》，落实和完善"双创"政策措施。部署启动面向2030年的科技创新重大项目，支持北京、上海建设具有全球影响力的科技创新中心，新设6个国家自主创新示范区。目前，国内有效发明专利拥有量突破100万件，技术交易额超过1万亿元。科技进步贡献率上升到56.2%，创新对发展的支撑作用明显增强。

近年来，国务院发布的关于电子商务发展的扶持政策包括：《关于大力发展电子商务加快培育经济新动力的意见》（国发24号文），《关于积极推进"互联网＋"行动的指导意见》（国发40号文），《关于促进跨境电子商务健康快速发展的指导意见》（国办发46号文），《关于推进线上线下互动加快商贸流通创新发展转型升级的意见》（国办发72号文），《关于加强互联网领域侵权假冒行为治理的意见》（国办发77号文），以及《关于促进农村电子商务加快发展的指导意见》（国办发78号文）。

二、平等保护原则

平等保护是构建市场经济秩序的基础。在市场经济条件下，交易主体是平等的，利益目标是多元的，资源的配置也具有高度的流动性，市场主体都从自己的利益最大化出发，各自追求自身的利益，这样就会使市场经济的运行交织着各种矛盾、冲突。因此，必然要求通过法律手段从宏观以及微观上对各个主体之间的行为加以协调与规范，以维护市场经济的法律秩序。

电子商务发展快速，在发展初期国家为保障电子商务的快速发展出台了一些特殊的优惠措施，随着线上线下的融合，线上电子商务经营行为也给线下经营者造成了一定的冲突，但同时又需要线上线下进一步融合和相互促进，因此，既不能给予线上商务活动更多的优惠，以保证线上线下平等一致；同时，也不能限制线上电子商务活动，或者采取歧视性的政策，包括不得滥用行政权力排除、限制市场竞争活动等。

三、自愿、平等、公平、诚实信用原则

自愿原则，是指法律保障民事主体可自由地基于其意志去进行民事活动的基本准则。平等原则，是指在一切民事活动中所有当事人法律地位平等，任何一方不得把自己的意志强加给对方。公平原则，是指民事主体应依据社会公认的公平观念从事民事活动，以维持当事人之间的利益均衡。诚实信用原则，是指民事主体进行民事活动必须意图诚实、善意，行使权利不侵害他人与社会的利益，履行义务信守承诺和遵守法律规定，最终达到所有获取民事利益的活动，不仅应使当事人之间的利益得到平衡，而且也必须使当事人与社会之间的利益得到平衡的基本原则，诚实信用原则常被奉为"帝王条款"。

除了遵循上述原则外，电子商务活动过程中同样需要遵守法律和商业道德，进行公平的市场竞争，并且全面履行保护消费者权益、保护环境、保护知识产权、保护网络安全和个人信息等义务，承担产品和服务的质量责任，接受政府和社会的监督。具体的内容在条文中均得到了体现。

案例 某电子商务经营者"刷好评"被立案查处

温州市某区市场监管局执法人员对辖区一涉嫌"刷好评"的电子商务经营者进行立案查处。据悉，这是《电子商务法》于2019年1月1日正式实施后，温州市某区市场监管局查获的首起网络案例。

2019年1月2日，执法人员对位于辖区的某皮鞋加工厂进行现场检查时，发现该加工厂经营的网店客服人员使用的网站后台应用程序——"评价好助手"中有修改评价的相关记录。经调查，当事人称通过"评价好助手"提醒，客服可与消费者取得联系并给予返现，消费者则将原始评价中的差评或中评删除，改成好评。

根据2019年1月1日施行的《电子商务法》第五条"电子商务经营者从事经营活动，应当遵循自愿、平等、公平、诚信的原则，遵守法律和商业道德，公平参与市场竞争，履行消费者权益保护、环境保护、知识产权保护、网络安全与个人信息保护等方面的义务，承担产品和服务质量责任，接受政府和社会的监督"、第十七条"电子商务经营者应当全面、真实、准确、及时地披露商品或者服务信息，保障消费者的知情权和选择权。电子商务经营者不得以虚构交易、编造用户评价等方式进行虚假或者引人误解的商业宣传，欺骗、误导消费者"之规定，执法人员认为当事人涉嫌使用返现方式诱使用户修改评价误导消费者，遂对其予以立案处理。

2.4　电子商务法的主体划分

　　本法所称电子商务经营者，是指通过互联网等信息网络从事销售商品或者提供服务的经营活动的自然人、法人和非法人组织，包括电子商务平台经营者、平台内经营者以及通过自建网站、其他网络服务销售商品或者提供服务的电子商务经营者。

　　本法所称电子商务平台经营者，是指在电子商务中为交易双方或者多方提供网络经营场所、交易撮合、信息发布等服务，供交易双方或者多方独立开展交易活动的法人或者非法人组织。

　　本法所称平台内经营者，是指通过电子商务平台销售商品或者提供服务的电子商务经营者。

　　法条解析： 电子商务法所调整的主体是电子商务活动中的经营者，包括自然人、法人和非法人组织。而对主体的分类，包括两大部分，一部分是平台经营者，即以提供电子商务平台供其他主体进行交易的经营者；另一部分是非平台经营者，是指并未成立供其他主体进行交易的平台的电子商务参与者，包括平台内经营者、自建平台的经营者，以及利用其他网络服务进行经营的主体。

一、电子商务平台经营者

　　通过建立电子商务网站平台，为其他电子商务经营者提供网络虚拟经营场所使其通过平台发布信息，并在此过程中撮合交易的经营者，称为电子商务平台经营者。该类主体的主要经营活动内容包括建立网站、提供虚拟交易场所、发布信息、撮合商家和用户之间的交易。其经营的获利模式可以贯穿上述活动的每一个环节，而且该类主体在电子商务活动中处于重要、主导地位。平台的交易规则、用户注册、投诉处理、纠纷解决，这些环节都需要电子商务平台经营者参与并介入，才能够保障电子商务平台的正常运营。此前，政府发布的规范性文件大多称该类主体为"第三方平台"，更多地体现了其居中的属性，本次电子商务法将"第三方平台"改为电子商务平台经营者，概念的外延更加开阔，也有利于其他新的类似主体的加入。

二、电子商务平台内经营者

　　平台内经营者，顾名思义，也就是在电子商务平台上开展经营活动的主体，即平台内的商家。这些商家依托平台，在平台上发布商品和服务，并通过平台促成交易，由其向电子商务平台经营者支付相应的费用。

　　此外，由于部分平台经营者也同时开展自营业务，即在自己建立的电子商务平台上自行销售商品和提供服务，则平台经营者同时兼有了平台内经营者的属性。

　　另外，主播在直播"带货"的过程中，若在平台内开通电子商铺，例如抖音平台的"带货"主播开通"抖音小店"，此种情况就属于参与商品或者服务提供、经营，成为商品或者服务买卖合同相对方，则具有经营者身份，需承担经营者责任。

三、其他电子商务经营者

　　该部分主体，是对于前面两种主体无法涵盖内容的补充，又分为自建网站经营者和利用其他网络服务销售商品和提供服务的经营者。

自建网站，主要针对部分企业，通过建立电子商务网站开展销售商品和提供服务的经营活动，有别于企业的官网，因为后者只是一个企业的展示平台，让网络用户通过该网站对企业的基本情况进行了解，并未提供商品和服务供选择。只有通过网站提供商品和服务，作为要约（也可能是要约邀请），由网络用户和消费者选择之后下单作出承诺，进而成交的电子商务网站，才是构成本条所涵盖的电子商务自建网站经营者。

至于通过其他网络服务开展经营活动，同样是一个开放性的条款，也将目前不少通过社交或者其他渠道开展经营活动的"微商"包括在内。

2.5　经营者的责任与义务

《电子商务法》对电子商务经营者、经营平台及政府监管部门的责任作出了明确划分和规定，有利于保护经营者、消费者的合法权益，促进电子商务健康持续地发展。

2.5.1　办理证件

电子商务经营者应当依法办理市场主体登记。但是，个人销售自产农副产品、家庭手工业产品，个人利用自己的技能从事依法无须取得许可的便民劳务活动和零星小额交易活动，以及依照法律、行政法规不需要进行登记的除外。

电子商务经营者应当依法履行纳税义务，并依法享受税收优惠。

依照前条规定不需要办理市场主体登记的电子商务经营者在首次纳税义务发生后，应当依照税收征收管理法律、行政法规的规定申请办理税务登记，并如实申报纳税。

电子商务经营者从事经营活动，依法需要取得相关行政许可的，应当依法取得行政许可。

法条解析：

一、办理市场主体登记

市场主体是市场上从事交易活动的组织和个人，即商品、服务进入市场的监护人、所有者。市场主体具有自主性、逐利性和能动性等基本特性，既包括自然人，也包括以一定组织形式出现的法人；既包括营利性机构，也包括非营利性机构。要求市场主体进行登记，目的是便于国家行政机关进行管理，尤其是在市场主体数量迅猛增加的当下。2018 年 12 月 25 日，国务院新闻办公室举办发布会，介绍市场主体登记注册改革发展 40 年情况，国家市场监督管理总局负责人介绍说："40 年来，我国市场主体数量从改革开放初期的 49 万户，增长到 2018 年 11 月底的 1.09 亿户，增长了 222 倍。其中，实有企业达到 3434.64 万户。日均新设市场主体 5.8 万户，日均新设企业 1.8 万户。千人企业数量达 24.7 万户，较商事制度改革前的 2013 年 11.36 万户增长了 117%。"

上述的数量增加，其中也包含电子商务经营者的注册数量不断增加。随着电子商务进程的逐步深入及与普通老百姓的紧密度不断加深，电子商务已经从一个特殊的行业转化为一种普通的商业模式，无论是线上还是线下，各方当事人都与线下的模式基本一致，这也就要求对于线上的经营者也应当按照线下经营者的要求进行规制。

在电子商务发展之初，需要更多的经营者参与，国家对于线上经营者的登记尤其是自然人的登记设置了较为宽松的环境，大量的自然人网店经营者并不需要进行市场主体登记而开展经营活动。而从目前来看，经营者数量的激增，以及各方主体对于模式的了解更为成熟，电子商务的市场主体登记显得更为迫切。对于电子商务经营者依法开展市场主体登记，具有如下意义：①依法赋予电子商务经营者市场准入资格和市场主体身份；②依法确立经营者的基本构成条件和成分；③有助于确立经营者的权利和义务；④便于监督经营者的经营活动，保障市场经济秩序。

对于电子商务经营者的登记，国家市场监督管理总局于2018年12月3日发布了《关于做好电子商务经营者登记工作的意见》，就电子商务经营者的登记服务工作提出如下意见：①积极支持、鼓励、促进电子商务发展，结合电子商务虚拟性、跨区域性、开放性的特点，充分运用互联网思维，采取互联网办法，按照线上线下一致的原则，为依法应当登记的电子商务经营者办理市场主体登记提供便利，促进电子商务健康有序发展，为经济发展注入新活力、新动力；②电子商务经营者应当依法办理市场主体登记。电子商务经营者申请登记成为企业、个体工商户或农民专业合作社的，应当依照现行市场主体登记管理相关规定向各地市场监督管理部门申请办理市场主体登记。个人销售自产农副产品、家庭手工业产品，个人利用自己的技能从事依法无须取得许可的便民劳务活动和零星小额交易活动，以及依照法律、行政法规不需要进行登记的除外；③电子商务经营者申请登记为个体工商户的，允许其将网络经营场所作为经营场所进行登记。对于在一个以上电子商务平台从事经营活动的，需要将其从事经营活动的多个网络经营场所向登记机关进行登记。允许将经常居住地登记为住所，个人住所所在地的县、自治县、不设区的市、市辖区市场监督管理部门为其登记机关；④以网络经营场所作为经营场所登记的个体工商户，仅可通过互联网开展经营活动，不得擅自改变其住宅房屋用途用于从事线下生产经营活动并应作出相关承诺。登记机关要在其营业执照"经营范围"后标注"（仅限于通过互联网从事经营活动）"；⑤电子商务平台经营者应当按照规定向市场监督管理部门报送平台内经营者的身份信息，提示未办理市场主体登记的经营者依法办理登记，并配合市场监督管理部门，针对电子商务的特点，为应当办理市场主体登记的经营者办理登记提供便利。电子商务平台经营者可采取有效激励措施，鼓励、督促平台内经营者依法办理市场主体登记；⑥电子商务经营者应当在其首页显著位置，持续公示营业执照信息、与其经营业务有关的行政许可信息、属于依照《电子商务法》第十条规定的不需要办理市场主体登记情形等信息，或者上述信息的链接标识；⑦各地市场监管部门高度重视电子商务经营者登记工作，加强统筹协调和工作指导，建立健全相应工作机制，并结合地方实际做好贯彻落实，细化实化工作措施。

上述意见就市场主体登记相关问题作了规范，在电子商务法原则性规定的基础上作了细化，对于自然人从事电子商务经营活动有了更加明确的操作意见。由此可以明确，个人网店或者网商（微商）作为电子商务经营者从事经营活动，不仅要求在电子商务平台进行登记，同样需要在市场监督管理部门进行登记。至于登记的条件和流程，可以参照《个体工商登记条例》的相关规定。而作为非自然人的电子商务经营者，如果线下的主体已经办理了市场主体登记，则无须因为从事线上业务而再次登记，而对于原来尚未开展线下业务而仅从事线上业务的主体，则属于本次规范调整需要办理市场主体登记的范围。

另外，国家市场监督管理总局于 2018 年 12 月 17 日，还专门发布了《电子营业执照管理办法（试行）》，规定电子营业执照与纸质营业执照具有同等法律效力，是市场主体取得主体资格的合法凭证。任何单位和个人不得伪造、篡改和非法使用电子营业执照，不得攻击、侵入、干扰、破坏电子营业执照系统。如有违反规定，根据有关法律法规进行处理。

当然，由于电子商务经营者数量极大，而以电子商务经营活动为主业的自然人并不多，大多数是属于兼职和偶然经营。以淘宝为例，据统计自然人经营者中长期无成交及偶然经营的卖家数占全网总卖家的 70%，真正从事持续经营的活跃卖家不足 5%（含企业店铺），因此，电子商务法也并非一概要求所有类型的电子商务经营者都必须办理市场主体登记，而是规定了特定情形下的登记豁免，主要包括以下几类：

（1）个人销售自产农副产品、家庭手工业产品。如果电子商务经营者具有一定的生产能力，符合农副产品和家庭手工业产品的范围，且在网络上进行销售，则无须办理市场主体登记。需要注意的是必须是自己生产，而不能是从其他主体定作、购买之后在网络上销售。主要也是因为此类主体生产产品的数量不多，即使是持续性的生产和经营，也并不会对市场造成较大的影响。

（2）个人利用自己的技能从事依法无须取得许可的便民劳务活动。这种类型的经营者也是以自己的技能作为基础，通过网络来提供便民活动，如修理工、护理工、餐饮服务、出行服务等。如果该行业需要取得行政许可，如食品经营，则在豁免范围之外。

（3）个人从事零星小额交易活动。此类型主体同样要求是个人，而且仅限于零星小额交易。实践中将会产生的问题是，零星的频次如何界定？小额的金额如何限制？关于"零星"的认定，一般需要针对具体的经营行为以及偶发的概率，结合是否属于兼职行为等方式进行综合认定，也需要在实践中予以细化。而小额的界定，可根据《企业所得税税前扣除凭证管理办法》第九条第二款的规定，零星小额经营业务的判断标准是个人从事应税项目经营业务的销售额不超过增值税相关政策规定的起征点。自 2019 年 1 月 1 日起实施的《关于小规模纳税人免征增值税政策有关征管问题的公告》（国家税务总局公告 2019 年第 4 号）规定："小规模纳税人发生增值税应税销售行为，合计月销售额未超过 10 万元（以 1 个季度为 1 个纳税期的，季度销售额未超过 30 万元，下同）的，免征增值税。小规模纳税人发生增值税应税销售行为，合计月销售额超过 10 万元，但扣除本期发生的销售不动产的销售额后未超过 10 万元的，其销售货物劳务、服务、无形资产取得的销售额免征增值税。"是否可以根据月销售额不超过 10 万元来确定"零星小额"的标准，也需要在实践中予以明确。

在实操过程中，伴随着用户更加多元化的需求，电子商务应用范围的扩大，由此产生出诸如"闲鱼""转转""拍拍"等二手交易平台。在这些平台上，用户既可以购买自己需要的二手产品，同时也可以通过注册发布并出售自己闲置的产品。大多数二手交易平台并不限定用户的市场主体登记。

二、办理税务登记

在电子商务发展的前期，大量的网络店铺没有办理市场主体登记，同样未办理税务登记而未缴税，导致了国家大量的税款流失，也导致了一个严重后果，即线上网店因为无须缴税，使价格优势变得非常明显，直接影响并冲击了线下商铺的正常经营活动。

如前所述，电子商务法遵循线上线下平等对待的原则，要求所有的电子商务经营者，包括市场主体登记豁免在内的主体，均需要依法缴纳税金，同样也和线下主体享受税收优惠。所以，电子商务法针对前面三类登记豁免的主体，要求在其首次纳税义务发生后，依照税收征收管理法律、行政法规的规定申请办理税务登记，并如实申报纳税。

由此也说明，市场主体登记的豁免并不代表纳税的豁免，也可以理解为，经过登记的市场主体并不一定需要实际纳税，因为纳税是根据实际经营而产生；纳税的也不一定必须进行市场主体登记，因为电子商务法规定了部分主体可以免市场主体登记。

三、办理行政许可

行政许可是指行政机关根据公民、法人或者其他组织的申请，经依法审查准予其从事特定活动的行为。销售商品和提供服务应当事先获得行政许可的范围，一般而言，需平台经营者事先做好了解，并在提供的服务协议中明确哪些销售行为应当取得行政许可作为设立店铺的前提条件，并由平台内经营者在提交材料的时候进行审核。

目前认为需要事前取得行政许可的电商店铺包括：

（1）食品销售类电商店铺，需要取得食品经营许可证，食品添加剂生产企业生产许可证，食品流通许可证（包括食盐类，都需要食品经营许可证）。

（2）海外代购、微商、个人代购必须依法办理工商登记，取得相关行政许可（电商法正式施行后）。

（3）从事网络拍卖的电子商务经营者，应取得商务部门颁发的拍卖经营许可证。如果涉及文物，还应取得文物主管部门的文物拍卖许可证。

（4）书籍等出版物经营类电商店铺，需取得出版物经营许可证。

（5）药品销售类电商店铺，取得包括中药材种类许可证。

（6）互联网药品信息服务类电商店铺、化妆品经营类电商店铺、婴幼儿乳粉类电商店铺、农药销售类电商店铺、特种设备类电商店铺等，均应当取得行政许可。

※相关法律法规

《网络交易管理办法》 第七条；

《杭州市网络交易管理暂行办法》 第八条；

《无证无照经营查处办法》 第三、五、六条；

《第三方电子商务交易平台服务规范》 5.2 市场准入和行政许可；

《企业所得税法》 第二十七、二十八条；

《个人所得税法》 第三、六条；

《电子营业执照管理办法（试行）》；

《行政许可法》 第二、十二、十三条；

《杭州市网络交易管理暂行办法》 第九条。

案例 **某淘宝店主无证经营书店获刑2年罚金3万元**

某淘宝店主在未取得经营许可证和未办理工商登记的情况下，私自利用家中电脑在淘宝网上经营书店进行牟利。经某县人民法院审理，被告人以非法经营罪被判处有期徒刑二年，缓刑两年六个月，并处罚金3万元。

经审理查明，2013年4月至8月期间，被告人雷某在未取得出版物经营许可证和办理工商注册登记的情况下，在淘宝网上注册账号经营网络书店"状元书阁"，通过支付宝账号与客户进行资金结算。被告人雷某接受客户订单后，从其他购物网站购进书籍存放于其租赁仓库，通过快递发往各地。2013年4月1日至8月28日，被告人雷某通过网络非法从事出版物发行，销售金额共计741201.45元。

法院认为，被告人雷某违反国家规定，非法从事出版物的发行业务，扰乱市场秩序，情节严重，其行为已构成非法经营罪。被告人雷某到案后如实供述了自己的罪行，属坦白，可以从轻处罚，遂依法作出如上判决。

案例　泉州一家淘宝网店涉嫌无证经营被罚1.5万元

泉州市某区工商所在辖区内查处了一家未办理营业执照的淘宝服装网店，并对经营者罚款1.5万元。据工商部门介绍，这家淘宝网店隐藏在居民楼内，发现、查处难度较大，主要在淘宝网上销售时尚服装，已经经营了一段时间。经营者看到行内很少有人办理营业执照，心存侥幸，直到最终被工商部门查处，并被按照其经营额进行处罚。

"虽然网店和实体店的无证经营被查处标准相同，但相较实体店，网店一旦被查，往往处罚力度更大。"某区工商所所长庄某某说，工商部门在查处无证经营时几乎都是依据"实际经营额"。很多实体店都是现款来往，有的没开发票，作为处罚依据的账目金额往往低于"实际经营额"；但是网店的交易记录都能在网络上查到，比如上午9点卖出去几件，价格多少，这些都是跑不掉的；相较之下，网店的"实际经营额"会高于实体店，处罚力度也就显得更大。此外，按照规定，还未办证的网店经营者，应及时到当地工商部门办理营业执照并备案。如果销售特殊商品（如食品、药品等），还必须有特许经营等前置条件。

案例　造成平台商誉损失的应承担责任

2014年7月，高某以其朋友包某的身份信息在某平台公司运营的电商平台注册了某网店。2014年12月至2015年7月，高某利用该网店向各地销售假冒注册商标ROEM和Mo&Co的服装赚取差价，累计销售金额106827元。高某注册该网店时，点击同意该平台的《服务协议》，该协议特别提示，完成全部注册程序后，即表示用户已充分阅读、理解并接受协议的全部内容，并与平台达成协议。某平台公司诉请高某赔偿损失106827元以及合理支出10000元。

法院审理认为：高某已与某平台公司达成协议的依据充分。该网店注册手续由高某办理，高某知晓服务协议的内容，并作为实际使用平台服务的当事人在该网店销售，是该网店的实际经营者，是协议的实际履行主体。本案服务协议明确禁止售假行为，某平台公司对商铺售假作为违约行为予以制止的意思表示清楚明确，高某售假本身采用隐蔽的方式进行，高某并不能因为对方未发现其违约行为而认为对方应分担其造成的对对方的损失。高某的售假行为排挤了诚信商家，扰乱了公平竞争的网上经营环境，导致诚信商家流失，增加平台正常招商及商家维护的成本，直接损害平台的商业声誉。综合考虑与损失相关的各种因素，遂判决高某赔偿某平台公司损失 4 万元和合理支出 1 万元。

2.5.2 保障人身、财产和环保要求

电子商务经营者销售的商品或者提供的服务应当符合保障人身、财产安全的要求和环境保护要求，不得销售或者提供法律、行政法规禁止交易的商品或者服务。

法条解析： 由于电子商务的消费者在网络购物过程中处于弱势，而电子商务经营者本身缺乏有效的监督，因销售商品和提供服务不合格的情况并不少见。虽然《消费者权益保护法》已就人身、财产的保护作出规定，但电子商务法仍然有必要对此类义务予以强调。就电子商务经营者，其销售商品和提供服务过程中应当承担如下义务：

（1）保障消费者人身、财产安全的义务

《消费者权益保护法》第七条规定："消费者在购买、使用商品和接受服务时享有人身、财产安全不受损害的权利。消费者有权要求经营者提供的商品和服务，符合保障人身、财产安全的要求。"《产品质量法》第十三条规定："可能危及人体健康和人身、财产安全的工业产品，必须符合保障人体健康和人身、财产安全的国家标准、行业标准；未制定国家标准、行业标准的，必须符合保障人体健康和人身、财产安全的要求。禁止生产、销售不符合保障人体健康和人身、财产安全的标准和要求的工业产品。具体管理办法由国务院规定。"上述法律是对于可能危及消费者人身、财产安全方面的规定，而电子商务交易的特殊性，更加需要在人身、财产方面切实保障消费者的合法权益。

（2）环境保护的义务

《民法典》第九条规定了民事主体从事民事活动，应当有利于节约资源、保护生态环境。电子商务交易作为民事活动的一个组成部分，同样需要电子商务经营者注重环境保护，一方面在提供商品和服务的过程中注意保护环境，不乱砍滥伐污染环境；另一方面也要在提供物流的过程中，选用更为环保、绿色的包装材料。

（3）保障交易合法性的义务

线上线下平等一致，是电子商务法遵循的基本原则，线下交易过程中受到限制、禁止的商品和服务，在线上同样不允许销售和提供。其中，禁止流通物是"流通物""限制流通物"的对称，是指依照法律规定，不允许在任何民事主体之间流通的物。

而限制流通物，是"流通物""禁止流通物"的对称，是指依照法律规定，在民事流通的范围或程度上受到不同限制的物。主要包括：①计划收购、供应的物资。我国某些重要的生产资料和消费资料，采取计划收购、供应的办法流转，使流转主体、品种、数量、方式受到一定程度的限制。②金银。包括金银条、块、粉、金银铸币、金银制品等。金银由中国人民银行统一管理，国家允许个人所有，但不得计价使用流通，不得私下买卖和借贷、抵押。如出卖只能卖给中国人民银行。③文物。依据法律规定属于国家所有的文物，任何公民和单位不得私自挖掘，据为己有。④麻醉品、剧毒品、非军用猎枪等。它们的生产、流通、使用甚至保管都必须遵照有关法律规定，严加控制，不得自由进行。

※相关法律法规

《消费者权益保护法》第十八条；

《产品质量法》第十三条。

案例 电商App "李鬼" 横行，窃取信息威胁消费者财产安全

电商平台的崛起让网络购物成为人们生活常态，但随之而来的却是一些令人防不胜防的网购陷阱，威胁 "互联网+" 时代的购物安全。

"双11" "黑五" ……随着消费者购物需求增加，电商App下载量和使用量也在增加，这也给一些仿冒购物App提供了生存空间。2018年 "双11" 前夕，360安全大脑发布的《2018年双十一购物安全生态报告》披露，根据2018年10月的检测数据，虚假仿冒主流购物App的数量接近4000个，覆盖设备超过30万个。其中，被仿冒最多的购物App为手机淘宝，达1148个，覆盖设备数超过17万；其次是拼多多，仿冒数达639个；天猫、京东、美团、唯品会等购物平台都在被仿冒名单前十名。

虚假仿冒的购物App通常与正版App界面一致，使用与正版App相似的名字和LOGO图标，使用户难辨其真伪。

2017年 "双11" 期间，腾讯手机管家发布的《双11网购诈骗安全报告》认为，一些诈骗短信中可能包含恶意网址，用户点击后会跳转到钓鱼网站或病毒App下载页面，不但没有领取优惠反而失财。山寨的购物App不仅可以通过要求用户注册、下单支付以窃取支付账号和银行账户信息，还可以通过App内置的程序和算法暗中 "跑流量"，恶意扣取用户账户内的资金。

案例 网络支付银行卡被盗刷

小涛想在网上购买一张价值100元的手机充值卡，拍下之后付款到卖家的支付宝，卖家叫小涛登录某网站，用网银汇款0.1元到他的账户里，说是用来提取单号，通过单号来提取充值卡卡密。小涛心想：既然都付了100元钱到支付宝上了，也不在乎那0.1元了。于是按提示支付，可多次出现超时问题，当初以为是电脑浏览器问题，于是和淘宝那位卖充值卡的卖家说，让他的 "技术人员" 加小涛QQ，加了QQ后一番交谈，小涛进入了 "技术人员" 所提供的支付网站，登录网站后，在付款的前一刻，支付金额清清楚楚写着 "0.10元"，按了付款后，一分钟内，手机收到银行的短信，内容说 "银行支出10000元"。

案例 网售产品帮尾气超标车辆过年检，环保组织诉生产商

中国生物多样性保护与绿色发展基金会（以下简称 "绿发会"）诉深圳某环保有限公司、浙江淘宝网络有限公司，违法售卖汽车 "年检神器" 的公益诉讼。这起案件，起源于三年之前。绿发会方面认为，深圳某环保有限公司在淘宝网上公开出售所谓的 "年检神器"，规避机动车尾气年检，违反国家相关的法律，给我国的大气污染防治工作造成严重影响，对社会公众身体健康和社会公共利益造成严重损害和持续的环境风险。基于这样的原因，2016年10月，绿发会向杭州市中级人民法院提起诉讼。

据介绍，安装"年检神器"后，汽车尾气的化合物会被吸附，从而通过检测。绿发会相关负责人说："从这个汽车尾气管理角度来讲，是不允许使用任何外在干预的方式，再新加一个装置或新加一种产品来使得它的这个排放达标。"他介绍说，之所以提出 1.5 亿多元的生态环境修复费用，是根据该公司在淘宝网上的店铺销售统计算出来的："仅仅只是为了应付年检，而实际上对降低车辆尾气排放没有任何作用。实际上是在诱导公众用他的产品躲避国家对机动车尾气的管理秩序。3 万多销量的这种产品，用在相关的机动车上，有的是一次性使用的，有的可能是重复多次用的，所以这个量是非常庞大的。根据大气污染防治法的相关规定，对采用作假设备来达到国家年检的方式，要处以一定的罚款。我们就是以这个为基数，去计算出他应该要承受的这种法律代价。"

2019 年 6 月，杭州市中院作出一审判决，部分支持了原告绿发会方面的主张。判被告深圳某环保公司在判决生效后 15 日内在国家级媒体上向社会公众道歉。而对于原告绿发会提出的 1.5 亿元的赔偿请求，法院认为，涉案产品的销售数量和对大气污染损害的程度，难以确定，结合本案实际情况，法院酌定该公司赔偿生态环境修复费用 350 万元，并支付原告绿发会在参与这场诉讼中的各项必要支出 15 万元。

2.5.3　出具购物凭证或服务单据

电子商务经营者销售商品或者提供服务应当依法出具纸质发票或者电子发票等购货凭证或者服务单据。电子发票与纸质发票具有同等法律效力。

法条解析： 在传统线下的交易过程中，消费者直接面对商家，消费过程简单清晰，一手交钱一手交货，同时消费者可以索要购物凭证或者服务单据，而在电子商务交易过程中，一方面消费者经常会疏忽获取购物凭证和服务单据，另一方面商家也往往有选择性地"遗忘"，希望逃避税款，也可能根本就无法出具，毕竟存在大量自然人商户之前未办理市场主体登记，同时也没有办理税务登记。

《消费者权益保护法》第二十二条规定：经营者提供商品或者服务，应当按照国家有关规定或者商业惯例向消费者出具发票等购货凭证或者服务单据；消费者索要发票等购货凭证或者服务单据的，经营者必须出具。法律明确规定为消费者提供消费购物凭证是经营者的法定义务，这里的凭证应当是日期、商品名称等主要内容完备的有效凭证，商家不能因为个别要件缺失，规避其应当承担的法律义务。

众所周知，消费者"消费"的目的是满足个人生活需要，因购买量少，一般都不会与商家签订书面买卖合同，而购物凭证和服务单据往往便成为唯一能证明"消费"行为存在的证据，证明双方之间这种买卖或服务关系存在。比如某消费者在某电子商务平台购了一台电冰箱，同时索取了一张发票或发货单（小票），这张小小的票据包含了这样一些信息：①从发票可以看到电冰箱销售者是谁，从而了解在电冰箱出现质量问题时首先可以向谁主张权利；②可以看到电冰箱的购买时间，这是商家承担三包责任的起算日期，从而知悉电冰箱是否在"三包"期内；③从发票中标明的电冰箱的品牌可以看到其生产者是谁，生产者系除了销售者以外承担责任的另一个主体；④电冰箱是什么规格，质量有何说明和描述，电冰箱的价款是多少等信息。也就是说有了这样一张票据，消费者才可能通过合法渠道要求商家承担修、退、换的三包责任。

因为购物凭证和服务单据的重要性，在实践中维权，无论是行政投诉、消费者权益保障委员会调解，还是到法院提起诉讼，都将成为一个重要的证据。当然，电子商务交易与传统交易同样存在较大区别，尤其是消费购物的轨迹，线下购物消费难以留下记录，除非提供购物凭证和服务单据，而线上则会有较多的记录，这一点在《电子商务法》第四章电子商务争议解决第六十二条规定了在电子商务交易处理中，电子商务经营者应当提供原始合同和交易记录，由此也会在一定程度上减少消费者的举证责任。

至于电子发票，同样属于信息时代的产物，同普通发票的法律效力一致，采用税务局统一发放的形式给商家使用，发票号码采用全国统一编码，采用统一防伪技术，分配给商家，在电子发票上附有电子税局的签名机制。2012 年年初在北京、浙江、广州、深圳等 22 个省市开展网络（电子）发票应用试点后，国家税务总局在发布的《网络发票管理办法（征求意见稿）》中提到，国家将积极推广使用网络发票管理系统开具发票，并力争在三年内将网络发票推广到全国。统计数据显示，2017 年我国电子发票开具量达 13.1 亿张，预计到 2022 年将可能高达 545.5 亿张，保持超过 100% 的年均增长速度。

电子发票的推行，对于电子商务发展是如虎添翼的事情，与传统发票相比，网络发票无须通过"税控机"，也不需要企业负责人频频到税务部门登记注册。而且它能瞬间即成，虚假真伪即刻核实，操作简便易行。与传统纸质发票相比，网络发票管理系统可以在线开票，节省发票工本费、税控机成本以及相关人力成本。而且可以减少纸质发票的资源浪费现象，将减少森林砍伐，更加环保。

当然，电子发票也会存在一些缺点和弊端，如不少电子商务经营者会把电子发票的成本施加到消费者身上；电子发票因物理性防伪的取消，导致财务人员核验成本提高并选择不接受，使部分主体在报销入账的过程中存在困难；而且，电子发票可以重复打印的特性也使如何防范重复报销成为企业财务人员面临的难题。

当然，瑕不掩瑜，电子发票的推行已是大势所趋，电子商务法也将向消费者提供电子发票作为一个基本要求。另外，在实践中，如果消费者就电子发票和纸质发票进行选择，作为电子商务经营者应当遵从消费者的选择。

※相关法律法规

《消费者权益保护法》第二十二条；

《发票管理办法》第十九条；

《产品质量法》第二十条。

案例　平台有权冻结账户

吴某于 2016 年 6 月 29 日注册为某平台公司运营的电商平台会员，在平台购物期间，针对数百起订单以七天无理由退货、拍错 / 多拍、不喜欢 / 不想要等理由大量发起退货申请，并存在重复使用同一订单号填写退货申请等情形，2017 年 11 月 17 日至 11 月 29 日 73 次虚填某快递单号 600490957046 申请退款，2017 年 10 月 31 日至 12 月 28 日 41

次虚填某快递单号 600466137147 申请退款, 2017 年 11 月 17 日至 12 月 11 日存在 247 次虚填退货快递单号申请退款, 导致其因退货信息虚假 (错误单号、重复单号)、快递单号无相应物流信息等原因多次被平台卖家投诉。某平台公司以吴某滥用会员权利为由, 对吴某账户进行了冻结。吴某因登录受限, 诉请某平台公司解除对其账户的冻结。

法院经审理认为: 吴某系该平台公司运营的电商平台注册用户, 双方已形成网络服务关系, 应遵守服务协议的约定。平台规则规定: 滥用会员权利, 是指会员滥用、恶意利用平台所赋予的各项权利损害他人合法权益、妨害平台运营秩序的行为。吴某在退货申请过程中存在数百件订单号填写错误、重复使用订单号、退货申请与实际退货不符的行为, 其在便利己方的同时给卖家带来了极大的不便, 给卖家带来负担与经营成本, 虚构退货号势必影响卖方的合法经营利益, 也影响市场的正常交易秩序, 符合规则中滥用会员权利的范围。某平台公司有权按照规则对滥用权利的会员采取限制措施, 遂判决驳回吴某的诉讼请求。

2.5.4 公示信息

电子商务经营者应当在其首页显著位置, 持续公示营业执照信息、与其经营业务有关的行政许可信息、属于依照本法第十条规定的不需要办理市场主体登记情形等信息, 或者上述信息的链接标识。

前款规定的信息发生变更的, 电子商务经营者应当及时更新公示信息。

电子商务经营者自行终止从事电子商务的, 应当提前三十日在首页显著位置持续公示有关信息。

法条解析: 电子商务迅猛发展过程中, 法律应当对消费者提供更有效的保护, 其中知情权是重要的一个环节。因为只有在信息不对称的情况下, 才会导致处于弱势地位的消费者维权、投诉无门, 而信息的公示, 才是阳光下最好的救济方式。电子商务法要求电子商务经营者对相关信息进行公示, 正是为了达到上述目的的一个合理解释。

一、具体的公示信息

(1) 营业执照信息

这同样属于市场监督管理部门一直提倡的亮照经营的一个重要方面。涉及营业执照公示的规范性文件不少, 如《公司登记管理条例》第五十九条第三款 "《企业法人营业执照》正本或者《营业执照》正本应当置于公司住所或者分公司营业场所的醒目位置"; 第七十三条 "未将营业执照置于住所或者营业场所醒目位置的, 由公司登记机关责令改正; 拒不改正的, 处以 1000 元以上 5000 元以下的罚款"。《企业法人登记管理条例施行细则》第五十三条第一款 "《企业法人营业执照》《营业执照》分为正本和副本, 同样具有法律效力。正本应悬挂在主要办事场所或者主要经营场所。登记主管机关根据企业申请和开展经营活动的需要, 可以核发执照副本若干份"; 第六十条第一款第 (七) 项 "不按规定悬挂营业执照的, 予以警告, 责令改正; 拒不改正的, 处以 2000 元以下的罚款"。《个体工商登记管理办法》第二十五条 "营业执照正本应当置于个体工商户经营场所的醒目位置"; 第三十七条 "个体工商户违反本办法第十五条规定的，由登记机关责令限期改正；逾期未改正的，处 500 元以下的罚款"。《农民专业合作社登记管理条例》第十七条第二款"营业执照正本应当置于农民专业合作社住所的醒目位置"。《外国企业常驻代表机构登记管理条例》第十八条"代表机构应当将登记机关颁发的外国企业常驻代表机构登记证（以下简称登记证）置于代表机构驻在场所的显著位置"。

（2）与其经营业务有关的行政许可信息

如前所述，部分行业存在市场准入门槛，需要在网络上销售商品和提供服务，同样需要取得相关的行政许可。对于消费者而言，及时全面了解电子商务经营者的行政许可信息，是其购买商品和服务的一个重要考量因素，也有助于相对人和监管机构了解经营者是否取得了必要的行政许可。

（3）不需要办理市场主体登记的情形

《电子商务法》第十条规定了市场主体登记的豁免情形，主要针对的是个人店铺，这也意味着这部分电子商务经营者与普通的经营者存在差异，即消费者可能无从直接了解经营者的名称、登记住所和负责人等信息。同样为了能够保护消费者合法权益和更好地进行监管，电子商务法要求这部分市场主体经营者应当将其豁免市场主体登记及相关信息予以公示。

（4）公示过程中须符合下述条件：①必须在首页上进行公示。这一要求，便于消费者能够第一时间了解相关信息并作出选择，如果没有在首页而是在其他二级甚至更深层次的页面中进行公示，就失去了公示的意义。②必须在显著位置进行公示。由于部分经营者的首页内容较多，消费者在浏览的过程中需多次翻页，所以为了避免经营者在不显著的位置进行公示，法律作了此种设计和要求。一般而言，首页第一页或者页面的底部，可以认为是显著位置，消费者也能够更加容易获取信息。③必须持续地公示。由于公示的目的是广而告之，因此如果仅仅是短暂的公示显然无法起到应有的作用，所以要求必须持续不断地公示，而且公示的过程中也不能随意变更内容和形式。④也可以采用提供上述信息链接的方式替代。由于网站首页版面有限，而且也需要展示更多的商业内容，如果强制要求对所有信息在首页显著位置进行公示，对于经营者而言也将存在各种困难，因此法律规定可以提供链接来替代，但是必须是有效链接，如果链接无效等于未进行公示，而且链接的位置同样也应当是在首页的显著位置。另外，由于前述需要公示的信息内容，在经营者的经营过程中可能进行变更，电子商务法同样要求对变更的信息进行调整，而且应当是及时进行调整。

二、电子商务经营者终止经营行为的提前公示变更

电子商务的经营者，在经营过程中，可以持续经营，也可以退出经营活动。根据其退出的原因，可以将电子商务经营者的退出分为强制退出和自愿退出两种形式。强制退出即被动退出，是指依据法律法规、行政命令或司法裁判，市场主体被责令停产、停业撤销、关闭，被吊销许可证或营业执照、撤销特许经营资格（许可证）等，丧失市场主体资格而退出市场。而主动退出，是指市场主体按照自己或投资人的意愿，由于自身歇业、到期清算、合并或分立、宣告破产等内部原因申请注销，从而丧失市场主体资格而退出市场，是市场主体主动意志的体现。

电子商务法仅规定了自愿退出的机制，而对于强制退出则并没有规定，也可以参照其他规范性文件进行调整。

由于电子商务经营活动的虚拟性和远程性，作为消费者无法通过线下途径及时获取店铺停业的消息，且一旦电子商务经营者停业，通过线下途径去维权或投诉也将会极其困难。基于此，对于自愿退出的电子商务经营者，电子商务法要求应当提前在网站的首页显著位置持续公示有关信息。

在理解本条规定时，需要注意如下几个方面：①该条规定仅适用于自愿退出，而不适用强制退出；②需要在30日前提前公示；③需要在首页的显著位置公示，具体原因见前文。

设立自愿退出公示的机制，一方面，能够保证交易相对方及时了解经营者的动态，可以根据情况采取相应措施或者主张权利；另一方面，也可以使有购买意向的其他消费者及时根据店铺的公告，决定继续购买或者终止购买行为。

※相关法律法规

《消费者权益保护法》第二十一、二十八条；

《网络交易管理办法》第七、八、三十一条；

《杭州市网络交易管理暂行办法》第二十五条；

《第三方电子商务交易平台服务规范》5.3 平台经营者信息公示、5.9 终止经营。

案例 团购平台未采取必要措施公示证照信息案

2019年1月2日，安徽省淮北市市场监管部门执法人员在进行网络定向监测时发现，在某团购平台上，大量淮北市本地餐饮商户没有公示营业执照信息、餐饮许可信息。经调查，该平台已将餐饮商户的营业执照录入端口分发给了平台内经营者，要求经营者自行录入和维护营业执照等信息。截至案发，该平台内大量淮北本地经营者并没有按照法律规定及时录入和维护上述信息，在此情形下该平台并未采取必要措施。

根据《电子商务法》规定，电子商务经营者应当在经营主页面显著位置公示营业执照等信息，电子商务平台应当对未公示行为采取必要措施。某团购平台淮北代理公司行为违反了《电子商务法》的规定，构成了没有采取必要措施确保平台内的商户公示主体资质信息行为。对此，市场监管部门对当事人依法进行了处罚。目前，当地各网络订餐平台、团购平台均已开始采取积极措施主动自查整改，努力贯彻落实《电子商务法》的各项规定要求。

2.5.5 切实维护消费者合法权益

电子商务经营者应当全面、真实、准确、及时地披露商品或者服务信息，保障消费者的知情权和选择权。电子商务经营者不得以虚构交易、编造用户评价等方式进行虚假或者引人误解的商业宣传，欺骗、误导消费者。

电子商务经营者根据消费者的兴趣爱好、消费习惯等特征向其提供商品或者服务的搜索结果的，应当同时向该消费者提供不针对其个人特征的选项，尊重和平等保护消费者合法权益。

电子商务经营者向消费者发送广告的，应当遵守《广告法》的有关规定。

电子商务经营者搭售商品或者服务，应当以显著方式提请消费者注意，不得将搭售商品或者服务作为默认同意的选项。

电子商务经营者应当按照承诺或者与消费者约定的方式、时限向消费者交付商品或者服务，并承担商品运输中的风险和责任。但是，消费者另行选择快递物流服务提供者的除外。

电子商务经营者按照约定向消费者收取押金的，应当明示押金退还的方式、程序，不得对押金退还设置不合理条件。消费者申请退还押金，符合押金退还条件的，电子商务经营者应当及时退还。

法条解析： 电子商务经营者与消费者之间的法律关系，是电子商务法调整的重点。同时，如何切实有效地在电子商务交易中保护消费者的合法权益，需要对电子商务交易环节中常见的消费者权益受侵害情形进行分析，对因网络的虚拟性导致的有别于线下交易模式的侵权行为进行归纳总结，最终做出有利于消费者保护的立法模块。本节内容，即为电子商务经营者应当对消费者特殊注意的几个方面作的规定。

一、保障消费者的知情权和自主选择权，不得误导、欺骗消费者

消费者知情权是指消费者享有知悉其购买、使用的商品或者接受的服务的真实情况的权利。《消费者权益保护法》第八条对消费者知情权作了具体规定："消费者享有知悉其购买、使用的商品或者接受的服务的真实情况的权利。消费者有权根据商品或者服务的不同情况，要求经营者提供商品的价格、产地、生产者、用途、性能、规格、等级、主要成分、生产日期、有效期限、检验合格证明、使用方法说明书、售后服务，或者服务的内容、规格、费用等有关情况。"

从上述法律规定可以归纳出，消费者知情权主要包括以下几层含义：①消费者有权要求经营者按照法律、法规规定的方式标明商品或服务的真实情况；②消费者在购买、使用商品或接受服务时，有权询问和了解商品或服务的有关情况；③消费者有权知悉商品或服务的真实情况。

自主选择权是指消费者可以根据自己的消费需求，自主选择自己满意的商品或服务，决定是否购买或接受的权利。《消费者权益保护法》第九条规定，消费者享有自主选择商品或者服务的权利，简称为自主选择权。也就是说，消费者有权根据自己的需求、意向和兴趣，自主选择自己满意的商品或服务。自主选择权包括以下几层含义：①自主选择提供商品和服务的经营者；②自主选择商品品种和服务方式；③自主决定购买或者不购买任何一种商品，接受或者不接受任何一项服务；④在自主选择商品或服务时，有权进行比较、鉴别和挑选。

上述两项权利的保障，关键还是在于电子商务经营者需要对其商品和服务的信息进行有效的披露。具体而言，也就是需要将有关商品和服务的信息予以全面、真实、准确、及时的披露。

除了有效披露属于经营者的积极义务之外，电子商务法还规定了经营者的消极义务，即不得通过不法手段欺骗和误导消费者。主要包括以下三种情形：一是虚构交易；二是编造用户评价；三是进行其他虚假或者引人误解的商业宣传。

由于电子商务商品及服务属于海量的信息，消费者无从根据线下的"口碑"进行有效的选择，因此销售量的大小和评价的好坏，就成了消费者最重要的参考因素，而且也成为商家引以宣传的重要信息。真实的交易量及评价有助于消费者作出正确的选择，而虚假的交易量和编造的评价，则将会使消费者掉入陷阱之中，无论是虚构交易还是编造评价，其实质都是一种虚假或者引人误解的商业行为。

（1）虚构交易

所谓的虚构交易，也称刷单，是指商家和刷客在没有真实交易的情况下制造虚假交易记录的行为。刷单流程实质是高度仿真的网购流程，刷客搜索关键词后进入店铺后停留一定的时间，与客服假聊，随后下单，刷客付款可由他人代付、远程付款或自己垫付，商家可真发货或假发货（如拍 A 发 B），刷客在物流信息显示已签收后确认收货，进而完成一个虚拟的交易流程。

其特点在于：①易操作。在激烈的市场竞争环境中，商家短时间积累销量的愿望强烈，而对于刷客来说，刷单是一份不错的兼职。有需求也有供给，刷单市场也就迅速繁荣起来。②高效率。数据对商家的发展至关重要。在前期发展中，商家没有资金做宣传，很难积累数据，但虚构交易能使店铺升级的速度更为快速。③更隐蔽。刷单流程除了没有交付商品外，其余与真实网购无差异，所以电子商务平台即使使用机器和人工团队也难以识别。

（2）编造用户评价

所谓的编造用户评价，是指并非真实的消费者，在购买商品和服务时，自己或受他人指使违背其真实意志，对经营者作出有利或者不利的评价。用户评价一般分为好评、中评和差评，作为电子商务经营者，其对自身显然是刷好评，而部分不法经营者，除了刷自身的好评之外，还可能对竞争对手刷差评。

编造用户评价的特点，与虚构交易基本相似，在此不再赘述。

（3）虚假或引人误解的宣传

虚假宣传行为是指在商业交易过程中，经营者对其所销售的商品或者所提供的服务，作出的与真实情况不相符合的宣传，从而对消费者产生误导并产生错误的决策结果，进而获得高于一般经营者的商业交易机会，获取不正当的利益，在市场交易环境中进行不正当竞争的行为。

《最高人民法院关于审理不正当竞争民事案件应用法律若干问题的解释》第八条中列出了可以认定为"引人误解的虚假宣传"的三种情形：（1）对商品做片面的宣传或者对比的；（2）将科学上未定论的观点、现象等当作定论的事实用于商品宣传的；（3）以歧义语言或者其他引人误解的方式进行商品宣传的。但是以明显夸张的方式宣传商品，不足以造成相关公众误解的，不属于引人误解的虚假宣传行为，如在化妆品上使用"今年20，明年18"的广告。

二、不得通过定向搜索侵害消费者权利

大数据的时代，如何有效吸引消费者的眼球，快速获得客户，并将其所需要的商品和服务推送到消费者的面前，成为电子商务经营者长期孜孜不倦追求的目的。消费者在网络上浏览网页和查看商品服务，均不可避免地留下其轨迹，作为提供商品和服务的经营者，显然不会放过这个重要的信息，而收集上述信息，只要在电子商务的经营者隐私政策中作了说明，且消费者登录注册网络成为经营者的客户，则该收集信息行为属于法律允许的范畴。而如何应用这些数据用于经营者的营销活动，则有必要予以规制，尤其是当下大量使用大数据营销的状况。

所谓大数据营销，是指基于多平台的大量数据，在依托大数据技术的基础上，应用于互联网广告宣传行业的营销方式。大数据营销衍生于互联网行业，又作用于互联网行业。依托多平台的大数据采集，以及大数据技术的分析与预测能力，能够使广告更加精准有效，给品牌企业带来更高的投资回报率。

大数据营销的特点包括：①多平台化数据采集。大数据的数据来源通常是多样化的，多平台化的数据采集能使对网民行为的"画像"更加全面而准确。多平台采集可包含互联网、移动互联网、广电网、智能电视，未来还有户外智能屏等数据。②强时效性。在电子商务交易中，消费者的消费行为和购买方式极易在短的时间内发生变化，在消费者需求点最高时及时进行营销非常重要。③个性化营销。在网络时代，广告主的营销理念已从"媒体导向"向"受众导向"转变。以往的营销活动须以媒体为导向，选择知名度高、浏览量大的媒体进行投放。如今，广告主完全以受众为导向进行广告营销，因为大数据技术可让他们知晓目标受众身处何方，关注着什么位置的什么屏幕。④高性价比。和传统广告"一半的广告费被浪费掉"相比，大数据营销在最大限度上，让广告主的投放做到有的放矢，并可根据实时性的效果反馈，及时对投放策略进行调整。⑤注重关联性。大数据营销的一个重要特点在于消费者关注的广告与广告之间的关联性，由于大数据在采集过程中可快速得知目标受众关注的内容，以及可知晓网民身在何处，这些信息可让广告的投放过程产生前所未有的关联性。

基于上述特征，如果电子商务经营者根据消费者的兴趣爱好、消费习惯等特征，仅向其提供此类的商品或者服务的搜索结果，将导致消费者的选择权和知情权受到侵犯，因此，电子商务法还要求经营者同时向消费者提供不针对其个人特征的选项。

在理解的过程中，需要注意的是，①电子商务法并不反对经营者在征得消费者同意的情况下，向其收集其兴趣爱好、消费习惯等浏览记录并对其进行"数据画像"；②也不反对根据其兴趣爱好、消费者习惯向消费者提供其感兴趣的搜索结果，这也有助于消费者更加快速、便捷地选择商品和服务；③在提供上述搜索结果的同时，必须提供不针对其个人特征的选项，并且避免对于老用户和新用户提供不同的商品和服务的价格，防止"大数据杀熟"。

另外，在向消费者发送广告的过程中，应当遵守广告法的相关规定。如未经当事人同意或者请求，不得向其住宅、交通工具等发送广告，也不得以电子信息方式向其发送广告。以电子信息方式发送广告的，应当明示发送者的真实身份和联系方式，并向接收者提供拒绝继续接收的方式。利用互联网发布、发送广告，不得影响用户正常使用网络。在互联网页面以弹出等形式发布的广告，应当显著标明关闭标志，确保一键关闭。

三、禁止搭售商品或者服务

搭售也称为附带条件交易，是指经营者要求消费者购买其产品或者服务的同时也购买其另一种产品或者服务，并且把买方购买其第二种产品或者服务作为其可以最终购买和优惠购买的条件。搭售行为往往会被消费者所厌恶，但它们并不总是违法的行为。因为在市场交易中，经营者可能会出于各种动机进行搭售，关键是强制搭售还是自愿搭售（或者称为组合购买）。

在电子商务经营过程中，将多个商品或者服务打包，向消费者提供，也是其特殊的模式之一。作为消费者，如果能够在商品详情页中详细了解需要购买的商品或者服务的具体内容，则并非属于搭售。但是，由于电子商务的特殊属性，消费者在下单的时候并未完全了解购买的商品和服务的内容，或者经营者采用隐蔽的方式（如默认选项）来搭售商品和服务，则在现实中同样存在。因此，电子商务法并未禁止搭售行为，而是要求规范搭售：一是在显著位置提醒消费者注意；二是不得将搭售作为默认同意的选项。

四、保障商品或服务的正常交付

消费者购买商品或服务，最主要目的是获取商品和服务。在电子商务交易过程中，交易物既包括有形的商品，也包括无形的数字产品和服务。《消费者权益保护法》第十六条规定，经营者和消费者有约定的，应当按照约定履行义务，但双方的约定不得违背法律、法规的规定。因此，无论是线下还是线上交易，作为经营者，都应当保障消费者能够正常、及时、安全地获取交易物。

而双方在交易过程中的约定，属于合同法的调整范畴，也即是双方对于商品或服务具体的规则、型号、数量、质量、交付方式等方面的约定，而除了双方约定之外，部分电子商务经营者为了提高其声誉，吸引更多的消费者购买其商品或服务，会在双方约定之外作出一些承诺，比如"假一罚十""当天送达"等，这些承诺，也构成了双方交易过程中应当遵循的准则，如果经营者违反，消费者可据此向经营者主张权利。

至于交付，《合同法》第一百四十二条规定标的物毁损、灭失的风险，在标的物交付之前由出卖人承担，交付之后由买受人承担，但法律另有规定或者当事人另有约定的除外。正常的交易过程中，如果经营者将商品交给了物流公司，则一般认为是已经交付，但是由于电子商务交易的特殊性，如果此时视为交付，而一旦消费者获取的商品出现运输过程中风险导致的毁损，则由消费者向物流公司主张权利会存在较大的障碍，而电子商务经营者与物流公司之间本来存在长期的合作关系，因此在电子商务经营者处于优势地位的情形下，由其承担商品运输过程中的风险和责任，将会更加有利于保护消费者的合法权益。

当然，也存在另外一种情形，如果是消费者不选择经营者提供的快递物流服务提供者，而作了另行选择，则属于除外情形，也就是此种情况下，应当由消费者承担经营者将商品交给消费者自行选择的快递物流服务提供者之后的风险和责任。

五、押金退还的保障

押金，实务中也称保证金、风险抵押金等，是指当事人双方约定，债务人或第三人向债权人给付一定的金额作为其履行债务的担保，债务履行时，返还押金或予以抵扣，债务不履行时，债权人得就该款项优先受偿。

在电子商务全面发展的过程中，共享经济是其中的一个重要内容，其中共享单车、共享汽车，便是以收取押金作为前置条件，以保障该种商业模式能够正常开展，同时也是为经营者提供一种免息的资金支持。但是实践中，不少提供共享单车的经营者因为经营管理不善，以及其他因素导致经营行为无法维系，最终退出市场，此时押金退还在正常情况下并非难事，但是由于经营者资金有限，在退还过程中出现了困难，进而导致消费者的合法权益受到侵害。2019 年 1 月 1 日，上海市市场监督管理局公布小长假投诉情况，其中，交通运输投诉量居首，共享单车消费纠纷相对集中，七成以上为押金难退。

从本质上来说，押金的所有权并未转移到经营者名下，只不过是暂时存储在经营者账户里而已，一旦消费者要求返还，应当及时予以归还。但是不少电子商务共享经济的经营者却打起了歪主意，为了能够更大程度上占用消费者的资金，会在押金退还的流程、方式和条件上作出种种限制，最终导致消费者在退还过程中遇到押金难退。

电子商务法对于共享经济电子商务模式下的押金退还，作了如下设计和规定：①电子商务经营者有权根据约定向消费者收取押金，这本身是一种合法行为；②需要向消费者明确告知押金退还的方式和程序，并且不得就押金退还设置不合理的条件；③一旦消费者申请退还押金，符合押金退还条件的，应当及时退还。

※相关法律法规

《消费者权益保护法》 第八、九、十四、十六、二十条；

《广告法》 第八条；

《网络交易管理办法》 第十一、十四、三十七条。

案例 **直播带货销售仿冒手机，法院判决主播承担赔偿责任**

主播许某某是某平台主播，2019 年 5 月 28 日，消费者王某某通过直播间购买许某某私下销售的手机一款，收货后发现手机系仿冒机，经沟通无果。后王某某以网络购物合同纠纷为由将许某某、直播平台诉至北京互联网法院。

北京互联网法院认为，许某某在直播期间持续挂有"购物车"，该行为可视为系其利用主播身份不断为商家导流宣传推广，具有对外销售获利的主观意图，其具有经营者身份。王某某在购买手机前观看许某某直播已持续半年，对许某某心存信赖，许某某私下直播带货交易行为视其利用主播身份导流并实现流量变现，应认定为经营行为。应当注意的是，一般情形下主播不参与实际交易，不具有经营者身份，但主播如果除带货行为外，亦参与商品或者服务提供、经营，成为商品或者服务买卖合同相对方，则具有经营者身份，需承担经营者责任。

许某某在使用手机半个月后，方进行转让，其应对手机外观及实际使用情况了解，王某某收到手机后发现明显与直播间宣称的性能不符，王某某基于信任，陷入错误认识而购买，许某某作为经营者实施的上述行为构成欺诈，应承担相应法律责任。

直播平台在直播规范中明确公示禁止进行站外交易，在接到王某某投诉后及时对主播账号进行封停处理等，尽到了事前提示和事后监督义务，且现无证据证明直播平台知晓涉案交易行为存在，故不承担相应责任。

最终，一审判决许某某退还王某某购机款，并赔偿购机款三倍及王某某维权合理开支。

本案中，主播通过各种方式对自身形象进行推广，获得相当规模的粉丝群体，通过积累观众的信任、兴趣等经营自身的"流量"，并通过"带货"、销售等方式将其流量进行变现。这种具有新特点的推广和销售模式，表面上是主播和粉丝个体之间的交易和互动，但究其本质，已经超过了私人交易的范围。主播一方面使用了互联网平台提供的"购物车"功能进行带货，具有经营者身份，另一方面，主播在交易中利用了其长期经营和积累的粉丝信任关系，并引导其进行线下交易，主观恶意明显，其欺诈行为应当适用消费者权益保护法中关于经营者的惩罚性赔偿规定。

案例　进口食品构成不安全食品

淦某于2017年6月22日在某电商平台卖家张某的网店支付4000元购买冷冻美国进口牛小排一件。淦某收货后了解到，我国曾因疯牛病原因禁止美国牛肉进口销售，6月份放开禁令允许美国牛肉进口，解禁后首批运抵中国的美国牛肉直到6月23日才获得官方的检验检疫合格证明，于是对美国牛肉的来源产生怀疑。淦某经询问张某，张某承认美国牛肉系走私销售。淦某诉请张某退一赔十。

法院经审理认为：张某未依法查验涉案产品检验合格证明材料，未尽到相应的货物查验义务，构成销售明知是不符合食品安全标准的食品的行为。遂判决张某退还货款4000元并支付货款十倍的赔偿金4万元。

进口的食品、食品添加剂、食品相关产品应当符合我国食品安全国家标准。进口的食品、食品添加剂应当经出入境检验检疫机构依照进出口商品检验相关法律、行政法规的规定检验合格，并按照国家出入境检验检疫部门的要求随附合格证明材料。经营明知是不符合食品安全标准的食品，消费者除要求赔偿损失外，还可以向经营者要求支付价款十倍的赔偿。经营者经营进口食品的，应当查验出入境检验检疫机构出具的合格证明材料，经营者不能证明进口食品的合法来源并提供合格证明材料的，将承担食品被认定为不安全而导致的十倍赔偿的责任。

案例　央视点名App"大数据杀熟"现象

经常使用某个App发现自己预订的酒店价格比"新手"贵，查询某个航线的机票几分钟前的机票价格是1500元，过几分钟再查这个价格就可能变成了1700元，换个手机及账号，搜出来的价格就会完全不同。

这就是网友普遍反映的大数据杀熟，它是指同样的商品或服务，老客户看到的价格反而比新客户要贵出许多的现象。

2020年9月15日消息，央视二套财经频道点名在线旅游平台的大数据杀熟现象，报道中提到在线旅游平台针对不同消费特征的旅游者对同一产品或服务在相同条件下设置差异化的价格。

这一行为在2020年10月1日之后明令禁止，文化和旅游部最新公布的《在线旅游经营服务管理暂行规定》已于2020年10月1日起正式施行。规定明确了在线旅游经营者不得滥用大数据分析等技术手段，侵犯旅游者合法权益。

根据消费者权益保护法，如果对客户实施了价格欺诈，客户可以主张3倍赔偿，最少也是500元的赔偿。

2.5.6 不得滥用市场支配地位

电子商务经营者因其技术优势、用户数量、对相关行业的控制能力以及其他经营者对该电子商务经营者在交易上的依赖程度等因素而具有市场支配地位的，不得滥用市场支配地位，排除、限制竞争。

法条解析： 所谓市场支配地位，是指经营者在相关市场内具有能够控制商品价格、数量、其他交易条件，或者能够阻碍、影响其他经营者进入相关市场能力的市场地位。该定义将构成市场支配地位的两个条件作为选择性条件：一是企业在市场中的地位，即能够控制商品价格、数量或者其他交易条件；二是对竞争的影响，即能够阻碍、影响其他经营者进入相关市场。一般而言，市场支配地位的定义至少应包含以下几方面的因素：主体方面，它可以由一个企业单独拥有，也可以由少数几个企业共同拥有；本质上，市场支配地位是一种特殊的市场地位，也是支配企业的独立于竞争之外的一种市场地位；表现形式上，它常外化为控制商品价格、数量，阻碍、影响其他经营者的经营等。

反垄断法认定经营者具有市场支配地位，应当依据下列因素：①该经营者在相关市场的市场份额，以及相关市场的竞争状况；②该经营者控制销售市场或者原材料采购市场的能力；③该经营者的财力和技术条件；④其他经营者对该经营者在交易上的依赖程度；⑤其他经营者进入相关市场的难易程度；⑥与认定该经营者市场支配地位有关的其他因素。另外，还规定有下列情形之一的，可以推定经营者具有市场支配地位：①一个经营者在相关市场的市场份额达到 1/2 的；②两个经营者在相关市场的市场份额合计达到 2/3 的；③三个经营者在相关市场的市场份额合计达到 3/4 的。

《工商行政管理机关禁止滥用市场支配地位行为的规定》（工商总局令第 54 号）则规定，认定经营者具有市场支配地位，应当依据下列因素：①该经营者在相关市场的市场份额，以及相关市场的竞争状况。市场份额是指一定时期内经营者的特定商品销售额、销售数量等指标在相关市场所占的比重。分析相关市场竞争状况应当考虑相关市场的发展状况、现有竞争者的数量和市场份额、商品差异程度以及潜在竞争者的情况等。②该经营者控制销售市场或者原材料采购市场的能力。认定经营者控制销售市场或者原材料采购市场的能力，应当考虑该经营者控制销售渠道或者采购渠道的能力，影响或者决定价格、数量、合同期限或者其他交易条件的能力，以及优先获得企业生产经营所必需的原料、半成品、零部件及相关设备等原材料的能力。③该经营者的财力和技术条件。认定经营者的财力和技术条件，应当考虑该经营者的资产规模、财务能力、盈利能力、融资能力、研发能力、技术装备、技术创新和应用能力、拥有的知识产权等。对于经营者的财力和技术条件的分析认定，应当同时考虑其关联方的财力和技术条件。④其他经营者对该经营者在交易上的依赖程度。认定其他经营者对该经营者在交易上的依赖程度，应当考虑其他经营者与该经营者之间的交易量、交易关系的持续时间、转向其他交易相对人的难易程度等。⑤其他经营者进入相关市场的难易程度。认定其他经营者进入相关市场的难易程度，应当考虑市场准入制度、拥有必需设施的情况、销售渠道、资金和技术要求以及成本等。⑥与认定该经营者市场支配地位有关的其他因素。

借鉴世界各国反垄断法中所列举的支配地位滥用行为之情形，市场支配地位滥用行为的构成要件包括：①企业已取得市场支配（或优势）地位。这是企业实施支配地位滥用行为的前提条件，也是支配地位滥用行为的主体要件。②具有支配地位的企业必须实施了支配地位滥用的行为。这是支配地位滥用行为的客观方面。如果以合法竞争的方式或以国家或政府授权的方式取得市场支配地位，并在法律允许的范围内生产、销售其产品或提供其服务的行为，不仅不为法律所禁止，而且还为法律所保护。只有当具有市场支配地位的企业所实施的市场行为限制了有效的、自由的竞争，损害了其他竞争者和消费者的利益时，反垄断法才对之予以禁止和规制。③具有市场支配地位的企业实施的市场行为破坏了自由的竞争秩序，损害了其他竞争者与消费者的利益，则该市场行为即被认定为支配地位滥用行为。这是支配地位滥用行为的客体要件。由此可知，支配地位滥用行为的客体（对象）为自由的竞争秩序、其他竞争者以及广大消费者的利益。如果该类企业实施的市场行为没有对以上客体造成任何损害后果，那么该类企业的市场行为就不能认定为支配地位滥用行为而为反垄断法所禁止和规制。④具有市场支配地位的企业利用其支配地位的优势，在与交易相对人为市场交易行为时，出于限制、阻止、遏制竞争之目的，故意采取低价倾销、搭售以及附加不合理条件、诋毁竞争对手等手段以造成将竞争者排挤出该相关市场的结果，从而实现其攫取高额利润的愿望。这是支配地位滥用行为的主观方面要件。只有以上四个要件同时具备，该类企业的行为才能构成支配地位滥用行为。

就电子商务经营者而言，由于市场基数极大，电子商务交易巨大，因此在交易过程中，通过技术优势、市场用户数量、对相关行业的控制能力以及其他经营者由此产生的依赖，均可能产生滥用市场支配地位的行为，最终导致排除、限制竞争。

※相关法律法规

《反垄断法》第十七、十八、十九条；

《网络商品和服务集中促销活动管理暂行规定》第十一条；

《工商行政管理机关禁止滥用市场支配地位行为的规定》第二、三、四、五、六、七、八、九、十、十一、十二条。

案例　美团因不正当竞争赔偿饿了么100万元

2021年2月25日有消息称，浙江省金华市中级人民法院对此前浙江金华美团要求部分商户与其达成排他性交易的做法作出判决。根据下发民事判决书显示，北京三快科技有限公司（美团）金华分公司实施的不正当竞争行为，损害了拉扎斯公司（饿了么）的合法权益，应当承担民事责任。法院对上海拉扎斯信息科技有限公司（饿了么）要求北京三快科技有限公司（美团）赔偿100万元经济损失的诉请予以全额支持。

2.5.7　数据信息的保护

电子商务经营者收集、使用其用户的个人信息，应当遵守法律、行政法规有关个人信息保护的规定。

电子商务经营者应当明示用户信息查询、更正、删除以及用户注销的方式、程序，不得对用户信息查询、更正、删除以及用户注销设置不合理条件。

电子商务经营者收到用户信息查询或者更正、删除的申请的，应当在核实身份后及时提供查询或者更正、删除用户信息。用户注销的，电子商务经营者应当立即删除该用户的信息；依照法律、行政法规的规定或者双方约定保存的，依照其规定。

有关主管部门依照法律、行政法规的规定要求电子商务经营者提供有关电子商务数据信息的，电子商务经营者应当提供。有关主管部门应当采取必要措施保护电子商务经营者提供的数据信息的安全，并对其中的个人信息、隐私和商业秘密严格保密，不得泄露、出售或者非法向他人提供。

法条解析：

一、收集、使用用户个人信息

现有的法律规定已对用户个人信息的保护作出了相关规定，同时也进一步明确了个人信息的法律保护范畴，因此电子商务法并未对何为用户个人信息进行定义，而是在第二十三条中对电子商务经营者收集、使用用户个人信息的法律适用作了衔接性规定。

2013 年 9 月 1 日开始实施的《电信和互联网用户个人信息保护规定》内容中，用户信息主要是指电信业务经营者和互联网信息服务提供者在提供服务的过程中收集的用户个人信息，包括了用户的姓名、出生日期、身份证件号码、住址、电话号码、账号和密码等能够单独或者与其他信息结合识别用户的信息以及用户使用服务的时间、地点等信息。同时，该规定明确了作为收集主体的电信业务经营者和互联网信息服务提供者在收集、使用用户个人信息过程中应当遵循合法、正当、必要的原则，并对其收集、使用用户信息作了以下几个方面的要求：①应当公示收集、使用用户个人信息的规则；②应当明确告知用户收集、使用信息的目的、方式和范围，查询、更正信息的渠道以及拒绝提供信息的后果等事项；③不得收集其提供服务所必需以外的用户个人信息或者将信息用于提供服务之外的目的；④不得以欺骗、误导或者强迫等方式或者违反法律、行政法规以及双方的约定收集、使用信息；⑤在用户终止使用电信服务或者互联网信息服务后，应当停止对用户个人信息的收集和使用，并为用户提供注销号码或者账号的服务；⑥包括其工作人员，对在提供服务过程中收集、使用的用户个人信息应当严格保密，不得泄露、篡改或者毁损，不得出售或者非法向他人提供；⑦应当建立用户投诉处理机制，公布有效的联系方式，接受与用户个人信息保护有关的投诉，并自接到投诉之日起15日内答复投诉人；⑧应当建立安全保障措施防止用户个人信息泄露、毁损、篡改或者丢失，如发生或可能发生前述事项的应当立即采取补救措施，造成或者可能造成严重后果的，应当立即向准予其许可或者备案的电信管理机构报告，配合相关部门进行调查处理；⑨应当对工作人员进行用户个人信息保护的培训；⑩应当对用户个人信息保护情况每年至少进行一次自查。如果电信业务经营者、互联网信息服务提供者违反信息收集和使用规范的，由电信管理机构依据职权责令限期改正，予以警告，可以并处一万元以下的罚款，违反安全保障措施要求的，电信管理机构依据职权责令限期改正，予以警告，可以并处一万元以下的罚款。可以说，无论是从用户个人信息的收集、使用要求方面还是从对用户个人信息的安全保障性要求方面，该规定均较为具体、明确和细致。

2017 年 6 月 1 日开始实施的《网络安全法》规定，个人信息是指以电子或者其他方式记录的能够单独或者与其他信息结合识别自然人个人身份的各种信息，包括但不限于自然人的姓名、出生日期、身份证件号码、个人生物识别信息、住址、电话号码等。同时，该法在第四章网络信息安全中，以专章的形式对网络信息安全作了较为系统的规定，要求网络运营者：①对用户信息严格保密，建立健全用户信息保护制度；②收集、使用个人信息，应当遵循合法、正当、必要的原则，公开收集、使用规则，明示收集、使用信息的目的、方式和范围，并经被收集者同意；③不得泄露、篡改、毁损其收集的个人信息，且未经被收集者同意，不得向他人提供个人信息。但是，经过处理无法识别特定个人且不能复原的除外；④应当采取技术措施和其他必要措施，确保收集的个人信息安全，防止信息泄露、毁损、丢失。在发生或者可能发生个人信息泄露、毁损、丢失的情况时，应当立即采取补救措施，按照规定及时告知用户并向有关主管部门报告。同时，该法明确规定，网络运营者、网络产品或者服务的提供者侵害个人信息依法得到保护的权利的，由有关主管部门责令改正，可以根据情节单处或者并处警告、没收违法所得、处违法所得 1 倍以上 10 倍以下罚款，没有违法所得的，处 100 万元以下罚款，对直接负责的主管人员和其他直接责任人员处 1 万元以上 10 万元以下罚款；情节严重的，并可以责令暂停相关业务、停业整顿、关闭网站、吊销相关业务许可证或者吊销营业执照。

同时，我国《民法典》也明确规定了自然人的个人信息受法律保护，任何组织和个人需要获取他人个人信息的，应当依法取得并确保信息安全，不得非法收集使用、加工、传输他人个人信息，不得非法买卖、提供或者公开他人个人信息。而《消费者权益保护法》也明确规定了消费者享有个人信息依法得到保护的权利，同时明确经营者收集、使用消费者个人信息，应当遵循合法、正当、必要的原则，明示收集、使用信息的目的、方式和范围，并经消费者同意，经营者收集使用消费者个人信息，应当公开其收集、使用规则，不得违反法律、法规的规定和双方的约定收集、使用信息。经营者及其工作人员对收集的消费者个人信息必须严格保密，不得泄露、出售或者非法向他人提供。经营者应当采取技术措施和其他必要措施确保信息安全，防止消费者个人信息泄露、丢失。在发生或者可能发生信息泄露、丢失的情况时，应当立即采取补救措施。经营者未经消费者同意或者请求，或者消费者明确表示拒绝的，不得向其发送商业性信息。如果经营者侵害消费者个人信息依法得到保护的权利的，应当停止侵害、恢复名誉、消除影响、赔礼道歉，并赔偿损失，除了承担相应的民事责任外，其他有关法律、法规对处罚机关和处罚方式有规定的，依照法律、法规的规定执行，法律、法规未作规定的，则由工商行政管理部门或者其他有关行政部门责令改正，可以根据情节单处或者并处警告、没收违法所得、处以违法所得 1 倍以上 10 倍以下的罚款，没有违法所得的，处以 50 万元以下的罚款，情节严重的，责令停业整顿、吊销营业执照。

此外，为了加强对用户个人信息的保护，侵害个人信息之行为不仅应当承担相应的民事责任、行政责任，还需承担相应的刑事责任。根据 2020 年 12 月 26 日修正的《刑法》第二百五十三条规定："违反国家有关规定，向他人出售或者提供公民个人信息，情节严重的，处三年以下有期徒刑或者拘役，并处或者单处罚金；情节特别严重的，处三年以上七年以下有期徒刑，并处罚金。违反国家有关规定，将在履行职责或者提供服务过程中获得的公民个人信息，出售或者提供给他人的，依照前款的规定从重处罚。窃取或者以其他方法非法获取公民个人信息的，依照第一款的规定处罚。单位犯前三款罪的，对单位判处罚金，并对其直接负责的主管人员和其他直接责任人员，依照各条款的规定处罚。"也就是说违法向他人出售或提供个人信息的行为，达到情节严重的，应当予以刑事处罚。同时根据 2017 年 5 月 8 日公布的《最高人民法院、最高人民检察院关于办理侵犯公民个人信息刑事案件适用法律若干问题的解释》的规定，《刑法》第二百五十三条之一规定的"公民个人信息"，是指以电子或者其他方式记录的能够单独或者与其他信息结合识别特定自然人身份或者反映特定自然人活动情况的各种信息，包括姓名、身份证件号码、通信通讯联系方式、住址、账号密码、财产状况、行踪轨迹等。根据本条规定，个人信息之范畴不仅包括特定自然人的身份信息，也包括特定自然人的活动情况。同时对提供公民个人信息的除外情况作了规定：未经被收集者同意，将合法收集的公民个人信息向他人提供的，属于刑法第二百五十三条之一规定的"提供公民个人信息"，但是经过处理无法识别特定个人且不能复原的除外。针对情节认定，该解释从数量、违法所得及后果等方面进行了规定：非法获取、出售或者提供公民个人信息，具有下列情形之一的，应当认定为刑法第二百五十三条之一规定的"情节严重"：（一）出售或者提供行踪轨迹信息，被他人用于犯罪的；（二）知道或者应当知道他人利用公民个人信息实施犯罪，向其出售或者提供的；（三）非法获取、出售或者提供行踪轨迹信息、通信内容、征信信息、财产信息五十条以上的；（四）非法获取、出售或者提供住宿信息、通信记录、健康生理信息、交易信息等其他可能影响人身、财产安全的公民个人信息五百条以上的；（五）非法获取、出售或者提供第三项、第四项规定以外的公民个人信息五千条以上的；（六）数量未达到第三项至第五项规定标准，但是按相应比例合计达到有关数量标准的；（七）违法所得五千元以上的；（八）将在履行职责或者提供服务过程中获得的公民个人信息出售或者提供给他人，数量或者数额达到第三项至第七项规定标准一半以上的；（九）曾因侵犯公民个人信息受过刑事处罚或者二年内受过行政处罚，又非法获取、出售或者提供公民个人信息的；（十）其他情节严重的情形。实施前款规定的行为，具有下列情形之一的，应当认定为刑法第二百五十三条第一款规定的"情节特别严重"：（一）造成被害人死亡、重伤、精神失常或者被绑架等严重后果的；（二）造成重要经济损失或者恶劣社会影响的；（三）数量或者数额达到前款第三项至第八项规定标准十倍以上的；（四）其他情节特别严重的情形。同时根据本解释规定，为合法经营活动而非法购买、收受除行踪轨迹信息、通信内容、征信信息、财产信息、住宿信息、通信记录、健康生理信息、交易信息等其他可能影响人身、财产安全的公民个人信息之外的公民个人信息，具有以下情形之一的，应当视为"情节严重"：（一）利用非法购买、收受的公民个人信息获利 5 万元以上的；（二）曾因侵犯公民个人信息受过刑事处罚或者二年内受过行政处罚，又非法购买、收受公民个人信息的；（三）其他情节严重的情形。

根据 2018 年 5 月 1 日开始实施的国家标准《信息安全技术个人信息安全规范》（GB/T 35273—2017）之规定，明确了收集个人信息的要求：①合法性要求。收集个人信息时不得采取隐瞒、欺诈、诱骗或强迫等方式，不得从非法渠道获取个人信息，不得收集法律明令禁止收集的个人信息。收集信息时应把握收集个人信息最小化要求，即网络安全法的必要性要求，收集的个人信息应与实现产品或服务的业务功能有直接关系。②授权同意要求。收集个人信息前，应向信息主体明确告知所提供产品或服务的不同业务功能分别收集的个人信息类型及收集、使用个人信息的规则，获得其授权同意。间接获取个人信息时，还应要求个人信息提供方说明个人信息来源，应了解个人信息提供方已获得个人信息处理的授权同意范围，包括使用目的，个人信息主体是否授权同意转让、共享等。③收集个人敏感信息的明示同意。收集个人敏感信息，如身份证号码、银行账户等，应确保提供个人敏感信息的主体作出明示同意是完全知情且自愿的。收集时，应向信息主体告知所提供产品或服务的核心业务功能及所必须收集的个人敏感信息，并告知拒绝提供的后果。如提供其他附加功能需收集个人敏感信息，收集前应允许个人信息主体选择是否提供，同时当主体拒绝提供时，不应以此为由停止提供核心业务功能。④规定了《隐私政策》的内容和发布。个人信息控制者应制定隐私政策，包括个人信息控制者的基本情况，如注册名称、注册地址、常用办公地点和相关负责人的联系方式等；收集、使用个人信息的目的，以及所涵盖的各个业务功能，例如将个人信息用于商业广告推送，将个人信息用于形成用户画像等用途；各业务功能分别收集的个人信息以及收集方式和频率、存放地域、存储期限等个人信息处理规则和实际收集的个人信息范围；对外共享、转让个人信息的目的，涉及的个人信息类型、接收个人信息的第三方类型，以及所承担的相应法律责任；遵循的个人信息安全基本原则，具备的数据安全能力，以及采取的个人信息安全保护措施。

根据现行司法实务的要求，对于用户信息的收集和使用，应当注意授权必须是明示同意的，并且如果存在个人信息主体、信息提供者和信息使用者等多方主体时，必须注意"三重授权"原则，即作为第三方的信息使用者从信息提供者处获得用户信息时必须遵循"用户授权＋平台授权＋用户授权"的原则，即用户同意平台向第三方提供信息，平台授权第三方获取信息，用户再次授权第三方使用信息，而且用户的同意必须是具体的、清晰的，是用户在充分知情的前提下自主作出的决定。

综上所述，电子商务经营者在收集、使用用户个人信息时，必须要遵循：①合法性原则。取得过程合法，而且不得非法向第三方提供以及采取安全保障措施保护用户信息。②明示同意原则。无论是收集还是使用，收集、使用的目的、范围、权限等均应当通过《隐私政策》等方式取得信息主体即用户的明示同意。③必要授权原则。尤其涉及关联主体或其他第三方主体收集、使用用户信息时，必须要遵循"三重授权"原则。④最小化原则。即电子商务经营者收集、使用的用户信息应当与其提供的服务是紧密相关的，是不得不收集、使用的，超越其提供范围所收集、使用的信息有可能被认定为违反了必要性的原则，同时还需满足时间上的最小化原则，即个人信息保存期限应为实现目的所必需的最短时间，超出个人信息保存期限后，应对个人信息进行删除或匿名化处理。⑤去标识化原则。针对信息的收集、使用及保护，要求将收集到的信息去除识别性特征，并避免该数据二次复原重新识别，妥善地保管信息控制者收集到的各类数据。

二、用户的信息权利

根据《网络安全法》的规定，用户作为信息主体，对其个人信息享有删除权、更正权，而本次电子商务法明确了用户对其信息享有查询权、更正权、删除权和注销权，相对于前者增加了信息主体的查询权和注销权。

关于信息主体的查询权和更正权，学者认为该两项权利是"关键性之权利"。允许信息权利人要求信息收集者对其所掌握的信息及时予以更正或者删除，是权利人对其信息权利控制的主要体现，尤其在信息收集人并不乐于主动变更的现实背景下，明确信息主体的查询权和更正权，更有利于对用户个人信息的保护。

根据《电子商务法》第二十四条第二款的规定，电子商务经营者收到用户信息查询或者更正、删除的申请的，应当在核实身份后及时提供查询或者更正、删除用户信息，对于该"及时"的合理期限如何认定，我们认为可以参考其他相关法律法规之规定，如根据《电信和互联网用户个人信息保护规定》关于对个人信息有关的投诉，规定应自接到投诉之日起15日内答复投诉人，另根据《信息安全技术个人信息安全规范》关于响应个人信息主体的请求的规定，在验证个人信息主体身份后，应及时响应个人信息主体的个人信息访问、更正、删除、撤回同意、注销账户、获取个人信息副本、申诉的请求，应在30日内或法律法规规定的期限内作出答复及合理解释，并告知个人信息主体向外部提出纠纷解决的途径。因此，此处的"及时"可以理解为"5～7个工作日"，当然如果有正当理由需要延长的，电子商务经营者应当先履行告知义务，在适当的延长期限内充分保障用户的权益。

关于用户就其信息删除权的行使，也被称为"遗忘权"，也就是说用户对其所有的个人信息有权要求电子商务经营者予以删除，以避免其个人信息被收集者恶意使用。在以下情形下，用户有权要求电子商务经营者删除其个人信息：①电子商务经营者违法收集、使用用户个人信息的；②电子商务经营者违反约定收集、使用用户个人信息的；③用户注销其账号的，应当立即删除用户信息；④电子商务经营者违法违规向第三方转让、共享，或者公开披露个人信息，用户要求删除的。

此外，应当明确在以下情形下，电子商务经营者有权拒绝信息主体查询权、更正权或删除权的行使：①与国家安全、国防安全直接相关的；②与公共安全、公共卫生、重大公共利益直接相关的；③与犯罪侦查、起诉、审判和执行判决等直接相关的（如基于证据保存需求的，不得立即删除）；④个人信息控制者有充分证据表明个人信息主体存在主观恶意或滥用权利的；⑤将导致个人信息主体或其他个人、组织的合法权益受到严重损害的；⑥涉及商业秘密的；⑦双方另有约定且该约定不违反关于格式条款的强制性规定的。

三、电子商务经营者的信息提供义务

根据《电子商务法》第二十五条之规定，如有关主管部门依照法律、行政法规的规定要求电子商务经营者提供有关电子商务数据信息的，电子商务经营者应当提供。同时也明确了要求电子商务经营者提供数据信息的有关主管部门应当采取必要措施保护该数据信息的安全，尤其对其中的个人信息、隐私和商业秘密严格保密，不得泄露、出售或者非法向他人提供。

本条中的有关主管部门包括了国家市场监督管理部门、国家互联网信息办公室、国家税务总局、国家发改委、工信部、交通运输部等部门。电子商务经营者根据有关主管部门查处违法行为，依法规制市场等行为，提供其所掌握的经营者的身份信息、资质信息、商品或服务信息、交易信息、用户个人信息等数据信息，协助有关主管部门处理包括可能的知识产权侵权，暴力、淫秽色情信息传播等违法行为。

同时，有关主管部门也应当履行数据信息的保密义务，采取必要的保护措施如安排专门的岗位或人员负责数据信息的管理保护，建立数据信息收集、使用的工作流程，采取安全存储措施及防泄密措施，采取防黑客入侵及防病毒措施等。目前，电子商务法及其他的法律法规并未对国家机关作为信息处理主体收集、使用个人信息作出规定，但是实际上政务部门的大数据联通和共享使国家有关机关成为信息的收集、使用主体也成为了必然，而这一点在我国的《个人信息保护法（草案）》中也有了体现。

关于电子商务者的用户信息收集、使用、保护之法律规制，在我国的《个人信息保护法》《数据安全法》立法完成后，也应当遵循特别法的相关规定。

四、关于用户数据信息的境外立法

除了上述我国现行法律法规对电子商务经营者收集、使用用户信息之规定外，随着跨境电子商务的发展，还有必要了解境外对用户数据信息的立法规定。

2018 年 5 月开始实施的《欧盟通用数据保护条例》（General Data Protection Regulation, 简称 GDPR）被称为"史上最严数据保护条例"。GDPR 第一章第三条地域范围的规定，确定 GDPR 是否拥有管辖权存有两个标准，一是数据的控制者或处理者标准，二是个人数据主体的标准。GDPR 第一章第三条第一款规定："适用于设立在欧盟内的控制者或处理者对个人数据的处理，无论其处理行为是否发生在欧盟内。"即设立在欧盟的数据控制者或者处理者对于个人数据的处理，均适用 GDPR。而 GDPR 第一章第三条第二款规定："适用于对欧盟内的数据主体的个人数据处理，即使控制者和处理者没有设立在欧盟内，其处理行为：a）发生在向欧盟内的数据主体提供商品或服务的过程中，无论此项商品或服务是否需要数据主体支付对价；或 b）是对数据主体发生在欧盟内的行为进行的监控。"也就是说以下两类情形均应受到该条例的约束：①数据控制者或数据处理者在欧盟境内设有分支机构。②虽未设立分支机构，但只要有面向欧盟境内的数据主体提供商品或服务，或监控数据主体的行为。具体而言，如非成员国运营的电商平台，提供法文、德文版本的页面，支持欧元结算，提供欧盟境内配送物流；或非成员国社交平台，支持境外的成员国用户注册的，并向其提供个性化的信息和广告的，均应受到 GDPR 的约束。同时 GDPR 关于管辖的规定属于强制性规定，即使隐私条款或其他协议中通过约定排除欧盟管辖，其约定也不会产生排除的法律效力。

综上，我国的电子商务经营者提供的服务或商品落入前述两种情形之一的，关于用户信息保护的规定需要适用 GDPR 的规定。

目前，我国法律法规对于涉及用户信息数据的违法行为的处罚并不严苛。但是根据 GDPR 的要求，处罚金额之高令经营者们必须好好思考关于数据信息保护的问题。根据 GDPR 的要求，企业未按要求保护数据主体的权益、做好相关记录或未将其违规行为通知监管机关和数据主体，或未进行数据保护影响评估或者未按照规定配合认证，或未委派数据保护官或欧盟境内代表，则可能被处以1000万欧元或其全球年营业额2%（两者取其高）的罚款。如果发生了更为严重的侵犯个人数据安全的行为，如未获得客户同意处理数据，或核心理念违反"隐私设计"要求，或违反规定将个人数据跨境传输，或违反欧盟成员国法律规定的义务等，企业有可能面临最高2000万欧元或全球年营业额4%（两者取其高）的罚款。

如果说GDPR是欧盟专门针对企业的数据保护要求，那么2018年11月实施的《关于欧盟各类官方机构处理个人数据的条例》则是对GDPR的充分补充，明确了官方机构处理个人数据的保护的具体要求，这与我国《个人信息保护法（草案）》中关于国家机关收集、使用个人信息的规定意图也是一致的。

因此，尽管电子商务法对于电子商务经营者收集、使用用户信息没有作出专门、特别的规定，但是电子商务的无界性以及跨境电子商务的发展，仍为电子商务经营者们就用户数据信息的使用和保护问题敲响了警钟。

※相关法律法规

《网络安全法》第四十、四十一、四十二、四十三、四十四、四十五、四十七、四十八、四十九、五十、六十、六十四、六十八、七十六条；

《消费者权益保护法》第二十九、五十、五十六条；

《刑法》第二百五十三条；

《最高人民法院、最高人民检察院关于办理侵犯公民个人信息刑事案件适用法律若干问题的解释》第一、二、三、四、五、六条；

《电信和互联网用户个人信息保护规定》第四、五、六、八、九、十、十二、十五、十六、二十二、二十三条。

案例 支付宝"内鬼"事件

2013年11月27日，从事电商工作的张某因"涉嫌非法获取公民个人信息罪"，而被杭州市公安局某分局刑事拘留，羁押于杭州市某看守所。

张某案发，由李某牵出。李某系阿里巴巴旗下支付宝的前技术员工，其利用工作之便，在2010年分多次在公司后台下载了支付宝用户的资料，资料内容超20G。李某伙同两位同伙，随后将用户信息多次出售予电商公司、数据公司。

经阿里巴巴廉正部查悉，下载支付宝用户资料的行径或为李某所为，并在杭州报案。杭州警方以该市某派出所为主体，将上述四人予以控制。犯罪嫌疑人张某系李某团伙的第一个"客户"，其以500元的代价，从李某处购得3万条支付宝用户信息。张某所购的支付宝用户资料中，包括公民个人的实名、手机、电子邮箱、家庭住址、消费记录等，从这些定位精准的用户信息中，张某掌握了目标消费群体的具体信息。

支付宝内鬼曝出后，有消息称，这些被盗取的信息有的由个人进行贩卖，有些则是有公司化的运作。一般而言，私人进行贩卖价格较低，而公司化运作的，一般将信息进行二次挖掘和包装，价格较贵。一条用户信息可卖数十元，还有传凡客诚品系最大买家，花重金从其该员工处购得支付宝用户资料1000万条。

2.5.8 跨境电子商务

电子商务经营者从事跨境电子商务，应当遵守进出口监督管理的法律、行政法规和国家有关规定。

法条解析： 长期以来，跨境电商的商业模式大多数以灰色为主，国家也没有出台有力的管理或者服务方式，这样就造成了国家大量的外汇收益流失，且国内出口的货物无法正常退税。同时，电子商务的物流成本居高不下，也严重影响了我国跨境电商的生长秩序与国际竞争力。

自 2014 年以来，海关频繁出台新的贸易监管方式：9610、1210、1239，印证了跨境贸易及电商的大势所趋，归纳总结为"一般出口""特殊区域出口""直购进口""网购保税进口"4 种新型海关通关监管模式。为促进跨境贸易电子商务进出口业务发展，方便企业通关，规范海关管理，2016 年 12 月 6 日，海关总署新增了"1239"监管代码，全称"保税跨境贸易电子商务 A"，简称"保税电商 A"，适用于境内电子商务企业通过海关特殊监管区或保税物流中心（B 型）一线进境的跨境电子商务零售进口商品。

我国现行的《对外贸易法》《海关法》《技术进出口管理条例》等法律法规，规定了从事进出口贸易应当接受有关部门的监管，依法办理有关的进出境手续。

跨境电子商务也不例外，与线下贸易同等待遇，同样应当遵守我国进出口监督管理的法律、行政法规和国家有关规定。

案例 **代购店铺买卖国内现货，法院判决支持十倍赔偿**

李先生在淘宝网的店铺"好东东免税店"购买新西兰进口柠檬味润喉糖蜂蜜蜂胶糖果 25 袋，支付价款 3233 元。2017 年 3 月 12 日，店铺从店铺所在地广州市番禺区发货，李先生于 2017 年 3 月 15 日签收货物后，发现涉案进口食品无中文标签、没有出入境检验检疫证明材料、添加了蜂胶这一不能在普通食品中添加的原料。故李先生诉至法院，请求判令店铺退货退款并支付十倍赔偿。法院经审理后认为，涉案店铺虽然标注为"全球购认证商家"，但其销售给李先生的诉争食品系"国内现货"，李先生与店铺之间系买卖合同关系，店铺作为经营者，销售涉案食品应当符合我国食品安全标准的规定。涉案产品作为普通食品，添加了蜂胶，属于不符合食品安全标准的食品。故法院判决店铺承担退货退款并支付十倍赔偿金的责任。

案例 **"英超海淘"商品久未发货，售后困难**

潘女士于 2018 年 11 月 24 日在"英超海淘"平台购买了某品牌水桶包，下单时承诺 2 ～ 3 周会发货，一个月内收到货，截至 12 月 24 日物流信息仍然是订单创建状态。她在 12 月多次联系平台客服，客服一直敷衍回复会尽快发货，但一直没有后续结果。对此，"英超海淘"表示，已经处理完毕。

《电子商务法》中明确规定，电子商务经营者应当按照承诺或者与消费者约定的方式、时限向消费者交付商品或者服务，并承担商品运输中的风险和责任。因此，按时发货是平台商家理应尽到的义务，此外，由于不同的跨境电商平台其物流模式在配送时效和服务质量上均有不同，消费者下单前应仔细了解发货模式，对于价值高的商品尽量选择保税进口、直邮等安全性高的物流模式；购买生鲜、食品、急需物品，尽量避开购买高峰期，并且了解发货时间和大致的物流时间；由于漂洋过海，快递务必"先验货再签收"，遇到商品破损、腐烂、货不对板情况，可拒收快件。

2.6　法律责任

电子商务涉及从业主体资质、交易文书、电子支付、快递物流等相关业务的支撑。因此，对于违反《电子商务法》相关规定的，也涉及本法法律责任之规定与其他法律规定之责任后果相衔接，按照特别法优于普通法适用的原则，本法有规定的适用本法，对于本法未作规定的，按照其他法律、行政法规之规定承担相应法律责任。

2.6.1　违反电子商务法的法律责任

电子商务经营者违反本法规定，有下列行为之一的，由市场监督管理部门责令限期改正，可以处一万元以下的罚款，对其中的电子商务平台经营者，依照本法第八十一条第一款的规定处罚：

（一）未在首页显著位置公示营业执照信息、行政许可信息、属于不需要办理市场主体登记情形等信息，或者上述信息的链接标识的；

（二）未在首页显著位置持续公示终止电子商务的有关信息的；

（三）未明示用户信息查询、更正、删除以及用户注销的方式、程序，或者对用户信息查询、更正、删除以及用户注销设置不合理条件的。

电子商务平台经营者对违反前款规定的平台内经营者未采取必要措施的，由市场监督管理部门责令限期改正，可以处二万元以上十万元以下的罚款。

🖌 **法条解析**：根据本法第七十六条的规定，系对电子商务经营者的处罚规定，主管机关为市场监管管理部门，执法权限为：（1）责令限期改正；（2）可以处以 1 万元以下的罚款。如果违反本条之规定的电子商务经营者系电子商务平台经营者，则需按照本法第二十八条第一款执行：（1）责令限期改正；（2）可以处以 2 万元以上 10 万元以下的罚款；（3）情节严重的，处 10 万元以上 50 万元以下的罚款。同时，根据第七十六条第二款的规定，如果违反本条规定的经营者系平台内经营者，但同时作为平台经营者未对该违法行为采取必要措施的，则市场监督管理部门仍有权对平台进行如下执法处理：（1）责令限期改正；（2）可以处以 2 万元以上 10 万元以下的罚款。值得注意的是，本条中的罚款均使用的是"可以"，而非"应当"，因此，对本法的违法行为，市场监督管理部门享有一定的执法自由权。

如下图所示，可以发现如天猫、京东等平台及其平台内经营者已经按照《电子商务法》之规定要求，公示其经营相关信息。

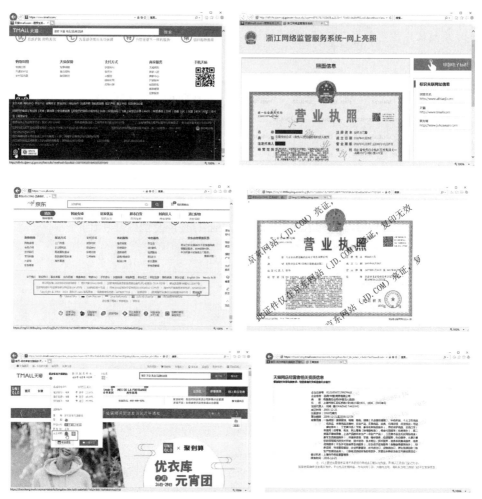

同时关于用户对其信息的查询、更正、删除、注销之权利以及行使前述权利之方式和程序，目前电子商务经营者也在其相应的隐私政策中进行了更新调整和明确，如下图中的京东用户注册协议和隐私政策。

除了传统电商平台中的店铺需要经营者根据《电子商务法》规定要求，公示其经营相关信息之外，最近几年流行的短视频平台如果需要开通店铺功能，同样需要经营者通

过营业执照、行政许可等相关信息的认证。如下图所示，在"抖音"短视频平台中开通抖音小店功能，需要进行经营主体营业执照的认证。

电子商务经营者违反本法第十八条第一款规定提供搜索结果，或者违反本法第十九条规定搭售商品、服务的，由市场监督管理部门责令限期改正，没收违法所得，可以并处五万元以上二十万元以下的罚款；情节严重的，并处二十万元以上五十万元以下的罚款。

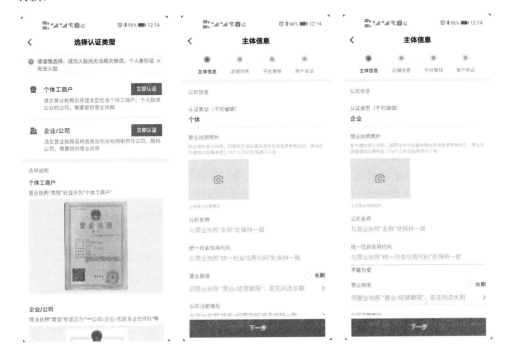

📌 **法条解析：** 根据本法第七十七条的规定，系对电子商务经营者的处罚规定，主管机关为市场监督管理部门，执法权限为：①责令限期改正；②没收违法所得；③可以处以 5 万元以上 20 万元以下的罚款；④情节严重的，并处 20 万元以上 50 万元以下的罚款。违法情形包括：①违反本法第十八条第一款之规定，向消费者提供了根据其兴趣爱好、消费习惯等特征所形成的商品或服务的搜索结果，但没有同时向其提供不针对其个人特征的选项，也即对消费者进行了"大数据杀熟"；②违反本法第十九条之规定未经显著方式提请消费者注意即进行商品或服务的默示搭售的。《反垄断法》第十七条规定，禁止具有市场支配地位的经营者（指经营者在相关市场内具有能够控制商品价格、数量或者其他交易条件，或者能够阻碍、影响其他经营者进入相关市场能力的市场地位）没有正当理由搭售产品，或者在交易时附加其他不合理的交易条件。根据《反垄断法》的规定，搭售行为与具有市场支配地位相联系，规制搭售行为还需要对经营者是否具有市场支配地位作出认定。但是依据《电子商务法》的规定，并不需要对市场支配地位进行认定，只要电子商务经营者默示搭售的，即可对其进行处罚，加强了对电子商务规范经营的要求。

电子商务经营者违反本法第二十一条规定，未向消费者明示押金退还的方式、程序，对押金退还设置不合理条件，或者不及时退还押金的，由有关主管部门责令限期改正，可以处五万元以上二十万元以下的罚款；情节严重的，处二十万元以上五十万元以下的罚款。

🖊 法条解析： 第七十八条系对电子商务经营者违反本法第二十一条规定之规定，根据第二十一条之规定，电子商务经营者向消费者收取押金的，应当明示押金退还的方式程序，不得对押金退还设置不合理的条件，且经消费者申请退还押金且符合退还条件的，电子商务经营者应当及时退还。违反前述任一情形的，有关主管部门有权：（1）责令限期改正；（2）可以处以 5 万元以上 20 万元以下的罚款；（3）情节严重的，处以 20 万元以上 50 万元以下的罚款。

电子商务平台经营者有下列行为之一的，由有关主管部门责令限期改正；逾期不改正的，处二万元以上十万元以下的罚款；情节严重的，责令停业整顿，并处十万元以上五十万元以下的罚款：

（一）不履行本法第二十七条规定的核验、登记义务的；

（二）不按照本法第二十八条规定向市场监督管理部门、税务部门报送有关信息的；

（三）不按照本法第二十九条规定对违法情形采取必要的处置措施，或者未向有关主管部门报告的；

（四）不履行本法第三十一条规定的商品和服务信息、交易信息保存义务的。

法律、行政法规对前款规定的违法行为的处罚另有规定的，依照其规定。

🖊 法条解析： 根据第八十条之规定，电子商务平台经营者的违法情形包括：（1）违反本法第二十七条之规定，未对其平台内的经营者等身份、地址、联系方式、行政许可等信息进行核验、登记的；（2）违反本法第二十八条之规定，未向市场监督管理部门报送其平台内经营者的身份信息的，或未向税务部门报送其平台内经营者的身份信息和与纳税有关的信息的；（3）违反本法第二十九条之规定，如其平台内的商品或服务属于未取得行政许可即提供的，或该商品、服务属于法律法规禁止交易的或不符合法定的人身、财产安全和环境保护要求的，平台经营者对前述情形未采取必要的处置措施或者未向有关主管部门报告的；（4）违反本法第三十一条之规定，未对其平台上发布的商品和服务信息、交易信息履行法定的保护义务，保存时间少于 3 年的。前述 4 种情形，前 3 种系对平台经营者违反其法定管理义务的处罚，而第四种系对其自身信息保护义务违反的处罚。出现上述违法行为的，有关主管部门有权：①责令限期改正；②在逾期不改正的情形下，再处以 2 万元以上 10 万元以下的罚款；③情节严重的，责令停业整顿，并处 10 万元以上 50 万元以下的罚款。值得关注的是，本条下的法律后果系为递进式之关系，逾期不改的处以罚款，而如系违法情节严重的，则可停业整顿与罚款并处。

电子商务平台经营者违反本法规定，有下列行为之一的，由市场监督管理部门责令限期改正，可以处二万元以上十万元以下的罚款；情节严重的，处十万元以上五十万元以下的罚款：

（一）未在首页显著位置持续公示平台服务协议、交易规则信息或者上述信息的链接标识的；

（二）修改交易规则未在首页显著位置公开征求意见，未按照规定的时间提前公示修改内容，或者阻止平台内经营者退出的；

（三）未以显著方式区分标记自营业务和平台内经营者开展的业务的；

（四）未为消费者提供对平台内销售的商品或者提供的服务进行评价的途径，或者擅自删除消费者的评价的。

电子商务平台经营者违反本法第四十条规定，对竞价排名的商品或者服务未显著标明"广告"的，依照《中华人民共和国广告法》的规定处罚。

🖋 **法条解析：** 根据第八十一条之规定，市场监督管理部门有权对平台经营者的违法行为：（1）责令限期改正；（2）可以处以 2 万元以上 10 万元以下罚款；（3）情节严重的，处以 10 万元以上 50 万元以下的罚款。具体的违法情形包括：（1）平台经营者违反本法第三十三条之规定，未在其首页显著位置持续公示平台服务协议、交易规则信息，或者前述信息的链接标识的；（2）平台经营者违反本法第三十四条之规定，修改平台服务协议和交易规则未提前 7 天予以公示，或者组织平台内经营者退出的（值得注意的是，此处的退出针对的是平台内经营者的退出，而非用户的退出）；（3）平台经营者违反本法第三十七条之规定，未以显著方式区分标记自营和非自营业务的；（4）平台经营者违反本法第三十九条之规定，未向消费者提供评价途径，或者擅自删除消费者的评价的（主要针对的是删差评）。同时本条第二款明确平台经营者违反本法第四十条之规定，针对通过竞价排名方式呈现的商品或服务没有显著注明广告的，应当按照《中华人民共和国广告法》第十四条及第五十九条处罚，广告应当具有可识别性，能够使消费者辨明其为广告。大众传播媒介不得以新闻报道形式变相发布广告。通过大众传播媒介发布的广告应当显著标明"广告"，与其他非广告信息相区别，不得使消费者产生误解。广告违反本法第十四条规定，不具有可识别性的，或者违反本法第十九条规定，变相发布医疗、药品、医疗器械、保健食品广告的，由工商行政管理部门责令改正，对广告发布处 10 万元以下的罚款。

电子商务平台经营者违反本法第三十五条规定，对平台内经营者在平台内的交易、交易价格或者与其他经营者的交易等进行不合理限制或者附加不合理条件，或者向平台内经营者收取不合理费用的，由市场监督管理部门责令限期改正，可以处五万元以上五十万元以下的罚款；情节严重的，处五十万元以上二百万元以下的罚款。

🖋 **法条解析：** 根据第八十二条的规定，针对平台经营者与其平台内经营者之间的关系，本条明确规定，平台经营者违反本法第三十五条之规定，以服务协议、交易规则以及技术等手段，对平台内经营者在平台内的交易、交易价格以及与其他经营者的交易等进行不合理限制或者附加不合理条件，或者向平台内经营者收取不合理费用，市场监督管理部分有权：（1）责令限期改正；（2）可以处 5 万元以上 50 万元以下的罚款；（3）情节严重的，处 50 万元以上 200 万元以下的罚款。实践中，电子商务经营者对消费者的"二选一"不当限制可以适用《反不正当竞争法》予以规制，但是电子商务平台经营者对平台内经营者的"二选一"限制，虽然现实存在，但在《电子商务法》出台之前并无其他相关法律法规予以限制，本条之规定正是满足了该现实需要。

电子商务平台经营者违反本法第三十八条规定，对平台内经营者侵害消费者合法权益行为未采取必要措施，或者对平台内经营者未尽到资质资格审核义务，或者对消费者未尽到安全保障义务的，由市场监督管理部门责令限期改正，可以处五万元以上五十万元以下的罚款；情节严重的，责令停业整顿，并处五十万元以上二百万元以下的罚款。

法条解析： 根据第八十三条的规定，如平台经营者违反本法第三十八条之规定，平台经营者在明知或应知其平台内的经营者销售的产品或提供的服务不符合保障人身、财产安全要求的，或有其他侵害消费者合法权益之行为而未采取必要措施，或未对平台内经营者尽到资质资格审核义务，或未对消费者尽到安全保障义务的，由市场监督管理部门：（1）责令限期改正；（2）可以处以 5 万元以上 50 万元以下的罚款；（3）情节严重的，责令停业整顿，并处 50 万元以上 200 万元以下的罚款。本条系对平台经营者维护消费者合法权益义务之规定，本条中平台经营者对其平台内经营者的资质资格审核义务也应当作特别理解。

电子商务平台经营者违反本法第四十二条、第四十五条规定，对平台内经营者实施侵犯知识产权行为未依法采取必要措施的，由有关知识产权行政部门责令限期改正；逾期不改正的，处五万元以上五十万元以下的罚款；情节严重的，处五十万元以上二百万元以下的罚款。

法条解析： 根据第八十四条的规定，电子商务平台经营者违反本法第四十二条、第四十五条之规定，平台在接到知识产权权利人的侵权投诉或者明知或应知其平台内经营者侵权知识产权，而未能采取必要措施的，则由有关知识产权行政部门：（1）责令限期改正；（2）逾期不改正的，处 5 万元以上 50 万元以下的罚款；（3）情节严重的，处 50 万元以上 200 万元以下的罚款。本条规定以督促平台履行谨慎、合理义务，共同打击侵权假冒行为，保护知识产权及消费者合法权益。

案例 湖州某个体网上经营者未公示证照信息案

2019 年 1 月 2 日，浙江省湖州市某区市场监管局执法人员发现卢某在其微信朋友圈内从事饼干、蛋糕等糕点食品销售，但未公示其营业执照、食品经营许可证等信息。由此，执法人员立即前往当事人所描述的某地址进行现场检查。经查，当事人在上述地址开设了一家从事糕点类食品制售的店铺，并且能提供合法有效的个体工商户营业执照以及食品经营许可证。自 2018 年 7 月起，当事人为了提高知名度，方便开拓市场，吸引消费者，通过微信朋友圈的方式发布了数十条关于店内所制售的饼干、蛋糕、饮料等食品信息，但未在其销售食品的微信朋友圈内公示营业执照、食品经营许可证信息。

鉴于上述行为涉嫌违反《电子商务法》第十五条第一款的相关规定，该局当即依法予以立案查处，责令当事人改正上述违法行为，并对其处以罚款 2000 元。当事人在案发后积极配合调查，已及时在微信朋友圈的显著位置公示了营业执照和食品经营许可证信息。

案例　"职业吃货"下单4276笔恶意退款3896笔

2019 年 9 月，继杭州互联网法院曾作出首例"职业吃货"案判决后，又一起"职业吃货"案数量更为惊人。在该案件中，广东男子宏某至少控制 8 个淘宝账号，在 2018 年 4 月至 8 月的不到 4 个月里，下单总计 4276 笔，提起恶意退款 3896 笔，最终退款成功 3787 笔，金额达 20 余万元。

最终经法院判决显示，宏某被淘宝网起诉至法庭后，始终没有露面。因无法通过普通方式送达，法院依法向宏某公告送达诉讼文书。在开庭时，宏某又经合法传唤，无正当理由拒不到庭。最终，法院依法缺席审理，并判决宏某赔偿淘宝网经济损失 1 元及由此合理支出的律师费 1 万元。

信用是市场经济参与者的重要资产，而在网络交易中，消费者对于商家的评价是商家宝贵的信用资产。而在这种背景下，出现了一些居心不良者利用网络交易的规则，通过在电商、外卖平台疯狂下单，收货后即以各种理由申请退款而拒不退货，并佐以差评、投诉等方式威逼、敲诈商家，以达到"吃货"目的。这损害了商家应有的权益，对于这种行为必须通过法律手段进行打击。对于"职业吃货"一方面可以使用民事救济途径，积极索赔，一方面对于性质恶劣的，可以以敲诈勒索等罪名追究其刑事责任。地方和平台可以积极完善立法和规则，打击这种恶意差评要挟店家的情况，当然在这种过程中，也需要将恶意索赔与正常维权作区分，不能把所有的维权，特别是要求赔偿标准比一般要高一点的情况，都作为敲诈勒索处理。

案例　对平台内经营者的交易进行不合理限制被处罚

海东市市场监督管理局依据新出台的《电子商务法》，对某公司美团外卖运营中心违反自愿、公平原则，利用网络技术手段对平台内经营者的交易进行不合理限制的违法行为开出了 5 万元的行政处罚罚单。

2019 年 1 月 7 日，海东市监局执法人员接到来自某区 47 名餐饮经营者对某公司美团外卖运营中心的联名投诉书，报经批准后立案调查。执法人员通过走访投诉户和查询该公司网络平台，进行调查取证，查明了当事人违法事实。

经查，当事人某公司存在随意限定或缩小配送范围的行为（即将美团外卖平台内经营者的配送区域划定到平台经营区外的西宁、青海湖等地，导致经营者无法配送；或将配送范围缩小限制至某一街、道），影响了美团外卖平台内经营者的正常配送和经营，违反了《电子商务法》第三十五条"电子商务平台经营者不得利用服务协议、交易规则以及技术等手段，对平台内经营者在平台内的交易、交易价格以及与其他经营者的交易等进行不合理限制或者附加不合理条件，或者向平台内经营者收取不合理费用。"之规定，属利用网络技术手段对平台内经营者在平台内的交易进行不合理限制的违法行为。

海东市监局依据《电子商务法》第八十二条"电子商务平台经营者违反本法第三十五条规定,对平台内经营者在平台内的交易、交易价格或者与其他经营者的交易等进行不合理限制或者附加不合理条件,或者向平台内经营者收取不合理费用的,由市场监督管理部门责令限期改正,可以处五万元以上五十万元以下的罚款;情节严重的,处五十万元以上二百万元以下的罚款。"之规定,责令当事人限期整改违法行为,并处以罚款5万元。

2.6.2 违反其他法律法规的法律责任

电子商务经营者销售商品或者提供服务,不履行合同义务或者履行合同义务不符合约定,或者造成他人损害的,依法承担民事责任。

法条解析: 根据第七十四条的规定,电子商务经营者在销售商品或者提供服务过程中,发生的不履行合同义务或者履行合同义务不符合约定,或者造成他人损失的,应当依法承担民事责任。本条主要针对电子商务经营者违约责任或侵权责任承担所作的规定,相关规定主要见于《合同法》第一百零七条、第一百零九条、第一百一十条等,《消费者权益保护法》第四十四条、第四十五条等,《食品安全法》第一百四十八条等。

电子商务经营者违反本法第十二条、第十三条规定,未取得相关行政许可从事经营活动,或者销售、提供法律、行政法规禁止交易的商品、服务,或者不履行本法第二十五条规定的信息提供义务,电子商务平台经营者违反本法第四十六条规定,采取集中交易方式进行交易,或者进行标准化合约交易的,依照有关法律、行政法规的规定处罚。

法条解析: 根据第七十五条的规定,本条规制的对象包括电子商务平台经营者及平台内经营者,规制的行为包括:(1)电子商务经营者违反本法第十二条规定未取得相应行政许可,即从事电子商务活动的;(2)电子商务经营者违反本法第十三条规定,销售的商品或提供的服务不符合安全保障要求,或者销售、提供禁止交易的商品或服务的;(3)电子商务经营者违反本法第二十五条规定,未向有关部门提供应当提供的相关电子商务数据信息的;(4)电子商务平台经营者违反本法第四十六条规定,采取集中竞价、做市商等交易方式进行交易或者进行标准化合约交易的。针对第一种情形,根据《行政许可法》第八十一条的规定,未经许可擅自从事相关活动的,行政机关应当依法采取措施予以制止,并依法给予行政处罚,构成犯罪的,依法追究刑事责任;同时根据《食品安全法》第一百二十二条的规定,食品安全监督管理部门有权没收违法所得和违法生产经营的物品,并根据货值处以相应的罚款;根据《药品管理法》第七十二条的规定,药品监督管理部门有权依法取缔,没收违法所得,并处罚款,构成犯罪的,依法追究刑事责任;根据《电子签名法》第二十九条的规定,国务院信息产业主管部门有权责令停止违法行为没收违法所得,并根据违法所得处以相应罚款。针对第二种情形,根据我国《刑法》关于非法经营罪的规定"违反国家规定,有下列非法经营行为之一,扰乱市场秩序情节严重的，处五年以下有期徒刑或者拘役，并处或者单处违法所得一倍以上五倍以下罚金；情节特别严重的，处五年以上有期徒刑，并处违法所得一倍以上五倍以下罚金或者没收财产：（一）未经许可经营法律、行政法规规定的专营、专卖物品或者其他限制买卖的物品的；（二）买卖进出口许可证、进出口原产地证明以及其他法律、行政法规规定的经营许可证或者批准文件的；（三）未经国家有关主管部门批准非法经营证券期货保险业务的，或者非法从事资金支付结算业务的；（四）其他严重扰乱市场秩序的非法经营行为"，该种情形下还有涉嫌刑事犯罪之可能。针对第三种情形，《电子商务法》规定了电子商务经营者的信息保存义务及相应的责任后果，但未对电子商务经营者向有关部门的信息提供义务的责任后果进行规定，依据《刑法修正案（九）》之规定"二十八、在刑法第二百八十六条后增加一条，作为第二百八十六条之一：网络服务提供者不履行法律、行政法规规定的信息网络安全管理义务，经监管部门责令采取改正措施而拒不改正，有下列情形之一的，处三年以下有期徒刑、拘役或者管制，并处或者单处罚金：（一）致使违法信息大量传播的；（二）致使用户信息泄露，造成严重后果的；（三）致使刑事案件证据灭失，情节严重的；（四）有其他严重情节的。单位犯前款罪的，对单位判处罚金，并对其直接负责的主管人员和其他直接责任人员，依照前款的规定处罚。有前两款行为，同时构成其他犯罪的，依照处罚较重的规定定罪处罚。"因此，电子商务经营者违反本法第二十五条规定，有涉嫌拒不履行信息网络安全管理义务罪之风险。针对第四种情形，是指在证券市场上，由具备一定实力和信誉的独立证券经营法人作为特许交易商，不断向公众投资者报出某些特定证券的买卖价格（双向报价），并在该价位上接受公众投资者的买卖要求，以其自有资金和证券与投资者进行证券交易，而标准化合约系指其标的资产（基础资产）的交易价格、交易时间、资产特征、交易方式等都是事先标准化的，此类合约也大多在交易所上市交易，如期货。因此本条主要是禁止以电子商务的名义以集中交易的方式组织进行白银、原油等违法集中标准化合约交易，《国务院关于清理整顿各类交易场所切实防范金融风险的决定》《商品现货市场加以特别规定（试行）》《期货交易管理条例》对该违法情形作了责任规定。

电子商务经营者违反法律、行政法规有关个人信息保护的规定，或者不履行本法第三十条和有关法律、行政法规规定的网络安全保障义务的，依照《网络安全法》等法律、行政法规的规定处罚。

🔍 **法条解析：**　第七十九条系对电子商务经营者关于网络安全保障义务及个人信息保护义务之规定。对于违反网络安全保障义务之法律后果可见《网络安全法》第五十九条、第六十八条及第六十九条之规定，主要责任后果是来自主管部门的责令改正，警告，没收违法所得，停业整顿，吊销相关业务许可证、营业执照，罚款。而严重的还将涉嫌刑事犯罪之"拒不履行信息网络安全管理义务罪"。对于违反个人信息保护之规定，现有规定主要见于《网络安全法》第六十四条、《消费者权益保护法》第五十六条、《居民身份证法》第十九条、《电信条例》第五十七条之规定，责任后果包括警告，没收违法所得，停业整顿，吊销相关业务许可证、营业执照，罚款。电子商务经营者违法向他人出售或提供公民个人信息的，还将涉及刑事犯罪，根据《刑法》第二百五十三条规定，情节严重的，处 3 年以下有期徒刑或者拘役，并处或者单处罚金，情节特别严重的，处 3 年以上 7 年以下有期徒刑，并处罚金。如系在履行职责或者提供服务过程中获得的公民个人信息，出售或者提供给他人的，依照前款的规定从重处罚。因此，如电子商务经营者违法向他人提供或出售用户信息的，可能构成刑法侵犯公民个人信息罪且需从重处罚。

电子商务经营者违反本法规定，销售的商品或者提供的服务不符合保障人身、财产安全的要求，实施虚假或者引人误解的商业宣传等不正当竞争行为，滥用市场支配地位，或者实施侵犯知识产权、侵害消费者权益等行为的，依照有关法律的规定处罚。

法条解析： 第八十五条系对电子商务经营者之产品质量、反不正当竞争、反垄断、知识产权保护、消费者权益保护等相关法律及其责任后果的衔接性规定。产品质量方面主要是对电子商务经营者销售的商品或者提供的服务不符合保障人身、财产安全的要求，侵害消费者的人身安全权和财产安全权，该侵害包括了实质性的损害和造成的危险，相关规定可见于《产品质量法》第四十九条、《消费者权益保护法》第五十六条以及《刑法》第一百四十六条之相关规定。针对电子商务经营者之实施虚假或引人误解的商业宣传等不正当竞争行为的规定主要见于《反不正当竞争法》第八条及第二十条之规定，其中第二条对构成不正当竞争的商业虚假宣传行为进行了定义，即"经营者不得对其商品的性能、功能、质量、销售状况、用户评价、曾获荣誉等作虚假或引人误解的商业宣传，欺骗、误导消费者"。同时《广告法》第四条及第二十八条对构成广告法意义上的虚假宣传及其法律后果作了规定，而《消费者权益保护法》在第五十六条就经营者的虚假宣传行为的法律责任作了具体规定。另外根据《刑法》第二百二十二条的规定，广告主、广告经营者、广告发布者违反国家规定的虚假宣传行为，情节严重的，构成犯罪，处以 2 年以下有期徒刑或者拘役，可并处或单处罚金。关于电子商务经营者的滥用市场支配地位的处罚，依据《反垄断法》相关规定，经营者的滥用市场支配地位的认定需首先认定经营者构成具有市场支配地位，但无论从量化还是质化的角度，如何认定是否构成具有市场支配地位一直是反垄断法适用的一个焦点和难点问题，而结合本法第二十二条之规定，并不要求对电子商务经营者是否具有市场支配地位进行认定，而直接规定电子商务经营者因其技术优势、用户数量、对相关行业的控制能力以及其他经营者对该电子商务经营者在交易上的依赖程度等因素而具有市场支配地位的，不得滥用市场支配地位，排除、限制竞争，如出现滥用市场支配地位情形的，则应当适用《反垄断法》第四十七条"经营者违反本法规定，滥用市场支配地位的，由反垄断执法机构责令停止违法行为，没收违法所得，并处上一年度销售额百分之一以上百分之十以下的罚款"的规定。关于知识产权保护，主要见于我国《专利法》《商标法》《著作权法》之相关规定，其中《专利法》第六十三条对假冒专利的责任后果予以了规定，《商标法》第六十条对侵犯注册商标专用权之纠纷处理和法律后果予以了规定，《著作权法》第四十八条及《著作权法实施条例》第三十六条对著作权侵权的法律后果予以了规定，另外，涉及侵犯商业秘密的行为见于《反不正当竞争法》第二十一条的规定。关于侵犯知识产权的犯罪及其相应刑事责任，我国刑法共设置了 7 个罪名，具体包括假冒注册商标罪，销售假冒注册商标的商品罪，非法制造、销售非法制造的注册商标标识罪，侵犯著作权罪，销售侵权复制品罪，假冒专利罪、侵犯商业秘密罪。公司、企业等单位均可成为这 7 个犯罪的单位犯罪主体，可被判处罚金。关于侵害消费者权益的处罚主要见于《消费者权益保护法》第五十六条第一款的规定，由工商行政管理部门或者其他有关行政部门责令改正，可以根据情节单处或者并处警告、没收违法所得、处以违法所得 1 倍以上 10 倍以下的罚款，没有违法所得的，处以 50 万元以下的罚款；情节严重的，责令停业整顿、吊销营业执照。

电子商务经营者有本法规定的违法行为的，依照有关法律、行政法规的规定记入信用档案，并予以公示。

✎ **法条解析：** 第八十六条系对电子商务经营者信用体系建立之规定。《电子商务法》除了要求电子商务经营者需要给予用户信用评价服务，同时也对电子商务经营者违法经营行为要求记入信用档案并予以公示，因其他法律法规已有相关规定，关于信用记录本法未作具体规定，具体可参考《网络安全法》第七十一条、《反不正当竞争法》第二十六条、《消费者权益保护法》第五十六条及《广告法》第六十七条之规定，由工商行政管理部门等有关主管单位负责记入信用档案，并予以公示以强化电子商务经营者的诚信意识。

依法负有电子商务监督管理职责的部门的工作人员，玩忽职守、滥用职权、徇私舞弊，或者泄露、出售或者非法向他人提供在履行职责中所知悉的个人信息、隐私和商业秘密的，依法追究法律责任。

✎ **法条解析：** 第八十七条系对电子商务监管部门工作人员违法行为的法律责任的规定。如负有法定监管职责的工作人员玩忽职守、滥用职权、徇私舞弊的，或者泄露、出售或非法向他人提供在履行职责中所知悉的个人信息、隐私和商业秘密的，应当根据其行为后果给予行政处分或追究刑事责任，主要可见于《商标法》第七十一条、《网络安全法》第七十三条、《刑法》第二百五十三条、第三百九十七条、第四百一十四条等相关法律法规的规定。

违反本法规定，构成违反治安管理行为的，依法给予治安管理处罚；构成犯罪的，依法追究刑事责任。

✎ **法条解析：** 第八十八条系对电子商务主体，包括电子商务平台经营者、平台内经营者及电子商务监管部门工作人员违反本法行为，其相应违法行为的治安管理处罚和刑事责任的衔接性规定，具体的法律责任在前文以及具体的法律条文中予以阐述，不再赘述。

案例 **微商、代购、网络直播纳入规范和管理**

微商、代购、网络直播，通过朋友圈或者微博等平台进行销售和广告，但是很多商品都是没有质量认证和商标，甚至侵权仿冒的假货，而微商的种种事件也一直为人所诟病。电子商务法出台，从此微商、代购、网络直播等在法律上的专业名词称呼变成了电子商务经营者。

一、微商、代购、网络直播将纳入规范和管理

（1）必须进行登记，不管是什么代购，都需要营业执照，还必须是采购国和中国双方的营业执照。如果卖的是食品，需要申请食品流通许可证。《电子商务法》明确规定，没有中文标签、不是国家认监委认证工厂生产、未获取配方注册证的婴幼儿配方奶粉不得在网络平台销售。除了法律规定的特殊情况外，都必须依法进行登记，办理营业执照，否则将面临最高 1 万元的罚款。

（2）需要缴纳税务，偷税漏税需承担刑事责任。《电子商务法》的出台并不是说严厉打压电商平台，而是净化消费环境给消费者带来更好的体验，同时也是电商平台长远发展的必经之路。

二、《电子商务法》实施的好处

（1）买到假货几率小了。《电子商务法》实施以后，代购、微信朋友圈卖假货、劣质商品，恐怕不会那么容易了。监管越来越严格，消费者买到假冒伪劣商品的几率也会越来越小。

（2）电商平台承担"连带"责任。如果平台上卖家的商品有问题，比如奶粉是假的、红酒是假冒的、化妆品是假的等等，那么平台也得承担责任。这样以后在那些大型电商平台买东西，更加放心，更有保障。

（3）严禁"刷好评""删差评"。电子商务经营者不得以虚构交易、编造用户评价等方式进行虚假或者引人误解的商业宣传，欺骗、误导消费者。简单来说就是禁止"刷好评""删差评"，否则最高罚款 50 万元。

（4）不得无故拒退押金。《电子商务法》规定，电子商务经营者按照约定向消费者收取押金的，应当明示押金退还的方式、程序，不得对押金退还设置不合理条件。消费者申请退还押金，符合押金退还条件的，电子商务经营者应当及时退还。以后再无"订了就不给退"的霸王条款了。

案例 电商的"刷信誉"行为

（1）对于"刷信誉"这件事从不同的立场出发会有不同的判断。

首先从消费者出发，它是违法的。因为消费者到你的网店消费就是因为你的网店信誉评价高，流量大。但是你的信誉却是"刷"出来的，是造假。侵犯了消费者的知情权。

其次从"刷信誉"的人出发，它是并不违法，甚至是合法的。因为我们可以类比一下，将给空壳网店"刷信誉"比作装修。将一个刚刚注册的网店比作一件毛坯房，而"刷信誉"就如同装修。如此一来"刷信誉"的人不过是装修工，而真正的使用者无非是出钱装修了一下房子而已。在现实中杂乱的商店和装修过的商店相比往往是装修过的商店更有吸引力。所以，这样看来"刷信誉"并不犯法。

（2）认定"刷信誉"的性质要从雇佣者和代刷信誉者两方面主体进行分析。

首先对于雇佣者（通常是网店）而言，亲自雇人或者请第三方从事代"刷信誉"活动，从而导致消费者无法正确评价网点的信誉情况，进行消费，侵犯了消费者的知情

权，构成虚假宣传，涉嫌商业欺诈，如果后果比较严重，一般表现为其提供的商品质量或者服务水平与宣传偏离严重，可以构成行政违法，由工商行政部门对其追究包括行政处罚在内的法律责任，如果其宣传与事实不符，造成消费者权益损害，则构成民事欺诈，需要向消费者承担民事赔偿责任。

对于受雇"刷信誉"的人（又称刷客）而言，雇佣者和刷客之间的交易行为不以商品或者服务为内容，属于虚假交易的表现形式，目前尚处于法律监管的真空，在民事法律中，由于刷客隐藏在雇佣者的背后，消费者无法识得其真面目，也无法向其主张自己的权利，而民事诉讼法的基本原则是不诉不理，由于没人向刷客主张权利，因此就谈不上法律责任的承担。

在行政法律中，由于没有明确的法律规定，行政机关没有对刷客行为进行处理的法律依据，无法对其进行行政处理。但是需要特别强调的是，刷客的行为由于属于虚假交易的范畴，因此也无法得到法律的保护。如果刷客在代刷过程中受骗，无法得到此前约定的报酬，是无法得到正规的法律保护的。正因为如此，目前这一领域已经成为网络诈骗的高发区域，一些网站打着雇人刷信誉的幌子骗取钱财，而受骗者只能自认倒霉。

案例　"暗刷流量"首案宣判

3 万元刷出近 3000 万游戏点击量，刷完量却未收到款，并由此引发全国首例"暗刷流量"案。2019 年 5 月 23 日下午，此案在北京互联网法院开庭审理，"暗刷流量"这一在互联网界隐秘的潜规则也首次曝光在公众面前。

常某与许某经人介绍成为网友。常某称，2017 年 9 月，许某在微信上提出请常某进行某游戏 App 移动端 iOS 的暗刷流量，双方在微信聊天中达成协议，约定常某为许某提供"暗刷流量资源"，每千次点 UV（独立访客）的单价为 0.9 元至 1.1 元。双方确认通过第三方统计平台 CNZZ 对流量进行统计。

许某解释称，其是应马某的要求而找常某刷流量，而且也对常某明确要求过不要机刷，只要真量。

2017 年 9 月 15 日至 10 月 8 日，双方曾进行过三轮交易。但在 10 月 9 日至 10 月 23 日间，许某对常某刷出的约 2800 万 UV 产生怀疑，认为其中有 40% 的数据掺假，仅同意支付对应价款 16293 元。而常某则认为许某应按照 2800 万 UV 对应的 30743 元支付，遂将许某诉至北京房山法院索赔剩余钱款，后又撤诉转至北京互联网法院。

在 23 日下午的庭审中，双方分别阐述了"暗刷流量"的过程，从而揭开网络流量黑产的冰山一角。常某的诉讼代理人介绍，涉案的 2800 万点击量需要在 15 天中，每天超百万手机用户点击才可实现。而常某本人也是中间商，为完成这些量需经过层层分包。"我下面有代理，将代码发送给代理，每个点击都是真实的人在点。"常某称自己的代理还拥有下级代理微信群，"链接是一串代码，我的下家做成吸引用户点击的图片。"

庭审中，技术调查官季晓辉将常某叙述的 js 暗刷流程归纳为"借助其他 App 或广告的点击量，在其中植入 js 暗刷点击，通过搭其他广告便车的方式来刷其自身游戏的访问量，并且不被相关用户知晓。"此说法获得了诉讼当事双方的认可。不过，许某表示，涉案的点击量中并非都是 js 暗刷，可能存在用机器模拟用户的机刷。

由于涉案的链接已失效，双方也无法提供详细信息，为查明此案中刷流量的具体方式，法院向北京市通信管理局、北京市网信办、CNZZ等多家单位进行走访调查，推定常某可能是在多个小网站或小App上挂暗链，从而获取用户点击。

许某认为，常某提供的"网络暗刷服务"本身违反法律禁止性规定，依托此类服务所成就的服务协议应认定为无效。此外，由于许某认为自己并非常某"暗刷流量"服务的受益方，仅仅是受马某所托从事居间，并非此案的适格被告。法院依法将马某追加为第三人，但马某拒不到庭。法院最终根据有关证据，认定常某和许某分别为适格原、被告。

北京互联网法院经审理认为，网络产品的真实流量能在一定程度上反映网络产品的受欢迎程度甚至质量优劣情况，因此，流量成为网络用户选择网络产品的决定因素之一。虚假流量会扭曲网络用户的决策机制。涉案合同当事人通过作弊造假行为进行欺诈性点击，违反商业道德底线，违背诚信原则。这一行为亦会同时侵害社会公共利益，既侵害了不特定市场竞争者的利益，又会欺骗、误导网络用户选择与其预期不相符的网络产品，侵害了广大网络用户的福祉。根据相关法律规定，有损害社会公共利益的情形的合同无效。涉案合同违反社会公共利益、违反公序良俗，应属绝对无效。

此外，双方通过虚假流量交易获益，违背任何人不得因违法行为获益的基本法理。同时，考虑到此案呈现的技术复杂性、"暗刷流量"行为的隐蔽性，以及由此产生的对社会公共利益的严重损害，需通过个案的查处表明司法对此类行为的否定态度。因此，法院对双方在合同履行过程中的获利，另行制作决定书予以收缴。同时，将涉案其他违法行为线索转交相关部门另行依法查处。

案例 首例电商涉反通知义务案判决

2020年1月19日，上海一中院对全国首例电商平台涉反通知义务网络侵权责任纠纷上诉案进行公开宣判，判定原告网店损失20万，投诉方、淘宝公司、网店各担50%、30%和20%。

2019年3月，某淘宝网店被供货商投诉出售假冒商品。淘宝公司因网店在规定时间内未提供申诉材料和材料不完整等，两次对网店作出处罚，即在线商品不超过5件的措施，并以售假为由罚没网店淘宝消保保证金2500元。

网店认为，淘宝公司的不当处罚导致网店销售额大幅减少，故起诉要求供货商撤销对网店的投诉，淘宝公司撤销对网店的处罚，并与供货商连带赔偿网店经济损失120万元等。

上海一中院认为，投诉方供货商因重大过失导致错误投诉，淘宝公司在证据审核过程中存有过错，导致未及时终止处罚，网店售卖投诉商品存有不当且未积极维权，亦存在一定过错。

二审判决后，法院改判酌定网店损失20万元，供货商、淘宝公司和网店分别承担50%、30%和20%的责任，并判令淘宝公司限时恢复网店积分和保证金。

2.7 本章小结

《电子商务法》的出台将进一步明确电子商务经营者,平台经营者,消费者、支付、物流等第三方机构各自的权利义务,对于个人信息保护、平台监管职责、知识产权保护等内容都有了明确规定,同时对支付、进出口监管、物流、跨境电子商务、农村电子商务等具体问题也作出规定,有利于进一步促进电子商务的健康发展。

2.8 案例分析——直播间购物合同纠纷案

原告在被告经营的天猫店铺"某品牌旗舰店"直播间购买商品"天然和田玉吊坠籽料原石男士项链观音牌子佛公平安扣女款貔貅钟馗"1件,案涉商品直播时经特别说明为籽料且假一赔十。法院认为:被告在直播销售过程中描述商品材质为和田玉籽料以及承诺"假一赔十",系关于商品质量及违约责任的要约,原告购买商品,系承诺,双方网络购物合同合法有效。经鉴定机构检测,案涉商品并非和田玉籽料,直播中存在以次充好的虚假描述,应当按照约定承担假一赔十的违约责任。

解读:

直播过程中,消费者一般不是直接向主播购买商品(商铺直播例外),而是点击直播平台上的链接跳转至电商经营者网页完成购物,此时缔结网络购物合同的双方是电商经营者和消费者,二者之间形成网络购物合同关系。消费者发现商品质量存在瑕疵,电商经营者违反《电子商务法》第七十四条、《合同法》第一百一十一条、《消费者权益保护法》第四十条的有关规定,应承担质量不符合约定的违约责任。此时,主播一般不承担直接的违约责任。

案例中,本案被告即电商经营者杭州某电子商务有限公司承担网络购物合同的违约责任,主播因为不是合同关系的当事人,不承担违约责任。但是主播在直播过程中对商品材质和承诺可构成网络购物合同的内容,消费者可据此要求电商经营者承担违约责任。

主播在网络购物合同关系中虽不承担违约责任,但在直播带货中从事广告行为,如果发布虚假广告,欺骗、误导消费者,应根据《广告法》第五十六条以主播的不同身份进行追责:发布虚假广告,欺骗、误导消费者,使购买商品或者接受服务的消费者的合法权益受到损害的,由广告主依法承担民事责任。广告经营者、广告发布者不能提供广告主的真实名称、地址和有效联系方式的,消费者可以要求广告经营者、广告发布者先行赔偿;关系消费者生命健康的商品或者服务的虚假广告,造成消费者损害的,其广告经营者、广告发布者、广告代言人应当与广告主承担连带责任;前款规定以外的商品或者服务的虚假广告,造成消费者损害的,其广告经营者、广告发布者、广告代言人,明知或者应知广告虚假仍设计、制作、代理、发布或者作推荐、证明的,应当与广告主承担连带责任。

可见,主播如果明知是欺骗、误导消费者的虚假广告,仍参与广告发布或者代言行为的,可能需要对广告主的侵权行为承担连带责任。

第3章 熟悉《网络信息内容 生态治理规定》

《网络信息内容生态治理规定》已经国家互联网信息办公室室务会议审议通过，并于2019年12月15日公布，自2020年3月1日起施行。《网络信息内容生态治理规定》是我国在网络信息内容管理方面的一部重要规定，系统地回应了当前网络信息内容服务领域面临的问题，全面规定了各参与主体的权利、义务，旨在营造良好的网络生态，保障公民、法人和其他组织的合法权益，维护国家安全和公共利益。网络信息内容生态治理需要政府、企业、社会、网民等多方主体参与，共同构建良好的网络生态。

3.1 设立原则

为了营造良好网络生态，保障公民、法人和其他组织的合法权益，维护国家安全和公共利益，根据《国家安全法》《网络安全法》《互联网信息服务管理办法》等法律、行政法规，制定本规定。

法条解析： 伴随着互联网行业的快速发展、网络安全问题日益凸显。侵犯公民个人隐私、窃取个人信息、网上黄赌毒、网络谣言等违法犯罪行为层出不穷，严重影响国家公共安全。开展网络安全治理、打击网上违法违规行为，建设清朗的网络空间刻不容缓。

1. 建立健全网络综合治理体系的需要

《中共中央关于坚持和完善中国特色社会主义制度、推进国家治理体系和治理能力现代化若干重大问题的决定》明确提出，建立健全网络综合治理体系，加强和创新互联网内容建设，落实互联网企业信息管理主体责任，全面提高网络治理能力，营造清朗的网络空间。国家网信办出台《网络信息内容生态治理规定》，贯彻落实党的十九届四中全会精神，加强网络生态治理，培育积极健康、向上向善的网络文化，是建立健全网络综合治理体系的需要。

2. 维护广大网民切身利益的需要

在网络空间凝心聚力、营造清朗网络空间、建设良好网络生态，是维护广大网民切身利益的需要。制定实施《网络信息内容生态治理规定》，有利于进一步明确治理任务，将社会各主体共同纳入到网络信息内容生态治理当中，打造良好的网络生态环境。

3.2 适用范围

中华人民共和国境内的网络信息内容生态治理活动，适用本规定。

法条解析： 本规定所称网络信息内容生态治理，是指政府、企业、社会、网民等主体，以培育和践行社会主义核心价值观为根本，以网络信息内容为主要治理对象，以建立健全网络综合治理体系、营造清朗的网络空间、建设良好的网络生态为目标，开展的弘扬正能量、处置违法和不良信息等相关活动。

国家网信部门负责统筹协调全国网络信息内容生态治理和相关监督管理工作，各有关主管部门依据各自职责做好网络信息内容生态治理工作。

地方网信部门负责统筹协调本行政区域内网络信息内容生态治理和相关监督管理工作，地方各有关主管部门依据各自职责做好本行政区域内网络信息内容生态治理工作。

法条解析：

一、网络信息内容生态治理主体的多元化

网络信息内容生态的治理，应当明确多元参与协同共治的治理模式，要突破市场和政府二元对立和单一主导的模式。在数字经济时代，要以平台思维和社会化思维的模式重新审视政府、企业、社会、网民这四大主体在网络生态治理中的功能和作用。他们已经不是主体支配和被支配的关系，而是基于共同利益和目标的伙伴式关系。

《网络信息内容生态治理规定》明确了政府、企业、社会、网民等主体多元参与协同共治的治理模式。事实上，网络信息内容生态是由多种文明要素组成的系统，这些要素主要包括网络主体、网络信息、主体行为、技术应用、基础设施保障、网络政策法规和网络文化等方面。在参与网络生态治理的四大主体中，政府的作用是监管，企业的义务是履责，社会的功能是监督，网民的义务是自律。

首先，国家网信部门负责统筹协调全国网络信息内容生态治理和相关监督管理工作，各有关主管部门依据各自职责做好网络信息内容生态治理工作。

其次，网络信息内容生产者，是制作、复制、发布网络信息内容的组织或者个人，应当遵守法律法规，遵循公序良俗，不得损害国家利益、公共利益和他人合法权益，特别是网络信息内容服务平台企业应当履行信息内容管理主体责任，加强本平台网络信息内容生态治理，培育积极健康、向上向善的网络文化。

再次，充分发挥网络监督作为网络信息内容的重要监督方式，这是发挥社会监督最有效、最简单、最直接的形式，能够形成在网络信息内容治理领域人人皆监督、人人受监督的局面。

最后，网络时代使人类进入到一个无限内容生产的时代，人人都是内容生产者。因此，网络信息内容的治理更多的是以网民自律的形式对自身行为的规范和矫正，这是网络信息内容生态治理一个极其重要的方面。

二、网络信息内容生态治理的监督机制

《网络信息内容生态治理规定》要求各级网信部门会同有关主管部门，建立健全信息

共享、会商通报、联合执法、案件督办、信息公开等工作机制，协同开展网络信息内容生态治理工作。事实上，我国网络信息内容治理的监管不仅仅是网信部门的职责，应当全面把握网络综合治理体系的各个要素和环节，增强协同体系监管的顶层设计。

对网络信息内容的监管，重点是对网络信息内容服务平台履行信息内容管理主体责任情况的监管，特别是要针对自媒体的无序和乱象，平台企业负有不可推卸的责任。应当指出，网络信息内容平台企业不仅是自媒体运营的服务提供者，也是自媒体行业秩序的维护者，必须履行好责任义务，依法运营，严格履行信息内容管理的主体责任。

《网络信息内容生态治理规定》要求，各级网信部门建立网络信息内容服务平台违法违规行为台账管理制度，并依法依规进行相应处理。网络信息内容服务平台违法违规行为台账管理制度，是对平台企业的一项重要管理制度，反映和记载了平台内各类信息内容违法违规的行为和内容以及分布区域和数量的动态情况等，为网络主管机构实施信息内容监管提供了有力的事实和证据。

整体上看，《网络信息内容生态治理规定》体现了国家在网络信息内容生态治理领域的主权价值取向，展示了网络空间的自由和秩序、开放和自主、管理和服务的辩证关系，重点突出了网络信息内容生态治理的统筹与协调，随着《网络信息内容生态治理规定》的正式实施，我国网络信息内容的生态治理正式纳入法治轨道，依法形成治理合力。

案例 网站平台自查自纠

《网络信息内容生态治理规定》2020年3月1日正式施行后，按照国家网信办统一部署，各网站平台对照《网络信息内容生态治理规定》要求深入开展自查自纠，结合本网站本平台特点有针对性地加强网络信息内容生态治理工作，取得一定成效。

自查自纠期间，各网站平台认真梳理薄弱环节和漏洞短板，从机制、队伍、产品、技术等不同维度发力，多措并举推动信息内容生态治理取得新进展。有的平台抓紧建章立制，弥补制度漏洞，如百度、优酷等逐条对照《网络信息内容生态治理规定》条款修订内部制度、更新用户协议，确保与《网络信息内容生态治理规定》内容衔接对应；有的加强队伍建设，明确责任分工，如搜狐、网易、快手等均成立网络生态治理专项小组，明确生态治理负责人，明晰人员责任，强化部门联动，全面高效推进生态治理工作；有的立足产品特色，细化落实节点，如阿里、喜马拉雅等针对不同产品不同服务不同环节特点，有针对性地制定具体实施方案，持续巩固治理效果；有的不断优化技术手段，提升处置效率，如今日头条、小红书调整算法推荐逻辑，完善色情低俗图片模型库，运用人工智能技术手段，进一步提升审核效率，切实净化平台生态环境。

针对网络生态多发频发问题，网站平台集中开展专项整治工作，累计清理淫秽色情、低俗炒作、赌博诈骗等各类违法和不良信息3.3亿余条，处置"至道学宫"等违法违规账号367.5万余个。其中，腾讯主动开展"清风计划"，集中整治恶意营销、淫秽色情、网络暴力、恐怖惊悚、网络谣言等违法违规信息，拦截恶意营销文章226.5万篇，封停账号2842个；百度针对水军刷单、买卖公民信息等内容进行深入挖掘，清理拦截有害信息588万条，关闭贴吧167个；新浪微博严厉打击赌博、诈骗等各类黑色产业链信息，主动拦截和清理相关信息约1130万条，接到网民和监督员巡查举报处置信息约

710 万条；今日头条针对色情低俗内容制定 400 余条审核规则，累计清理违法和不良信息 25.5 万条。

案例 **网站被盗用发布不良信息，负责人被依法约谈**

2020 年 5 月 18 日，唐山市网信办指导玉田县网信办对"秘密影院"网站负责人李某进行依法约谈。经核查，李某注册网站之后长期不用，也未及时进行 ICP 备案信息注销，导致网站被不法分子盗用，发布低俗色情信息。经过约谈，李某认识到自己作为网站主办人未履行主体责任，表示今后一定加强互联网法律法规的学习，并立即注销了网站备案信息，网站不再使用。

3.3 重点内容解读

《网络信息内容生态治理规定》将"网络信息内容生态治理"定义为：政府、企业、社会、网民等主体，以培育和践行社会主义核心价值观为根本，以网络信息内容为主要治理对象，以建立健全网络综合治理体系、营造清朗的网络空间、建设良好的网络生态为目标，开展的弘扬正能量、处置违法和不良信息等相关活动。

3.3.1 网络信息内容生产者的要求

《网络信息内容生态治理规定》第四条规定：网络信息内容生产者应当遵守法律法规，遵循公序良俗，不得损害国家利益、公共利益和他人合法权益。

法条解析： 在网络信息内容生态治理行政法律关系中，与行政主体相对应一方的公民、法人和其他组织是网络生态治理的行政管理相对人。鉴于网络生态治理的对象是网络信息内容，而信息内容的生态治理主要涉及三类主体，即内容的生产者、内容的服务平台和内容服务的使用者，为此《网络信息内容生态治理规定》重点规制这三大行政管理相对人。

首先，网络信息内容生产者，是制作、复制、发布网络信息内容的组织或者个人，作为制作网络信息内容的组织或者个人，在遵守法律法规的前提下，还要遵循公序良俗，加强网络文明建设；不得制作、复制、发布《网络信息内容生态治理规定》禁止的违法信息内容，并采取一系列措施，防范和抵制制作、复制、发布《网络信息内容生态治理规定》明确的不良信息内容。

其次，网络信息内容服务平台，是提供网络信息内容传播服务的网络信息服务提供者，应当重点建立网络信息内容生态治理机制，一是制定本平台网络信息内容生态治理细则；二是健全平台管理制度，重点应当建立和完善用户注册、账号管理、信息发布审核、跟帖评论审核、版面页面生态管理、实时巡查、应急处置和网络谣言、黑色产业链信息处置等制度。

再次，网络信息内容服务使用者，是使用网络信息内容服务的组织或者个人，这是网络生态治理的主力军，应当严守两条底线，一是应当以文明健康的方式使用网络，按照法律法规的要求和用户协议约定，切实履行相应的法律义务；二是在以发帖、回复、留言、弹幕等形式参与网络活动时，文明互动，理性表达，不得发布违法信息，防范和抵制《网络信息内容生态治理规定》明确的不良信息。同时，对网上的违法和不良信息内容有义务以投诉、举报等方式行使监督权。

《网络信息内容生态治理规定》明确了网络群组、论坛社区版块的建立者和管理者应当履行管理责任，依法依约规范群组、版块内信息发布等行为；《网络信息内容生态治理规定》明确要求，网络信息内容服务使用者和生产者、平台不得开展网络暴力、人肉搜索、深度伪造、流量造假、操纵账号等违法活动。

案例　依法约谈关闭发布非法代孕广告的网站

2020 年 7 月，连云港市网信办接到"连云港网络守护者"志愿者提交的举报线索，反映灌云县属地网站"6 杯水"涉嫌发布非法代孕广告、刷粉等行为。经初步研判确认，市网信办采取市县联动、多部门配合的方式进行联合处置。8 月 4 日，网信部门牵头公安、市场监管、卫健、工信、属地龙苴镇对该网站违规行为进行联合研判、调查取证、制定处置方案，多方同步依法依规进行约谈处置。灌云县网安大队、县市场监管局依法对网站负责人邹某实施约谈后，邹某表示认错改错，并主动关闭网站。

案例　乌鲁木齐市网民张某散布谣言案

2020 年 10 月 28 日，网民举报张某在即时通信群组发布"新疆喀什地区确诊 22 例上升，11 月 7 日乌鲁木齐市封闭"的谣言信息，造成恶劣社会影响。经核实，并根据有关法律法规，公安机关依法对张某予以行政拘留，并责令其在发布平台澄清事实，删帖致歉，消除影响。

3.3.2　鼓励发布的信息

《网络信息内容生态治理规定》第五条规定：鼓励网络信息内容生产者制作、复制、发布含有下列内容的信息：

（一）宣传习近平新时代中国特色社会主义思想，全面准确生动解读中国特色社会主义道路、理论、制度、文化的；

（二）宣传党的理论路线方针政策和中央重大决策部署的；

（三）展示经济社会发展亮点，反映人民群众伟大奋斗和火热生活的；

（四）弘扬社会主义核心价值观，宣传优秀道德文化和时代精神，充分展现中华民族昂扬向上精神风貌的；

（五）有效回应社会关切，解疑释惑，析事明理，有助于引导群众形成共识的；

（六）有助于提高中华文化国际影响力，向世界展现真实立体全面的中国的；

（七）其他讲品味讲格调讲责任、讴歌真善美、促进团结稳定等的内容。

法条解析：《网络信息内容生态治理规定》要求网络信息内容服务使用者、网络信息内容生产者和网络信息内容服务平台共同营造良好网络生态，不得实施以下禁止性规定。

（1）不得利用网络和相关信息技术实施侮辱、诽谤、威胁、散布谣言以及侵犯他人隐私等违法行为，损害他人合法权益。行为人利用网络和相关信息技术实施侮辱、诽谤、威胁、散布谣言以及侵犯他人隐私，是严重的侵权行为，这不仅涉及网络信息内容生产者，也涉及网络信息内容服务使用者和网络信息内容服务平台。

根据《侵权责任法》的规定，网络用户利用网络服务实施侵权行为的，被侵权人有权通知网络服务提供者采取删除、屏蔽、断开链接等必要措施。网络服务提供者接到通知后未及时采取必要措施的，对损害的扩大部分与该网络用户承担连带责任。如果网络服务提供者知道网络用户利用其网络服务侵害他人民事权益，未采取必要措施的，与该网络用户承担连带责任。

（2）不得通过发布、删除信息以及其他干预信息呈现的手段侵害他人合法权益或者谋取非法利益。应当重点治理网络信息内容服务平台为了谋取不正当利益通过发布、转载、删除信息以及干预信息内容呈现或搜索结果等违法行为。

（3）不得利用深度学习、虚拟现实等新技术、新应用从事法律、行政法规禁止的活动。AI 的深度学习在搜索技术、数据挖掘、机器学习、机器翻译、自然语言处理、多媒体学习等领域应用广泛；虚拟现实（VR）是一种灵境技术，其基本实现方式是计算机模拟虚拟环境从而给人以环境沉浸感。无论是深度学习，还是 VR 技术均与信息内容有直接关联，利用这些技术应当遵守法律法规，遵循公序良俗，不得损害国家利益、公共利益和他人合法权益。

（4）不得通过人工方式或者技术手段实施流量造假、流量劫持以及虚假注册账号、非法交易账号、操纵用户账号等行为，破坏网络生态秩序。

近年来，App 刷量、电商刷单、公众号刷阅读量等网络的黑色产业屡遭曝光，一些互联网应用平台通过技术手段篡改、诱导等违规方式将他人的用户导向自己的产品或服务，实施流量劫持，获取不正当商业利益的行为。很多网络违法和黑色交易，都与虚假注册账号、非法交易账号、操纵用户账号等行为有关联，这已经形成黑色产业链，通过虚假注册账号、非法交易账号、操纵用户账号，能获得大量账号资源，为不法行为提供网络身份，以此隐蔽真实身份，制造虚假流量，增加溯源难度，逃避法律追究。

（5）不得利用党旗、党徽、国旗、国徽、国歌等代表党和国家形象的标识及内容，或者借国家重大活动、重大纪念日和国家机关及其工作人员名义等，违法违规开展网络商业营销活动。

中国共产党的党徽、党旗是中国共产党的象征和标志，根据《中国共产党章程》的规定，党的各级组织和每一个党员都要维护党徽、党旗的尊严，要按照规定制作和使用党徽、党旗；国旗、国徽和国歌是《宪法》规定的国家形象标识和内容，任何商业组织都不得用于商业营销活动。

案例　　**抖音网络：信息赋能精准扶贫**

2020 年 2 月，抖音联合今日头条、西瓜视频发起"战疫助农"公益项目，通过开展

"县长来直播"等活动，截至 2020 年 5 月 31 日，已有 101 位市长、县长走进直播间，联合多位平台创作者销售农产品超过 220.7 万件，销售额超 1.16 亿元（其中贫困县销量120 万件，销售额达 6163 万元），直播带货已累计帮扶建档立卡贫困人口超 10 万。

信息赋能精准扶贫，帮助贫困地区打响了农产品和文旅品牌，帮助带贫能力强的产业加快发展，帮助贫困地区优质内容生产和传播，帮助贫困地区搭建优质直播平台，帮助贫困地区培养一批新媒体技能人才，有力地缓解了新冠肺炎疫情带来的不利影响，促进贫困地区扶贫产业健康发展，推动了消费扶贫再上新台阶，为答好决战决胜脱贫攻坚"加试题"给出了新的求解思路。

一、科技赋能创新，信息分发和品牌打造赋能消费扶贫产品

抖音能够通过信息分发、高效精准触达为贫困地区与贫困人口导入巨大的流量，从而引发外界更多的关注，因此，扶贫项目有"信息赋能"的深深烙印。

抖音会到贫困县进行多次调研和实地考察，充分调研梳理当地地理地貌、特色资源、文化内涵和互联网资源等，根据当地农产品和文旅资源特色确定品牌传播定位。同时，还会邀请平台优秀创作者通过多层次的内容创作，集中宣传展示和推介贫困地区特色农产品和文旅资源，提升当地农产品、文旅资源的品牌价值。

比如，云南省怒江州福贡县是全国 52 个未脱贫县之一，草果有食用和药用用途，但并不为消费者所熟知，缺乏品牌。草果产业带动力强、辐射面广，对脱贫贡献力度大，全县共种植草果 56 万亩，贫困户户均达到 20 多亩，种植草果户均可增收 6000 元到 8000 元。

针对草果的特性，组织平台优秀创作者讲述草果优质的生长环境、广泛的菜系使用范围，让更多用户了解其功效和味道，并利用领先的信息分发技术进行精准推送。同时，联合知名餐饮企业以草果为原料打造特色菜品，为品牌宣传打造新的形式和手段，推动互联网经济赋能实体经济。信息赋能和品牌打造让原生态美景被更多人熟知，让绿色、优质的草果进入各大餐饮企业、走进寻常百姓家，让"来自云南深山的香料精灵"

的品牌定位更深入人心。草果系列短视频和直播的内容生产，也吸引了更多消费者购买，吸引更多游客"打卡"。

二、直播形式创新，政府官员和平台创作者联动打造消费扶贫新场景

根据中国互联网络信息中心（CNNiC）发布的数据，截至2020年3月，我国网民突破9亿，其中，网络直播用户规模已经达到5.6亿，占网民总数的62%。直播已经成为越来越多人销售或消费商品的新渠道。

在脱贫攻坚的冲刺阶段，"直播+扶贫"成为促进消费扶贫的重要手段之一。抖音发起"县长来直播"项目，邀请各地县（市）长和平台创作者联动，为当地农产品直播代言，促进消费扶贫。在直播过程中，通过展示当地产品的优质特性、生长环境、历史文化等，创作和传播消费扶贫优质新媒体内容，让用户有更好的购买体验。

根据中国茶叶流通协会统计，全国832个贫困县中有337个与茶相关，其中近1/3县区的农民以茶叶为家庭收入的主要来源。为了帮扶这种带贫能力强的产业，2020年4月2日—5月24日，抖音联合中国茶叶流通协会、中国茶叶学会，邀请31位县（市、区）长直播带货，助力24个茶叶核心产区，27款中国名茶从抖音直播间走向全国。

抖音根据各地茶叶的卖点，拍摄一系列茶叶相关短视频进行推广。在直播时，多场景连麦，带领消费者走进茶园、走进制茶车间，直观感受茶叶得天独厚的生长环境和传统的制作工艺，让观众了解采茶、制茶、泡茶、品茶、评茶等文化知识，吸引了大量用户观看，从而改变了注意力资源分配不平衡现状，实现带贫能力强的产业和外部市场的高度对接，带动贫困人口实现增收。截至5月24日，共销售各类茶叶52.9万件，销售额达4041万元，累计观看人次超450万，帮扶建档立卡贫困人口10731人。

县（市、区）长出镜的短视频和直播活动，促进了地方政府发挥经济职能，推动脱贫攻坚工作思路和模式创新。

三、带贫机制创新，宣传推介带贫能力好的消费扶贫产业

受疫情影响，传统线下销售渠道受阻，交易量大幅回落，影响扶贫产品产销对接，让脱贫攻坚工作面临更大的挑战，增加了已脱贫地区因"疫"返贫的风险。抖音优先考虑位于贫困县和农产品销售受疫情影响较重地区，按照"辐射农户多、带贫能力强、产业链条优"的要求，认真梳理各地扶贫支柱产业和带贫能力好的企业，组织开展直播活动。平台并不跟贫困户进行直接对接，而是通过帮扶带贫基础好的产业，构建可持续的产销关系来帮扶贫困地区和贫困户。

2020年3月21日—22日，抖音组织安徽专场活动，重点推介了安徽省岳西、舒城等6个已脱贫的国定贫困县优质农副产品，讲好贫困县农产品品种多、品质好、品味高的"背后故事"。帮助岳西翠兰、舒城茶油等销售24.6万件，销售额达2010万元，直接辐射带动超1.2万户贫困户增收。其中，销量最高的舒城茶油3小时直播累计售出6.3万件，销售额超过750万元，间接带动农户增收600多万元。

此外，2020年5月29日—31日，来自云南泸水、福贡等7个尚未脱贫贫困县（市）领导走进抖音直播间，重点推荐了25款有清晰带贫机制的产品。直播活动累计吸引513万网友观看，销售产品29.5万件，销售额超1510万元，帮扶建档立卡贫困人口50742人。

通过开展直播活动，打造"云直播"平台，帮助了贫困地区梳理带贫产业，构建了可持续产销关系，促进了贫困人口稳定脱贫和贫困地区产业持续发展，调动了贫困人口依靠自身努力实现脱贫致富的积极性。

四、扶贫工具创新，培训信息扶贫和消费扶贫内容生产人才

抖音不仅外部赋能，还将培训作为"造血式"扶贫的重要手段，充分发挥信息化引领和驱动作用，注重在贫困地区发现能人，为贫困县域扶贫扶智，为农村地区赋能，激发欠发达地区和农村低收入人口发展的内生动力。抖音联合"头条学院"针对当地政府、融媒体中心、农产品企业、农户等，开展公益直播培训，通过线上线下专题培训、流量扶持、咨询指导等方式，培养"三农"信息创作复合型人才，夯实贫困地区发展的人才基础。

截至 2020 年 5 月底，"头条学院"共计为全国乡村地区培训新媒体人才 8.8 万人次，学员创作的内容量 297.4 万条、传播量近 353.2 亿次，学员直播 79676 场、直播时长达 16 万小时。培训活动让掌握信息技术的主播、新农人、扶贫达人像种子一样撒到各地，生根发芽，从而形成广泛而有活力的信息节点，示范和带动周围人力物力资源更协调、更有效率的优化配置。

3.3.3 禁止发布的信息及防范和抵制的信息

《网络信息内容生态治理规定》第六条规定：网络信息内容生产者不得制作、复制、发布含有下列内容的违法信息：

（一）反对宪法所确定的基本原则的；

（二）危害国家安全，泄露国家秘密，颠覆国家政权，破坏国家统一的；

（三）损害国家荣誉和利益的；

（四）歪曲、丑化、亵渎、否定英雄烈士事迹和精神，以侮辱、诽谤或者其他方式侵害英雄烈士的姓名、肖像、名誉、荣誉的；

（五）宣扬恐怖主义、极端主义或者煽动实施恐怖活动、极端主义活动的；

（六）煽动民族仇恨、民族歧视，破坏民族团结的；

（七）破坏国家宗教政策，宣扬邪教和封建迷信的；

（八）散布谣言，扰乱经济秩序和社会秩序的；

（九）散布淫秽、色情、赌博、暴力、凶杀、恐怖或者教唆犯罪的；

（十）侮辱或者诽谤他人，侵害他人名誉、隐私和其他合法权益的；

（十一）法律、行政法规禁止的其他内容。

✎ **法条解析：** 当前，移动互联网应用程序（App）已成为移动互联网信息服务生产的主要载体，对提供民生服务和促进经济社会发展发挥了一定的作用，与此同时，少数 App 也被不法分子利用，传播暴力恐怖、淫秽色情及谣言等违法违规信息，有的存在窃取隐私、恶意扣费、诱骗欺诈等损害用户合法权益的行为，多数 App 过度收集个人信息，且设置的所谓"隐私条款"侵犯用户个人信息权，社会反映强烈。

我国网络信息内容生产者数量庞大，截至 2019 年 12 月，我国国内市场上监测到的

App 数量为 367 万款，第三方应用商店在架应用分发总量达到 9502 亿次，其中社交通信类下载量达 1166 亿次。据腾讯发布的数据显示，2019 年仅微信的月活跃账户数就超过了 11.5 亿，QQ 的整体月活跃账户数增至 8.23 亿，每天有近 450 多亿条消息在微信里传输。

习近平总书记强调，利用网络鼓吹推翻国家政权，煽动宗教极端主义，宣扬民族分裂思想，教唆暴力恐怖活动等等，这样的行为要坚决制止和打击，决不能任其大行其道；利用网络进行欺诈活动，散布色情材料，进行人身攻击，兜售非法物品等等，这样的言行也要坚决管控，决不能任其大行其道。没有哪个国家会允许这样的行为泛滥开来。对此，《网络信息内容生态治理规定》第六条明确了网络信息内容生产者禁止触碰的十条红线：

一是反对宪法所确定的基本原则的；二是危害国家安全，泄露国家秘密，颠覆国家政权，破坏国家统一的；三是损害国家荣誉和利益的；四是歪曲、丑化、亵渎、否定英雄烈士事迹和精神，以侮辱、诽谤或者其他方式侵害英雄烈士的姓名、肖像、名誉、荣誉的；五是宣扬恐怖主义、极端主义或者煽动实施恐怖活动、极端主义活动的；六是煽动民族仇恨、民族歧视，破坏民族团结的；七是破坏国家宗教政策，宣扬邪教和封建迷信的；八是散布谣言，扰乱经济秩序和社会秩序的；九是散布淫秽、色情、赌博、暴力、凶杀、恐怖或者教唆犯罪的；十是侮辱或者诽谤他人，侵害他人名誉、隐私和其他合法权益的。

网络信息内容生产者违反上述规定，网络信息内容服务平台应当依法依约采取警示整改、限制功能、暂停更新、关闭账号等处置措施，及时消除违法信息内容，保存记录并向有关主管部门报告。

案例　南京快速处置网民举报涉宁因疫封城谣言

2020 年 1 月 26 日，南京市网信办接到网民举报，多个微信群流传"南京日报记者赵映光"署名发布的"封城通告"截图，称"南京自 1 月 27 日 0 时起交通停运、全面封城"，引发市民恐慌情绪。南京市网信办第一时间核实查证发现，南京市疫情防控指挥部并未发布过相关信息，南京日报社也无名为"赵映光"的记者，确定相关传言为网络谣言。1 月 26 日当晚，造谣人员孙某因涉嫌寻衅滋事犯罪被公安机关依法刑事拘留。

案例　网络大V无理辱骂援鄂护士遭举报

2020 年 2 月初，武汉"战疫"发起总攻，全国各地火速驰援。2 月 11 日，盐城援鄂医疗队一名护士实名辟谣医疗队物资被抢不实信息后，遭到网络大 V 闫某无理辱骂和人身攻击。受理网民举报后，盐城市网信办迅速启动联防联控机制，联动公安部门快速查处，闫某因寻衅滋事被警方行政拘留 15 日，并处罚金 1000 元。警方网上通报受网民热赞，单条点击量达 690 万，全网总阅读量超亿次。

案例　无锡查处传播邪教有害信息网站

2020 年 8 月 7 日，无锡市网信办接到网民举报，无锡市梁溪区属地"米乐内力打通中脉"网站涉嫌发布邪教有害信息。接到网民举报后，无锡市网信办立刻将线索移交无锡市委政法委、市公安局等相关职能部门。市委政法委反邪教处、市公安局政保支队联合研判认为：该网站传播邪教内容手段隐蔽、危害巨大、影响恶劣。在上级部门的指导帮助下，无锡市网信办在 8 月 7 日当天依法关闭该传播邪教有害信息网站。市委政法委、市公安局对网站运营人开展联合调查。

《网络信息内容生态治理规定》第七条规定：网络信息内容生产者应当采取措施，防范和抵制制作、复制、发布含有下列内容的不良信息：

（一）使用夸张标题，内容与标题严重不符的；

（二）炒作绯闻、丑闻、劣迹等的；

（三）不当评述自然灾害、重大事故等灾难的；

（四）带有性暗示、性挑逗等易使人产生性联想的；

（五）展现血腥、惊悚、残忍等致人身心不适的；

（六）煽动人群歧视、地域歧视等的；

（七）宣扬低俗、庸俗、媚俗内容的；

（八）可能引发未成年人模仿不安全行为和违反社会公德行为、诱导未成年人不良嗜好等的；

（九）其他对网络生态造成不良影响的内容。

法条解析： 《网络信息内容生态治理规定》要求网络信息内容生产者应当采取措施，防范和抵制制作、复制、发布含有下列八类内容的不良信息：

（1）使用夸张标题，内容与标题严重不符的信息内容。"标题党"是互联网上利用各种颇具创意的标题吸引网友眼球，以达到各种目的，其主要行为简而言之即发帖的标题严重夸张，帖子内容通常与标题联系不大或完全无关，诸如震惊、惊爆、重磅、罕见、深度好文、轰动全国、绝密偷拍等字眼。在网上搜索类似"震惊13亿中国人""感动了中国13亿人""重磅""深度好文"等标题，其内容与标题完全不符，多数以夸张的、曲解的、煽情的，甚至无中生有的方式误导网民。

（2）炒作绯闻、丑闻、劣迹等信息内容。当前，娱乐界炒作绯闻、丑闻以及劣迹比比皆是，以明星绯闻八卦为噱头，特别是通过明星和狗仔队的配合来制造绯闻、丑闻、劣迹的热度，这些低俗文化和行为愚弄了大众、污染了网络、触碰了法律，必须依法治理。

（3）不当评述自然灾害、重大事故等灾难的信息内容。我国地域广、人口密集，自然灾害种类多，重大安全事故时有发生。我们可以注意到，每当自然灾害和重大安全事故等灾难发生时，总有一些没有事实依据的评述，不仅混淆了是非，而且给社会带来极大的负面影响，必须坚决予以抵制。

（4）带有性暗示、性挑逗等易使人产生性联想的信息内容。为了吸引流量，一些网络平台，以文字、语音、图片、视频等方式进行带有"性挑逗""性暗示"的不良行为，比如所谓的"文爱""磕炮"等，这些信息内容均带有性暗示或性挑逗的软色情内容，极容易使人产生性联想。

我国《刑法》对淫秽物品的定义是，具体描绘性行为或者露骨宣扬色情的诲淫性的书刊、影片、录像、图片等，但是将有关人体生理、医学知识的科学著作和包含有色情内容的有艺术价值的文学、艺术作品排除在淫秽物品范围之外。

（5）展现血腥、惊悚、残忍等致人身心不适的信息内容。一些网络内容制作者为了骗取用户的点击量，发布和展示血腥、惊悚、残忍的图片和视频，如有的网站发布大量令人不适的惊悚、血腥、虐杀动物、畸形胎儿的图片，同时还兼有"标题党"嫌疑，致人身心感到极大的不适，尤其是对未成年人的心理损害极其严重。

（6）煽动人群歧视、地域歧视等的信息内容。煽动是指怂恿、鼓动人做坏事的行为，我们经常在网上看到，一些人仅凭自己看到的只言片语就在网上传播并发布地域歧视和人群歧视等过激言论。如有一则"医院多次医疗事故不能给公众解释"的网络帖子，煽动当地人群对医生群体的歧视，该发布者因涉嫌寻衅滋事被公安机关行政拘留10日。

（7）宣扬低俗、庸俗、媚俗内容的信息内容。主要是两类信息内容，一是低俗的内容，主要是指低级趣味、庸俗，使人萎靡、颓废的内容；二是媚俗的信息内容，主要是那些迎合于世俗，缺乏自我思想、自我理智，只知随波逐流等。这些低俗、庸俗、媚俗的信息内容与我国优秀道德文化和时代精神格格不入，必须坚决抵制。

（8）可能引发未成年人模仿不安全行为和违反社会公德行为、诱导未成年人不良嗜好等的信息内容。当前，我国未成年人网民数量近1.7亿，智能手机成为未成年人上网的主要工具，未成年人正处于青春躁动期，有很强的求知欲望，他们对网络发布的一些不安全和违反公德的信息内容鉴别力很弱、自控能力较差，很容易在模仿后导致恶性事件的发生，未成年人模仿网络不良行为已经成为威胁青少年网络安全的主要因素。

案例 **使用与内容严重不符的夸张标题**

2018年5月14日，国务院办公厅印发《关于开展涉及产权保护的规章、规范性文件清理工作的通知》（以下简称《通知》），提出将重点清理"不当限制企业生产经营、企业和居民不动产交易等民事主体财产权利行使的规定"，这一工作被个别自媒体解读为"限购限价限售政策将被废止"。该通知明确指出的是该种限制"不当"的，才属于清理范围之内。而佛山市顺德区某网站发布题为《重磅！国务院发声：限购或限售政策或被废止》的文章，对国务院相关文件进行断章取义，歪曲原意，其行为已违反《网络信息内容生态治理规定》第七条第一款规定，佛山市网信部门立即要求该网站处置相关信息并彻底全面整改相关问题，完善信息发布管理机制。

案例 **知名民营企业举报处置网络侵权不实信息**

2020年11月，江苏省工商联和南京市网信办陆续接到省内某知名民营企业举报称，部分财经类自媒体账号接连发布大量关于该企业"债券暴雷""银行贷款违约""账面现金严重不足"等侵权不实内容稿件，诋毁公司声誉，引发市场和投资者恐慌情绪。江苏省工商联和南京市网信办主动作为，指导、协助企业联系有关部门出具证明材料，向国家网信办违法和不良信息举报中心、自媒体账号所在平台提交侵权举报线索，有效遏止了涉企侵权不实信息的网络传播，为企业的经营发展营造了公平公正的网络舆论环境。

> **案例** "izdan731"等25个微信公众号发布违规信息案

近期，网民举报"izdan731""alxirttv""dawrim saloni"等25个微信公众号多次以文字、图片、视频等形式传播宣扬低俗、庸俗、媚俗，且充斥性暗示、性挑逗等易使人产生性联想的内容，对网络生态造成不良影响。经核实，并根据有关法律法规，网信部门依法对上述25个账号主办人进行了约谈。

3.4 法律责任

《网络信息内容生态治理规定》第七章规定了各主体的法律责任，并且和民事、行政、刑事责任相衔接，违反规定，给他人造成损害的，依法承担民事责任；构成犯罪的，依法追究刑事责任；尚不构成犯罪的，由有关主管部门依照有关法律、行政法规的规定予以处罚。

3.4.1 违反本规定

网信部门根据法律、行政法规和国家有关规定，会同有关主管部门建立健全网络信息内容服务严重失信联合惩戒机制，对严重违反本规定的网络信息内容服务平台、网络信息内容生产者和网络信息内容使用者依法依规实施限制从事网络信息服务、网上行为限制、行业禁入等惩戒措施。

违反本规定，给他人造成损害的，依法承担民事责任；构成犯罪的，依法追究刑事责任；尚不构成犯罪的，由有关主管部门依照有关法律、行政法规的规定予以处罚。

> **案例** 违规开设私服游戏进行赌博，网站被责令关停

2020年5月，唐山市网信部门收到网民举报：属地内"至尊传奇"网站违规开设私服游戏进行赌博，违反了《互联网信息服务管理办法》《网络信息内容生态治理规定》等法律法规。对此，唐山市网信办指导遵化市网信办对网站实际负责人周某进行依法约谈，责令该网站停止接入服务。周某表示坚决服从网信部门管理，今后严格遵守相关法律法规，立即将网站申请注销。

> **案例** 微信公众号发布淫秽色情等违规信息

根据网民举报以及相关部门提供的线索，"佛山蒲吧群"微信公众号涉嫌发布涉色情文章以及视频，该行为已违反《网络信息内容生态治理规定》第六条第九款规定，经协调，上级网信部门依法对"佛山蒲吧群"微信公众号禁言30天。

> **案例** 根据网民举报查处微信朋友圈网络犯罪活动

2020年1月，淮安市洪泽区网信办、淮安市公安局洪泽分局网安大队相继接到当地网民网络和电话举报称，洪泽本地有居民在微信朋友圈大量发布赌博网站和违规App广告信息。洪泽区网信办将此举报线索交办洪泽公安分局，洪泽分局网安大队立即从信息

源头开展侦查工作。最终成功摧毁一个涉及 300 余个通讯群组，非法获利 4000 余万元的黑色产业链，共扣押房产 4 套、涉案资金 500 余万元，涉案手机 500 余部。目前该案已移送洪泽区人民检察院审查起诉。

3.4.2　违反第六条规定

网络信息内容生产者违反本规定第六条规定的，网络信息内容服务平台应当依法依约采取警示整改、限制功能、暂停更新、关闭账号等处置措施，及时消除违法信息内容，保存记录并向有关主管部门报告。

法条解析： 该条规定针对的是网络信息内容生产者。《网络信息内容生态治理规定》第六条规定如下：

第六条　网络信息内容生产者不得制作、复制、发布含有下列内容的违法信息：

（一）反对宪法所确定的基本原则的；

（二）危害国家安全，泄露国家秘密，颠覆国家政权，破坏国家统一的；

（三）损害国家荣誉和利益的；

（四）歪曲、丑化、亵渎、否定英雄烈士事迹和精神，以侮辱、诽谤或者其他方式侵害英雄烈士的姓名、肖像、名誉、荣誉的；

（五）宣扬恐怖主义、极端主义或者煽动实施恐怖活动、极端主义活动的；

（六）煽动民族仇恨、民族歧视，破坏民族团结的；

（七）破坏国家宗教政策，宣扬邪教和封建迷信的；

（八）散布谣言，扰乱经济秩序和社会秩序的；

（九）散布淫秽、色情、赌博、暴力、凶杀、恐怖或者教唆犯罪的；

（十）侮辱或者诽谤他人，侵害他人名誉、隐私和其他合法权益的；

（十一）法律、行政法规禁止的其他内容。

案例　发布虚假违规信息

通过网络巡查以及结合网民举报，微信公众号"爱车室""小妹说车""扒光妹""晨扬娱乐"先后发布《突发悲剧！广东佛山发生一起事件，事件起因令街坊深感不安！》等系列文章，微信公众号"东方小情感"以《遍地遗体！重大事件！》为标题发布不实虚假信息，企图通过惊悚虚假的内容制造公众焦虑，吸引眼球，增加流量，其行为严重违反了《网络信息内容生态治理规定》第六条、第七条相关规定，经协调，上述违法违规账号被依法予以关闭。

案例　发布涉疫谣言信息

新冠肺炎疫情防控期间，佛山市网信部门与公安部门加强对谣言等违法不良信息联合监管力度，针对个别网民在网络上发布、转发不实信息，甚至制造传播谣言行为，严惩不贷，依法查处了"高某谎称自己患上新冠肺炎""罗村下柏一家5口感染新冠病毒肺炎""界村封村，20多人被隔离""莫家村某学生被隔离"等造谣传谣行为，公安机关根据《中华人民共和国治安管理处罚法》第二十五条第一款对相关当事人依法采取治安拘留、罚款或批评教育等处罚措施。

案例　违规跳转色情信息，网站备案被申请注销

2020年5月14日，在唐山市网信办指导下，路北区网信办对违规网站注册人董某进行依法约谈。经核查，董某于2015年注册网站域名，服务到期后未及时到通管部门进行ICP备案信息注销，致使被不法分子抢注，链接跳转到低俗色情信息，污染了网络空间。

依据《网络安全法》《网络信息内容生态治理规定》等相关法律法规，董某未履行网站主体责任，对域名被抢注发布不良信息负有直接责任。董某表示今后一定吸取教训，依法依规办网、用网，并已向省通信管理局申请注销网站备案。

案例　运用虚假信息登记并通过网络传授犯罪方法

根据收到的举报信息，一名为"男神学院"的网站疑似开展PUA教学，即通过网络教唆他人包装自己，诱使异性与之交往，对异性诱骗洗脑。经查，网站信息显示属地为佛山市，但网站IP物理位置为外省某市，系冒用佛山市地址及他人身份信息、收集号码进行登记。根据《网络安全法》第四十六条，《非经营性互联网信息服务备案管理办法》第七条、第二十三条相关规定，该网站被依法取消备案并关闭。

案例　泄露涉疫个人信息

在疫情防控的特殊时期，网传出现不同版本确诊病例"星梦游轮"号上的佛山乘客个人详细信息、截图在微信群传播。在核实相关情况后，网信部门会同公安部门根据《中华人民共和国治安管理处罚法》第四十二条第六款规定对泄露、散布相关个人信息的责任人依法进行教育训诫、处罚。

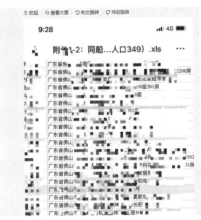

3.4.3　违反第十条、第三十一条第二款规定

网络信息内容服务平台违反本规定第十条、第三十一条第二款规定的，由网信等有关主管部门依据职责，按照《网络安全法》《互联网信息服务管理办法》等法律、行政法规的规定予以处理。

法条解析：　该条规定针对的是网络信息内容服务平台。《网络信息内容生态治理规定》第十条规定：网络信息内容服务平台不得传播本规定第六条规定的信息，应当防范和抵制传播本规定第七条规定的信息。

网络信息内容服务平台应当加强信息内容的管理，发现本规定第六条、第七条规定的信息的，应当依法立即采取处置措施，保存有关记录，并向有关主管部门报告。

《网络信息内容生态治理规定》第三十一条规定：各级网信部门对网络信息内容服务平台履行信息内容管理主体责任情况开展监督检查，对存在问题的平台开展专项督查。

网络信息内容服务平台对网信部门和有关主管部门依法实施的监督检查，应当予以配合。

案例　短视频平台低龄孕妈炒作炫耀等问题

2018 年 3 月 31 日，央视《新闻直播间》和《东方时空》对以快手为首的短视频平台上存在的低龄孕妈炒作炫耀等问题进行了报道。对于短视频平台来说，"未成年妈妈"已经不是个例和偶然现象了，00 后怀孕、当妈的视频可以说很常见了。大量未成年怀孕视频，甚至以未成年生子为噱头，争相炫耀，通过强化低龄妈妈的属性使其受到瞩目，掀起了争当"全网最小妈妈"的风潮，视频中的女孩大多为文化水平低下的未成年人，更甚者 00 后就已经是几个孩子的母亲了。当下流行的短视频平台本是给更多有才华的人提供一个展示自我的机会，但由于监管机制的缺失，对社会的负面影响越来越严重。平台用户更多的是 90 后甚至 00 后等未成年人，如果没有被正确引导，很容易对这些孩子的身心健康造成不良影响。快手是一个累计拥有 6 亿用户的大平台，快手官方曾发布数据，近 90% 的快手用户是 90 后，都非常年轻，在这样一个以年轻人为主的平台上，甚至有相当比例的未成年人。在影响范围如此之大的短视频 App 中，允许负面现象大肆宣扬，甚至为一些三观不正的网红提供传播、获利的平台，实在是有违短视频平台的道德底线。对于央视的点名批评，快手在官方微博作出回应，称进行了全站清查，查删封禁了一批视频和账号，同时关闭推荐功能，升级人工智能识别系统，加强核查。

案例 河南省互联网信息办公室印发《关于贯彻落实〈网络信息内容生态治理规定〉的通知》

2020 年 3 月 12 日，河南省互联网信息办公室印发《关于贯彻落实〈网络信息内容生态治理规定〉的通知》，明确做好宣传教育、开展专项整治等 10 项重点工作和建立互联网联合辟谣工作机制、加强市级网信部门行政执法能力建设、引导行业组织广泛开展"争做河南好网民"活动等 40 项具体举措，列出任务书、时间表、路线图，确保网络生态治理工作取得扎实成效。网络信息内容服务平台对网信部门和有关主管部门依法实施的监督检查，均予以配合。

案例 河北省网信办学习研讨《网络信息内容生态治理规定》

河北省网信办于 2020 年 3 月 26 日召开室务会理论学习中心组学习（扩大）会议，专题学习研讨《网络信息内容生态治理规定》，提出要认真抓好实施工作，充分体现河北特色。通过开展"燕赵净网"等治理专项行动，把各涉网管理执法部门统筹起来，把各网络主体动员起来，全面提升互联网内容质量。把推动内容建设摆在与内容监管同等重要的位置，把有关主体既作为管理对象，也作为网络正面宣传依靠的对象，支持其发展，共同促进网络生态的健康、繁荣。

案例 浙江省网信办加大网信执法力度

2020 年 1—2 月，浙江省网信办加大网信执法力度，累计依法约谈处置"51 公积金管家""咸蒸"等网站平台及自媒体账号 240 余个，协调浙江省通信管理局关闭关停违法违规网站 10 家，注销 56 家问题网站 ICP 备案，通知属地相关平台及网站下架相关违法违规 App 共 43 款；打响"清朗侠在行动"战役，以"清朗网络空间 我们共同守护"为主题，开展为期一周的宣传贯彻活动，联动全省各级新闻网站、自媒体、公众账号共同做好宣传推广，营造依法治网、依法办网、依法上网的浓厚氛围。

3.4.4　违反第十一条第二款规定

网络信息内容服务平台违反本规定第十一条第二款规定的，由设区的市级以上网信部门依据职责进行约谈，给予警告，责令限期改正；拒不改正或者情节严重的，责令暂停信息更新，按照有关法律、行政法规的规定予以处理。

🖋 **法条解析：** 该条规定针对的是网络信息内容服务平台。《网络信息内容生态治理规定》第十一条规定：鼓励网络信息内容服务平台坚持主流价值导向，优化信息推荐机制，加强版面页面生态管理，在下列重点环节（包括服务类型、位置版块等）积极呈现本规定第五条规定的信息：

（一）互联网新闻信息服务首页首屏、弹窗和重要新闻信息内容页面等；

（二）互联网用户公众账号信息服务精选、热搜等；

（三）博客、微博客信息服务热门推荐、榜单类、弹窗及基于地理位置的信息服务版块等；

（四）互联网信息搜索服务热搜词、热搜图及默认搜索等；

（五）互联网论坛社区服务首页首屏、榜单类、弹窗等；

（六）互联网音视频服务首页首屏、发现、精选、榜单类、弹窗等；

（七）互联网网址导航服务、浏览器服务、输入法服务首页首屏、榜单类、皮肤、联想词、弹窗等；

（八）数字阅读、网络游戏、网络动漫服务首页首屏、精选、榜单类、弹窗等；

（九）生活服务、知识服务平台首页首屏、热门推荐、弹窗等；

（十）电子商务平台首页首屏、推荐区等；

（十一）移动应用商店、移动智能终端预置应用软件和内置信息内容服务首屏、推荐区等；

（十二）专门以未成年人为服务对象的网络信息内容专栏、专区和产品等；

（十三）其他处于产品或者服务醒目位置、易引起网络信息内容服务使用者关注的重点环节。

网络信息内容服务平台不得在以上重点环节呈现本规定第七条规定的信息。

案例　**贵州网信部门严格落实《网络信息内容生态治理规定》**

2020 年，贵州网信部门严格落实《网络信息内容生态治理规定》，持续推进"黔净2020"网络空间清朗工程，深入开展"网络恶意营销账号专项整治""涉未成年人网络环境整治""自媒体乱象整治""软色情整治"等系列专项行动，受理违法和不良信息举报23994 条，统筹有关部门依法查处违法违规网站 129 家、账号 276 个，对语玩 App、抖音号"贵州观察"（账号：TC110）等 12 家违规网站平台账号进行约谈整改。

经核实，违法网站"遵义市委统战部网""贵阳市白云区人民政府网站""贵州当代先锋网""贵州新闻网"、微博账号"贵州网信"、微信公众号"贵州省三支一扶计划"、抖音号"贵州观察"（账号：TC110）等冒用、关联党政机关或媒体机构名称，传播违法违规信息；网站"我的植物"、微信公众号"今日黔""金沙老乡会"等未经许可，违规从事互联网新闻信息服务；网站"快乐行走""轨迹 ART"、微博账号"贵州热门头条""铜仁热门头条""贵阳说话"等编造传播虚假信息，造成不良影响；网站"飞兔""八方欢乐厅""小矮人""孤寂的天空"等传播低俗、色情、赌博等违法和不良信息，危害未成年人身心健康。上述网站、账号严重违反《网络安全法》《互联网信息服务管理办法》《互联网新闻信息服务管理规定》《网络信息内容生态治理规定》等法律法规，依法对其予以注销备案号、停止域名解析、关闭网站、关闭账号等处罚。

3.4.5 违反第九条、第十二条、第十五条、第十六条和第十七条规定

网络信息内容服务平台违反本规定第九条、第十二条、第十五条、第十六条、第十七条规定的，由设区的市级以上网信部门依据职责进行约谈，给予警告，责令限期改正；拒不改正或者情节严重的，责令暂停信息更新，按照有关法律、行政法规的规定予以处理。

法条解析：该条规定针对的是网络信息内容服务平台。

《网络信息内容生态治理规定》第九条规定：网络信息内容服务平台应当建立网络信息内容生态治理机制，制定本平台网络信息内容生态治理细则，健全用户注册、账号管理、信息发布审核、跟帖评论审核、版面页面生态管理、实时巡查、应急处置和网络谣言、黑色产业链信息处置等制度。

网络信息内容服务平台应当设立网络信息内容生态治理负责人，配备与业务范围和服务规模相适应的专业人员，加强培训考核，提升从业人员素质。

《网络信息内容生态治理规定》第十二条规定：网络信息内容服务平台采用个性化算法推荐技术推送信息的，应当设置符合本规定第十条、第十一条规定要求的推荐模型，建立健全人工干预和用户自主选择机制。

《网络信息内容生态治理规定》第十五条规定：网络信息内容服务平台应当制定并公开管理规则和平台公约，完善用户协议，明确用户相关权利义务，并依法依约履行相应管理职责。

网络信息内容服务平台应当建立用户账号信用管理制度，根据用户账号的信用情况提供相应服务。

《网络信息内容生态治理规定》第十六条规定：网络信息内容服务平台应当在显著位置设置便捷的投诉举报入口，公布投诉举报方式，及时受理处置公众投诉举报并反馈处理结果。

《网络信息内容生态治理规定》第十七条规定：网络信息内容服务平台应当编制网络信息内容生态治理工作年度报告，年度报告应当包括网络信息内容生态治理工作情况、网络信息内容生态治理负责人履职情况、社会评价情况等内容。

案例 剑桥分析公司被多家媒体报道深度参与了2016年美国大选

剑桥分析公司被多家媒体报道深度参与了2016年美国大选，采用个性化内容推送方式，帮助政客确定不同类型的选民在特定问题上的立场，并辅助政客制定竞选策略，影响美国大选结果。

基于算法的个性化内容推送在为用户提供精准化、个性化服务的同时，也带来了国家安全风险因素增高、不良信息泛滥风险增加以及传统权利保护难度加大等问题。个性化内容推送能够影响政治进程、加剧政治极化。在选举过程中，通过算法能够识别出潜在的投票人，通过个性化内容推送，诱导投票人支持特定方案或个人，影响公众意见。

而且由于个性化内容推送的筛选功能，会将投票人屏蔽于不同意见之外，持续性地强化立场，导致不同群体的意见极化，容易引发极端主义。此外，个性化内容推送可能被具有特定意图的其他国家、极端组织势力、违法犯罪者利用，成为煽动、策划、组织线上线下暴恐及群体性事件的工具。在网络空间中，缺乏辨别力的用户，尤其是未成年人长期接触这些被精准推送的具有舆论动员、情绪煽动、观点引导效果的信息内容，可能成为网络暴民，引发社会动荡，影响国家稳定和谐大局。

案例 山西省互联网信息办公室进一步加大对属地自媒体账号的监管力度

经巡查取证，"i 吕梁网""新华纪实调查网""三晋名校榜"3 款微信公众账号存在未取得互联网新闻信息服务许可，违规采编转载新闻信息、冒用或关联新闻单位名称、标题党现象严重等违规行为。

根据《网络信息内容生态治理规定》《互联网新闻信息服务管理规定》等法规，山西省互联网信息办公室协调账号服务平台依据有关用户协议，对"i 吕梁网""新华纪实调查网""三晋名校榜"予以关闭或禁言处置。

3.4.6 违反第十四条、第十八条、第十九条、第二十一条至第二十五条规定

违反本规定第十四条、第十八条、第十九条、第二十一条、第二十二条、第二十三条、第二十四条、第二十五条规定的，由网信等有关主管部门依据职责，按照有关法律、行政法规的规定予以处理。

法条解析：《网络信息内容生态治理规定》第十四条规定：网络信息内容服务平台应当加强对本平台设置的广告位和在本平台展示的广告内容的审核巡查，对发布违法广告的，应当依法予以处理。

《网络信息内容生态治理规定》第十八条规定：网络信息内容服务使用者应当文明健康使用网络，按照法律法规的要求和用户协议约定，切实履行相应义务，在以发帖、回复、留言、弹幕等形式参与网络活动时，文明互动，理性表达，不得发布本规定第六条规定的信息，防范和抵制本规定第七条规定的信息。

《网络信息内容生态治理规定》第十九条规定：网络群组、论坛社区版块建立者和管理者应当履行群组、版块管理责任，依据法律法规、用户协议和平台公约等，规范群组、版块内信息发布等行为。

《网络信息内容生态治理规定》第二十一条规定：网络信息内容服务使用者和网络信息内容生产者、网络信息内容服务平台不得利用网络和相关信息技术实施侮辱、诽谤、威胁、散布谣言以及侵犯他人隐私等违法行为，损害他人合法权益。

《网络信息内容生态治理规定》第二十二条规定：网络信息内容服务使用者和网络信息内容生产者、网络信息内容服务平台不得通过发布、删除信息以及其他干预信息呈现的手段侵害他人合法权益或者谋取非法利益。

《网络信息内容生态治理规定》第二十三条规定：网络信息内容服务使用者和网络信息内容生产者、网络信息内容服务平台不得利用深度学习、虚拟现实等新技术新应用从事法律、行政法规禁止的活动。

《网络信息内容生态治理规定》第二十四条规定：网络信息内容服务使用者和网络信息内容生产者、网络信息内容服务平台不得通过人工方式或者技术手段实施流量造假、流量劫持以及虚假注册账号、非法交易账号、操纵用户账号等行为，破坏网络生态秩序。

《网络信息内容生态治理规定》第二十五条规定：网络信息内容服务使用者和网络信息内容生产者、网络信息内容服务平台不得利用党旗、党徽、国旗、国徽、国歌等代表党和国家形象的标识及内容，或者借国家重大活动、重大纪念日和国家机关及其工作人员名义等，违法违规开展网络商业营销活动。

案例 接入官方程序劫持流量

为加强对疫情防控管理，佛山市南海政数部门自主研发了小程序"佛山南海通（战疫版）"，载有"南海电子通行证""疫情信息征集""肺炎自查求助"等功能。外省某网络科技有限公司注册了名为"南海电子通行证"的微信公众号，接入"佛山南海通（战疫版）"小程序，在公众号发布广告等营利性商业信息。其行为已违反《网络信息内容生态治理规定》第二十四条相关规定，经协调，该微信公众号被责令改名并停止接入小程序。

案例 假冒政府部门网站

佛山市禅城区教育局官网原域名 www.ccjy.cn 在停用后，被新注册使用者多次冒用，并以教育系统名义发布虚假招生信息，链接到非法赌博网站。其行为已严重违反《网络安全法》第十二条，《互联网信息服务管理办法》第十五条第九款，《网络信息内容生态治理规定》第二十五条等相关规定，经调查、取证、协调处置，该网站被依法关闭。

案例　"皮皮搞笑"网络社区发布涉疫情有害短视频被下架

　　2020 年 2 月，国家网信办指导地方网信办对群众举报的"皮皮搞笑"网络社区平台涉新型冠状病毒感染的肺炎疫情有害短视频、散布恐慌情绪等信息内容进行了严肃处理，第一时间进行应用商店下架处置；就百度等网站平台部分产品对用户发布违规信息管理不严、虎嗅等网站平台在涉疫情报道中存在违规从事互联网新闻信息服务等问题依法约谈，责令立即停止违法违规行为，进行全面深入整改，有关网站平台关停相关问题栏目；对新浪微博、腾讯、字节跳动等互联网企业所属网站平台进行专项督导；对"网易财经""新浪微天下""谷雨实验室""史上最贱喵"等网络账号违规自采、传播不实信息等问题，及时进行处置。

3.5　本章小结

　　《网络信息内容生态治理规定》的出台，明确了网络信息内容的红线和底线，细化了治理手段和标准，也为更好引导网民参与网络生态治理工作提供了思路和方法。一方面要加大正面宣传力度，以鲜活的展现形式和视觉效果提升网民的阅读体验，引导网民对网络生态治理的认知；另一方面要畅通监督举报渠道，为网民提供便捷的举报方式、举报查询、违法和不良信息的判定、有害信息如何准确举报等服务性信息，提升网民对网络生态治理工作的认可度和参与度，鼓励网民自觉充当网络"监督员"，共建生态良好网络家园。

3.6　案例分析——闫某与北京新浪互联信息服务有限公司、北京百度网讯科技有限公司侵犯名誉权、隐私权纠纷案

　　某新浪博客博主发表涉及原告个人隐私的文章，原告先后向新浪公司和百度公司发

出律师函要求采取必要措施，新浪公司在诉讼中未提交证据证明其采取了删除等必要措施，百度公司则提供证据证明采取了断开链接、删除等措施。原告起诉要求两公司提供博主的个人信息。

北京市海淀区法院认为，新浪公司不能证明其已尽到《互联网电子公告服务管理规定》所规定的事前提示和事后监督义务，应承担相应不利法律后果。百度公司在百度网站首页、"百度知道"首页、"百度百科"首页公示了权利人的投诉渠道和投诉步骤，设置了投诉链接及权利声明，并明确提示网络用户的注意义务，已尽到了法定的事前提示和提供有效投诉渠道的事后监督义务，不承担侵权责任。新浪公司未能举证证明接到原告通知后采取了必要措施，应承担侵权责任；百度公司则在接到原告通知后及时采取了断开链接、删除等措施，不承担侵权责任。原告要求新浪公司提供博主的 IP 地址和全部注册信息，包括但不限于姓名、地址、联系方式等资料，由于两个博客的内容涉及了原告的人格权益，原告有权知晓该网络用户的个人信息以便主张权利，新浪公司应当在网络技术力所能及的范围内，向原告披露上述两位博主的网络用户信息，以维护其保护自身合法权益的信息知情权，应予支持。

解读：

网络侵权案件的一大特点就是网络的匿名性，如何确定侵权人的个人身份，常常成为阻碍原告维护自身权利的障碍。但是，另一方面，互联网公司又负有法定的对网络用户的保密义务，如何处理两者之间的关系？通过诉讼的方式，由人民法院对原告请求网络服务提供者提供网络用户个人信息的要求进行审查后并作出判断，能够较好地实现两者的平衡。

第4章 了解《网络短视频平台管理规范》

《网络短视频平台管理规范》是中国网络视听节目服务协会发布的行业规范，于2019年1月9日正式发布。《网络短视频平台管理规范》及时吸收总结了短视频网站的经验，根据网络视听管理政策新要求，对平台应遵守的总体规范、账户管理规范、内容管理规范和技术管理规范提出了20条建设性要求。

4.1 设立原则

近年来，国内网络短视频平台大量涌现，与人民群众的精神文化生活联系日益密切，特别是短视频以其视听化自我表达、群圈化分享推送、随时随地传播、碎片化时间观看等特点深受广大青少年的喜爱。根据Mob研究院及弗若斯特沙利文数据中心提供的数据报告表明，截止到2020年2月，短视频行业用户规模突破6.4亿，渗透率高达80%，月人均使用时长超过20小时，伴随着用户基数和用户黏性的持续增长，中国短视频营销行业营收规模由2015年的2.7亿美元增长至2019年的82.3亿美元，预计至2024年突破250亿美元。

中国网络视听节目服务协会常务理事会会议2018年12月28日审议通过了两份文本。央视网、芒果TV、腾讯视频、优酷、爱奇艺、搜狐、哔哩哔哩、今日头条、快手、秒拍等开展短视频业务的平台参与了文本的起草和制定。

这是协会各会员单位对照网络视听管理政策要求，主动开展的行业自律行动，有利于规范短视频行业发展，促进短视频内容质量提升。

通过行业协会推动，促进短视频平台自觉承担社会责任，弘扬主流价值观，为社会注入正能量，坚决抵制防范低俗有害内容传播，对保护青少年健康成长、营造清朗网络空间具有积极意义。

法条解析：2019年1月9日，中国网络视听节目服务协会公布了《网络短视频平台管理规范》以及网络短视频内容审核标准的100条细则。其中，《网络短视频平台管理规范》从内容管理、审核制度、认证体系、技术要求四方面对短视频平台作出整体规范，而100条细则又在内容审查层面将审核标准深入细化。

认真阅读《网络短视频平台管理规范》之后，从中总结出十大关键词，并结合文件中的重点内容作出如下解读。

一、正能量

（1）网络短视频平台应当积极引入主流新闻媒体和党政军机关团体等机构开设账户，提高正面优质短视频内容供给。

（2）网络短视频平台在内容版面设置上，应当围绕弘扬社会主义核心价值观，加强正向议题设置，加强正能量内容建设和储备。

（3）网络短视频平台应当合理设计智能推送程序，优先推荐正能量内容。

从主流官方媒体入驻到正能量内容储备增大，并享受优先推荐，短视频平台已经被纳为正能量内容传播的重要一环，这与短视频平台迅速增长的活跃用户有关。根据 Mob 研究院提供的数据报告表明，截至 2020 年 2 月，短视频行业用户规模突破 6.4 亿，渗透率高达 80%，月人均使用时长超过 20 小时。

短视频平台的用户覆盖面积不断扩大，影响力迅速走高，所需要承担的社会责任也必将越来越大。未来，主流官方媒体将入驻更多短视频平台，在年轻人大面积聚集的新型互联网社交平台中开辟发声窗口，传播"正面优质"内容。

二、先审后播

网络短视频平台实行节目内容先审后播制度。平台上播出的所有短视频均应经过内容审核后方可播出，包括节目的标题、简介、弹幕、评论等内容。

此前，先审后播制度只应用于影视综艺等视频内容，而今，此项制度在短视频中同步生效，也在一定程度上表明相关部门对短视频平台的监管力度正在向影视综艺等内容平台看齐。

值得注意的是，短视频中的用户弹幕、评论也需要在审核后发布。弹幕和评论都是观众表达态度的途径，审核虽然能够过滤违规违法内容，但也可能因此对用户的表达积极性造成影响，甚至会成为平台控评的手段。

尤其对弹幕而言，作为用户观看视频过程中的一种实时互动方式，弹幕已经被众多年轻群体接受并使用，弹幕量甚至已经成为衡量视频热度的一个维度。弹幕经审核后发布不仅将增大短视频平台的审核难度，也很可能会影响用户交流的即时性，进而影响观看体验。

三、审查队伍

网络平台开展短视频服务，应当根据其业务规模，同步建立政治素质高、业务能力强的审核员队伍。审核员应当经过省级以上广电管理部门组织的培训，审核员数量与上传和播出的短视频条数应当相匹配。原则上，审核员人数应当在本平台每天新增播出短视频条数的千分之一以上。

根据《网络短视频平台管理规范》中的要求，短视频平台的内容审查主要为自审自查，但审查队伍需要经过省级以上广电管理部门组织的培训，达到政治素质高、业务能力强的要求。

在审核队伍的规模限制上，《网络短视频平台管理规范》要求每 1000 条短视频需要配置 1 名审核员。据统计，今日头条在 2017 年底，平台每天的短视频上传量就达到了2000 万条，那么仅在今日头条一个平台就需要招聘 2 万名审核员。另外，截至 2018 年 6 月，抖音的日活跃用户达到 1.5 亿，假如每天每 2 个人上传 1 条短视频，那么平台的日上传量为 7500 万条，需要匹配的审核员规模为 7.5 万人。

按此推算，这项要求落实之后，各个短视频平台审核成本将大幅增长。

四、保护版权

（1）网络短视频平台应当履行版权保护责任，不得未经授权自行剪切、改编电影、电视剧、网络电影、网络剧等各类广播电视视听作品；不得转发 UGC（个人注册账户）上传的电影、电视剧、网络电影、网络剧等各类广播电视视听作品片段；在未得到 PGC（机构注册账户）机构提供的版权证明的情况下，也不得转发 PGC 机构上传的电影、电视剧、网络电影、网络剧等各类广播电视视听作品片段。

（2）网络短视频平台不得转发国家尚未批准播映的电影、电视剧、网络影视剧中的片段，以及已被国家明令禁止的广播电视节目、网络节目中的片段。

从这几条规定来看，监管部分对短视频内容的版权保护进一步增强，将在一定程度上遏制用户对广播电视视听作品的随意拼接。另外，一般的普通用户不再享有上传电影、电视剧、网络电影、综艺的权利，平台 UP 主（uploader，指在视频网站、论坛、ftp 站点上传视频音频文件的人）的搬运能力或将受限。

同时，对于还未拿到播映许可证的电影、电视剧、网络电影、综艺，也不能提前放出视频传播物料。但大多影视项目往往在拍摄完成后一边送审、一边定档、一边宣传，这项政策落地后，影视作品常规的营销计划和运作时间或将重新规划。

五、未成年监护

网络短视频平台应当建立未成年人保护机制，采用技术手段对未成年人在线时间予以限制，设立未成年人家长监护系统，有效防止未成人沉迷短视频。

根据 CNNIC《第 42 次中国互联网统计报告》中的相关数据显示，短视频平台的用户群体整体的年龄结构在 24 岁以下的群体，占比为 28.5%，其中包含大量的未成年用户。在这样的受众规模上，短视频平台确实需要在对未成年人的保护上肩负起更多的责任。在 100 条细则中，监管部门也对不利于未成年人身心健康的内容作出具体定义，包括早恋、打架斗殴、吸毒、性暗示等。

六、封杀劣迹艺人

短视频平台不得为包括吸毒嫖娼在内的各类违法犯罪人员及黑恶势力人物提供宣传平台，着重展示其积极一面。

近年来，有过吸毒、嫖娼等劣迹的艺人群体越来越多。然而，虽然这些艺人已经受到法律制裁，但仍有粉丝群体愿意为其作品买单，使他们重回大众视野成为可能。而此项政策明确限制了吸毒嫖娼人员的宣传渠道，也将进一步加大劣迹艺人洗白或复出的难度。

七、限制不良文化

短视频平台不得宣扬不良、消极颓废的人生观、世界观和价值观的内容，包括拜金主义、享乐主义、"丧"文化等。

拜金主义认为金钱可以主宰一切，把追求金钱作为人生至高目的的人生观。其特征是，拜金主义人生观将金钱神秘化、神圣化，视金钱为圣物，以追逐和获取金钱作为人生的目的和生活的全部意义，金钱成为衡量人生价值的唯一标准。用拜金主义指导生活实践，并由此确立人生目的，其危害显而易见。拜金主义是引发钱权交易、行贿受贿、贪赃枉法等丑恶现象的重要思想根源。

享乐主义是一种把享乐作为人生目的的人生观，主张人生的唯一目的和全部内容就在于满足感官的需求与快乐。人们在辛勤劳作之后享受生活，这是正当的需要，是有利于经济社会发展的。然而，如果把享乐尤其是感官的享乐变成人生的唯一目的，作为一种"主义"去诠释人生的全部意义，则是对人的需要的一种褊狭理解，由此确立的人生目的是不正确的。

另外，在100条细则中，"丧"文化也被列为不良人生观之一。"丧"文化是一种不良、消极颓废的人生观。偶尔抒发消极情绪本无可厚非，但"丧"成了主流情绪，颓废、慵懒、消极的负面情绪成为了绝大多数时候的状态，这不论对于年轻人自身身心健康发展，还是对于这个社会的进步，都有着巨大的危害。对于年轻人而言，过多的负面情绪和"丧"的渲染，容易导致其自我麻痹，不思进取，浑浑噩噩地虚度日子。整天沉溺于对生活失望甚至绝望的情绪中，过度表达对社会的不满，长期以来，就会像长期没有阳光的屋子一样变得阴暗，性格容易"变质"，不利于心理健康。

八、抵制低俗

短视频平台不得展示淫秽色情，渲染庸俗低级趣味，宣扬不健康和非主流的婚恋观的内容。

有些人对低俗内容的接受度没有下限，内容平台必须从源头截断此类内容的传播。

2018年以来，已经有多家短视频平台被约谈，下线整改。大多平台都自发加强自审自查的力度，下架相关问题视频，封禁问题账户，增加审核敏感词等。由此可见，监管部门对低俗内容向来零容忍，任何平台都不要试图以打擦边球的方式为低俗内容提供传播土壤。

九、实名认证

网络短视频平台对在本平台注册账户上传节目的主体，应当实行实名认证管理制度。对机构注册账户上传节目的（简称PGC），应当核实其组织机构代码证等信息；对个人注册账户上传节目的（简称UGC），应当核实身份证等个人身份信息。

短视频平台全面落实实名认证制度，将在一定程度上增强个人或机构的责任意识，对所上传的内容先行把控，防止虚假信息、低俗内容等违法违规视频的传播。这不仅有利于短视频平台实现规范化管理，也有利于监管部门执行责任追究制度。

十、共享"黑名单"

（1）网络短视频平台应当建立"违法违规上传账户名单库"。一周内三次以上上传含有违法违规内容节目的UGC账户，及上传重大违法内容节目的UGC账户，平台应当将其身份信息、头像、账户名称等信息纳入"违法违规上传账户名单库"。

（2）各网络短视频平台对"违法违规上传账户名单库"实行信息共享机制。对被列入"违法违规上传账户名单库"中的人员，各网络短视频平台在规定时期内不得为其开通上传账户。

各网络短视频平台将在抵制违法违规内容传播者的过程中走向联合，通过实名认证之后，对于在某平台存在传播非法内容的用户，也将同步被其他短视频平台列入"黑名单"，进而被全平台封杀。这将在很大程度上抬高不法分子的犯罪门槛，遏制其利用互联网传播违法内容的行为。

案例　　国家版权局约谈短视频平台

随着短视频的高速发展，侵权情况屡见不鲜。

但人们似乎并没有版权意识，该搬运的搬运，该侵权的侵权。几乎没有人站出来维权，打击侵权只能依靠国家版权局的约谈和"剑网行动"。

2018 年 9 月，国家版权局就约谈了包括抖音、快手、B 站在内的 15 家重点短视频平台企业，约谈的核心内容就是版权问题。

随后，抖音平台通过自查、用户举报等方式，共下架版权相关音频 751 个、视频 5284 个、重置用户资料 81 个，永久封禁严重侵权用户 11203 个，封禁轻微侵权用户（6 个月）4140 个。

案例　　快手：2 月平均每天清理违规短视频内容约 16070 条

快手官方在 2019 年发布通报称，快手平台 2 月平均每天清理违规短视频内容约 16070 条；平均每天处置违规直播间约 2744 个；平均每天关闭账号直播权限约 36 个；平均每天处置有效视频类举报约 1830 条；平均每天处置直播类有效举报约 284 个；平均每天封禁账号约 819 个。

快手方面表示，平台一直致力于为广大用户营造积极、健康、绿色、公平的内容生态环境，对涉及暴力、色情、谣言、诈骗等违法有害内容零容忍。除了坚决落实《互联网信息服务管理办法》《互联网直播服务管理规定》《网络表演经营活动管理办法》《网络短视频平台管理规范》等相关法律法规具体要求，全力配合政府监管部门行动指示外，快手科技拥有全面严格的平台审核规范机制，对用户上传的视频、发起的直播进行安全把控。

同时，快手称，快手科技成立行业首家"社区自律委员会"，邀请知名学者、媒体人和普通用户共同参与对快手的监督。并且，快手科技在平台内设置了完善的用户"一键举报"功能，并在网站首页公示 24 小时举报电话及邮箱。

快手表示，坚决执行法律法规与管理部门规定，从严管理平台内容质量，并不断加强与完善管理手段，维护良好的网络文化氛围，建设健康向上的内容平台。

4.2　总体规范

（1）开展短视频服务的网络平台，应当持有《信息网络传播视听节目许可证》（AVSP）等法律法规规定的相关资质，并严格在许可证规定的业务范围内开展业务。

（2）网络短视频平台应当积极引入主流新闻媒体和党政军机关团体等机构开设账户，提高正面优质短视频内容供给。

（3）网络短视频平台应当建立总编辑内容管理负责制度。

（4）网络短视频平台实行节目内容先审后播制度。平台上播出的所有短视频均应经内容审核后方可播出，包括节目的标题、简介、弹幕、评论等内容。

（5）网络平台开展短视频服务，应当根据其业务规模，同步建立政治素质高、业务能力强的审核员队伍。审核员应当经过省级以上广电管理部门组织的培训，审核员数量与上传和播出的短视频条数应当相匹配。原则上，审核人数应当在本平台每天新增播出短视频条数的千分之一以上。

（6）对不遵守本规范的，应当实行责任追究制度。

法条解析： 从事信息网络传播视听节目业务，应取得《信息网络传播视听节目许可证》。《信息网络传播视听节目许可证》由广电总局按照信息网络传播视听节目的业务类别、接收终端、传输网络等项目分类核发。

《信息网络传播视听节目许可证》的业务类别分为播放自办节目、转播节目和提供节目集成运营服务等。接收终端分为计算机、电视机、手机及其他各类电子设备。该证书与此前广电总局颁发的《广播电视节目制作经营许可证》所不同的是，获得制作经营许可证的企业将有权独立制作包括广播剧、电视剧等视频内容，而获得视听许可证的企业依然无权独立制作视频节目。

案例 **短视频平台上线青少年防沉迷系统**

中国互联网络信息中心 2019 年 2 月 28 日发布的第 43 次《中国互联网络发展状况统计报告》显示，截至 2018 年 12 月，我国短视频用户规模达 6.48 亿，其中大部分为青少年用户。另据 2018 年 5 月共青团中央维护青少年权益部、中国社科院社会学所和腾讯公司联合发布的《中国青少年互联网使用及网络安全情况调研报告》，20% 青少年"几乎总是"在看短视频。

目前来看，短视频对青少年的影响主要有两点，一是在短视频上耗费了太多时间，原本用于学习、运动和其他娱乐的时间都没有了，接触其他文化生活的机会也失去了。二是有些短视频传输不健康生活观和价值观，特别是一些引起刷屏和偏激极端的短视频，会对青少年造成不好示范。

短视频作为一种内容输出，是需要社会舆论支持的。如果继续野蛮生长，问题将愈加严峻。2019 年 1 月 9 日，中国网络视听节目服务协会发布《网络短视频平台管理规范》提出："网络短视频平台应当建立未成年人保护机制，采用技术手段对未成年人在线时间予以限制，设立未成年人家长监护系统，有效防止未成年人沉迷短视频。"如今，抖音、快手、火山小视频等试点上线青少年防沉迷系统，这不仅体现了行业责任，也体现了行业对于自身发展的长远眼光。

"青少年防沉迷系统"内置于短视频 App，用户每日首次打开 App 时，系统以弹窗形式提示用户设置"青少年模式"。进入该模式后，用户使用时段、服务功能、在线时长都将受到限制，而且只能访问 App 推送的青少年专属内容，不能自己以关键词检索。

案例 一批社会直播和短视频网站开展自查 封禁主播2083个

2018 年 5 月 10 日，据国家广播电视总局网站消息，年初以来，针对网络视频行业存在的突出问题，国家广播电视总局会同属地管理部门以约谈、整改、下架、永久关闭问题产品等"组合重拳"开道，依法严肃问责了"今日头条""快手"等问题性质严重的视频网站，监督其全面深入整改，深刻反思企业应尽的社会责任，对全行业形成警示和教育，带动了一批社会直播和短视频网站自查自纠，进一步深度清理了网络空间的精神毒品、垃圾和糟粕，促使相关互联网企业进一步提升了责任意识、强化了管理措施。

据统计，近一个月来，微博、秒拍、好看视频、好兔视频、快视频、虎牙、斗鱼等短视频和直播网站以及腾讯视频、优酷、爱奇艺等综合性视频网站，纷纷响应管理要求，组建专项清查团队，集中对涉黄、格调低俗、宣扬暴力、恶搞经典、歪曲历史、非法剪辑拼接等问题节目进行清理，共计自查清理下线问题音视频节目 150 余万条，封禁违规账户 4 万余个，关闭直播间 4512 个，封禁主播 2083 个，拦截问题信息 1350 多万条。

据悉，在主动清理问题节目的同时，各家网站均重视和加强了审核管理长效机制建设。有的网站新增完善了涉及恶搞经典、儿童邪典和相关有害敏感信息关键词库 8800 余条，建立了有害视频样本库，提高了问题节目的排查能力，遏制了问题节目的再次传播。有的定期发布不良信息自查通告，公布下架节目名单和处罚账号，公开不良内容举报电话，鼓励社会监督。有的升级账号管理措施，将黑名单与身份证、手机号信息挂钩，并应用人脸识别技术进行用户认证。有的建立红色经典节目库对节目源进行保护。有的新建正能量内容池，进行首屏优先推荐。有的制定增加了公序良俗审核标准和未成年人保护防控手段。

案例 快手平台"净网行动"

2019 年 9 月 11 日，快手社区官方账号"快手小管家"发布封禁恶意炒作账号的处罚公告，对一批涉嫌恶意炒作、低俗八卦、刻意炫富、严重扰乱社区秩序、有违社会公序良俗的账号进行封禁处理。快手官方表示，社区一直致力于为广大用户营造积极、健康、绿色、公平的内容生态环境，对扰乱社区秩序的行为零容忍。此前，社区管理官方账号"快手小管家"已多次针对社区规则及用户处罚情况发布公告。相关负责人表示，快手对涉嫌恶意炒作的行为绝不姑息，也提醒广大用户严格遵守相关法律法规及社区规则，维护社区生态，也鼓励用户对不良内容积极举报，和快手一起共建清朗社区。2019 年 9 月 25 日，快手社区官方账号发布处罚公告，再度封禁 39 个高粉账号。据了解，自 11 日启动恶意炒作专项整治行动后，快手每周都会公布一批封禁名单，目前已有超过 100 个高粉账号被封禁，其中不乏六七百万粉丝的知名大 V。据平台介绍，此次专项整治主要针对几种典型的恶意炒作行为，例如以猎奇手法恶意展现他人身体缺陷，歧视残障人士；编造经历虚构生活困难事实骗取同情；宣扬不良婚恋观及家庭观念，炒作婚外情或家庭成员关系等；声称或煽动打架斗殴等扰乱社会秩序行为；炒作社区用户纠纷，恶意煽动用户群体对立等。

4.3 重点法条解析

中国网络视听节目服务协会发布《网络短视频平台管理规范》，提出开展短视频服务的网络平台，应持有《信息网络传播视听节目许可证》（AVSP），并严格在许可证规定的业务范围内开展业务，建立总编辑内容管理负责制度，节目应先审后播。

4.3.1 内容管理规范

（1）网络短视频平台在内容版面设置上，应当围绕弘扬社会主义核心价值观，加强正向议题设置，加强正能量内容建设和储备。

（2）网络短视频平台应当履行版权保护责任，不得未经授权自行剪切、改编电影、电视剧、网络电影、网络剧等各类广播电视视听作品；不得转发 UGC 上传的电影、电视剧、网络电影、网络剧等各类广播电视视听作品片段；在未得到 PGC 机构提供的版权证明的情况下，也不得转发 PGC 机构上传的电影、电视剧、网络电影、网络剧等各类广播电视视听作品片段。

（3）网络短视频平台应当遵守国家新闻节目管理规定，不得转发 UGC 上传的时政类、社会类新闻短视频节目；不得转发尚未核实是否具有视听新闻节目首发资质的 PGC 机构上传的时政类、社会类新闻短视频节目。

（4）网络短视频平台不得转发国家尚未批准播映的电影、电视剧、网络影视剧中的片段，以及已被国家明令禁止的广播电视节目、网络节目中的片段。

（5）网络短视频平台对节目内容的审核，应当按照国家广播电视总局和中国网络视听节目服务协会制定的内容标准进行。

案例 **禁止假吃催吐等行为**

2020 年 8 月 12 日，央视新闻在一条《餐饮浪费 如何制止？》的新闻节目中批评了部分网络"大胃王吃播"浪费严重的现象，称此举浪费严重，误导消费，引起广泛讨论。目前，在 B 站、快手、虎牙等直播平台，都设有美食栏目，而其中的一部分就是吃播主播。

8 月 12 日，斗鱼回应称：将积极响应中央相关号召，加强对之后的美食类直播内容审核，杜绝餐饮浪费行为，共创风清气朗的直播氛围。

12 日晚，抖音以及快手相关负责人表示，针对目前网络上吃播内容有浪费粮食，或是以假吃、催吐、宣扬量大多吃等方式博眼球的行为，平台将进行严肃处理，或给予删除作品、关停直播、封禁账号等处罚。

8 月 13 日，中国演出行业协会网络表演（直播）分会提示各会员企业，要进一步加强直播内容管理，特别是要重点关注以美食类为主要内容的直播，加强引导树立正确的饮食消费观，坚决禁止在直播中出现假吃、催吐、猎奇、宣扬暴大多吃，暴饮暴食，以及其他铺张浪费的直播行为。同时也提醒广大美食类主播，追求刺激，过度娱乐，博取眼球，舌尖浪费等行为不可取。推荐美食，分享快乐，适度适量方能行稳致远。

"吃播"是从 2014 年底 2015 年初在韩国网络上兴起的一种"美食真人秀"节目，具体来说，就是坐在家中的网络摄像头前，向网友直播自己吃饭的过程，依靠"吃相"的受欢迎程度获得"打赏"。

案例　短视频传播暴恐视频及血腥图片

2017 年 1 月 16 日，赤峰市巴林右旗公安局接到上级公安机关的通报称：一右旗籍网民在"快手"平台上上传暴恐视频及血腥图片。赤峰市中级人民法院对该案件作出判决，被告人姜某某犯宣扬恐怖主义罪，判处有期徒刑三年，并处罚金 3000 元；犯非法持有宣扬恐怖主义物品罪，判处有期徒刑一年，并处罚金 1000 元，决定执行有期徒刑三年六个月，并处罚金 4000 元。

案例　发布衣着暴露视频

2019 年 4 月 8 日，四川荣县公安局发布警情通报称，2018 年以来，四川省仁寿县唐某某（女）为博取眼球、增加粉丝和视频观看量，在农田中拍摄穿着鲜艳暴露、佩戴红领巾的捕鱼视频，以"宜宾盈盈"账号在快手平台先后上传剪辑后的四段视频，被各地网民纷纷观看转发，视频播放量高达 300 余万次。红领巾是中国少年先锋队的标志，它代表红旗的一角，是革命先烈的鲜血染成。唐某某的行为已严重亵渎红领巾象征的爱国英烈、少年先锋队的荣誉、人民群众的爱国情感，造成了恶劣社会影响。2019 年 3 月28 日，唐某某被警方查获，根据《治安管理处罚法》规定，警方依法对涉嫌寻衅滋事的违法行为人唐某某予以行政拘留 12 日并处罚款 1000 元，责令其删除相关视频。帮助其录制视频的吴某某也被警方教育训诫。"快手"平台很快公开道歉，第一时间永久封禁"宜宾盈盈"账号，删除相关视频。

4.3.2　标题、简介、弹幕、评论均需审核

《网络短视频平台管理规范》要求，网络短视频平台应当积极引入主流新闻媒体和党政军机关团体等机构开设账户，提高正面优质短视频内容供给；应当建立总编辑内容管理负责制度，实行节目内容先审后播制度。平台上播出的所有短视频均应经内容审核后方可播出，包括节目的标题、简介、弹幕、评论等内容。

《网络短视频平台管理规范》提出，应当根据业务规模，同步建立政治素质高、业务能力强的审核员队伍。审核员应当经过省级以上广电管理部门组织的培训，审核员数量与上传和播出的短视频条数应当相匹配。原则上，审核员人数应当在本平台每天新增播出短视频条数的千分之一以上。

对不遵守本规范的，应当实行责任追究制度。

🔧 法条解析：严守先审后播，内容不再想发就能发

互联网时代，人人都可能成为信息的传播者。有的人上传短视频是自娱自乐，有人上传短视频分享新奇发现，也有人上传短视频是为吸引流量。面对良莠不齐的视频内容，任何稍不注意的漏洞，就会被不轨之徒利用，产生极坏的社会影响。

此次《网络短视频平台管理规范》明确规定，用户使用短视频必须实名注册，同时，网络短视频平台实行节目内容先审后播制度。平台上播出的所有短视频均应经内容审核后方可播出，包括节目的标题、简介、弹幕、评论等内容。这也就是说，用户在玩转短视频的过程中，不再是想发什么就发什么。

不过，人们也不用担心发布内容后会等待很长时间才能通过，影响个人使用。按照《网络短视频平台管理规范》，短视频平台需要按照自身规模建立审核员队伍。审核员数量与上传和播出的短视频条数应当相匹配，原则上，审核员人数应当在本平台每天新增播出短视频条数的千分之一以上。这为保障用户体验不受影响提供了保障。

案例　短视频、直播带货违规禁用语

一、严禁使用极限用语

（1）严禁使用国家级、世界级、最高级、第一、唯一、首个、首选、顶级、国家级产品、填补国内空白、独家、首家、最新、最先进、第一品牌、金牌、名牌、优秀、全网销量第一、全球首发、全国首家、全网首发、世界领先、顶级工艺、王牌、销量冠军、第一（NO1\Top1）、极致、永久、王牌、掌门人、领袖品牌、独一无二、绝无仅有、史无前例、万能等。

（2）严禁使用最高、最低、最、最具、最便宜、最新、最先进、最大程度、最新技术、最先进科学、最佳、最大、最好、最新科学、最新技术、最先进加工工艺、最时尚、最受欢迎、最先等含义相同或近似的绝对化用语。

（3）严禁使用绝对值、绝对、大牌、精确、超赚、领导品牌、领先上市、巨星、著名、奢侈、世界全国 X 大品牌之一等无法考证的词语。

（4）严禁使用 100%、国际品质、高档、正品等虚假或无法判断真伪的夸张性表述词语。

二、违禁时限用语

限时须有具体时限，所有团购须标明具体活动日期，严禁使用随时结束、仅此次、随时涨价、马上降价、最后一波等无法确定时限的词语。

三、违禁权威性词语

（1）严禁使用国家 XX 领导人推荐、国家 XX 机关推荐、国家 XX 机关专供（特供）等借国家、国家机关工作人员名称进行宣传的用语。

（2）严禁使用质量免检、无需国家质量检测、免抽检等宣称质量无需检测的用语。

（3）严禁使用人民币图样（央行批准的除外）。

（4）严禁使用老字号、中国驰名商标、特供、专供等词语。

四、严禁使用点击 XX 词语

严禁使用疑似欺骗消费者的词语，例如"恭喜获奖""全民免单""点击有惊喜""点击获取""点击试穿""领取奖品""非转基因更安全"等文案元素。

五、严禁使用刺激消费词语

严禁使用激发消费者抢购心理词语，如"秒杀""抢爆""再不抢就没了""不再便宜了""错过就没机会了""万人疯抢""抢疯了"等词语。

六、疑似医疗用语（普通商品，不含特殊用途化妆品、保健食品、医疗器械）

（1）全面调整人体内分泌平衡；增强或提高免疫力；助眠；失眠；滋阴补阳；壮阳；

（2）消炎；可促进新陈代谢；减少红血丝；产生优化细胞结构；修复受损肌肤；治愈（治愈系除外）；抗炎；活血；解毒；抗敏；脱敏；

（3）减肥；清热解毒；清热祛湿；治疗；除菌；杀菌；抗菌；灭菌；防菌；消毒排毒；

（4）防敏；柔敏；舒敏；缓敏；褪敏；改善敏感肌肤；改善过敏现象；降低肌肤敏感度；

（5）镇定；镇静；理气；行气；生肌肉；补血；安神；养脑；益气；通脉；

（6）胃胀蠕动；利尿；驱寒解毒；调节内分泌；延缓更年期；补肾；祛风；生发；

（7）防癌；抗癌；

（8）祛疤；降血压；防治高血压；治疗；

（9）改善内分泌；平衡荷尔蒙；防止卵巢及子宫的功能紊乱；去除体内毒素；吸附铅汞；

（10）除湿；润燥；治疗腋臭；治疗体臭；治疗阴臭；

（11）美容治疗；消除斑点；斑立净；无斑；治疗斑秃；逐层减退多种色斑；妊娠纹；

（12）毛发新生；毛发再生；生黑发；止脱；生发止脱；脂溢性脱发；病变性脱发；毛囊激活；

（13）酒糟鼻；伤口愈合清除毒素；

（14）缓解痉挛抽搐；减轻或缓解疾病症状；处方；药方；经临床观察具有明显效果；

（15）丘疹；脓疱；手癣；甲癣；体癣；头癣；股癣；脚癣；脚气；鹅掌癣；花斑癣；牛皮癣；传染性湿疹；

（16）伤风感冒；经痛；肌痛；头痛；腹痛；便秘；哮喘；支气管炎；消化不良；

（17）刀伤；烧伤；烫伤；疮痛；毛囊炎；皮肤感染；皮肤面部痉挛等疾病名称或症状；

（18）细菌、真菌、念珠菌、糠秕孢子菌、厌氧菌、芽孢菌、痤疮、毛囊寄生虫等微生物名称；

（19）雌性激素、雄性激素、荷尔蒙、抗生素、激素；

（20）药物；中草药；中枢神经；

（21）细胞再生；细胞增殖和分化；免疫力；患处；疤痕；关节痛；冻疮；冻伤；

（22）皮肤细胞间的氧气交换；红肿；淋巴液；毛细血管；淋巴毒等。

七、迷信用语

带来好运气、增强第六感、化解小人、增加事业运、招财进宝、健康富贵、提升运气、有助事业、护身、平衡正负能量、消除精神压力、调和气压、逢凶化吉、时来运转、万事亨通、旺人、旺财、助吉避凶、转富招福等。

八、化妆品虚假宣传用语

特效；高效；全效；强效；速效；速白；一洗白；XX 天见效；XX 周期见效；超强；激活；全方位；全面；安全；无毒；溶脂、吸脂、燃烧脂肪；瘦身；瘦脸瘦腿；减肥；延年益寿；提高（保护）记忆力；提高肌肤抗刺激；消除；清除；化解死细胞；去（祛）除皱纹；平皱；修复断裂弹性（力）纤维；止脱；采用新型着色机理永不褪色；迅速修复受紫外线伤害的肌肤；更新肌肤；破坏黑色素细胞；阻断（阻碍）黑色素的形成；丰乳、丰胸、使乳房丰满、预防乳房松弛下垂（美乳、健美类化妆品除外）；改善（促进）睡眠；舒眠等。

案例 关停违法短视频应用

2018 年年中，网信办会同五部门关停了"内涵福利社""夜都市 Hi""发你视频"等 3 款网络短视频应用。据网信办官方报道，理由是上述短视频平台"放任传播低俗、恶搞、荒诞甚至色情、暴力等违法和不良信息，盗用篡改他人版权影视作品，炮制推荐'标题党'内容"。

案例 短视频名誉权纠纷案

原、被告原系情侣关系，后因双方发生矛盾导致分手。2019 年 2 月至 4 月，被告李某某运用自己实名注册的抖音共发布 5 条与原告有关的抖音短视频，视频内容为原告的照片或者附有原告照片的视频，视频文字为"'某某公交司机王某某借我钱买房和办房产证，问她要不还，不认账，现在跑到某某地''开公交车没几个工资，多找男人来睡，工资要翻好几倍''我是贵州某地人，以前在某地开公交车，现在在某某地开公交车，有想睡我的请打电话包你满意'"等对原告有侮辱、贬损的字眼。被告抖音上有粉丝达 444 个，头像系原告照片。被告所发的 5 条抖音短视频均有部分抖音用户浏览、点赞，甚至留言评价。

法院认为：被告在其注册的抖音短视频中附原告的照片，发布的内容中出现"陪人睡觉""不认账"等不良评价字眼，可知被告在主观上有损害原告名誉的故意，在客观上也实施了侵害原告名誉权的行为，造成了原告生活上的困扰，对原告的人格尊严、社会评价均造成一定的负面影响，侵犯了原告的名誉权，依法应当承担侵权责任。

判决结果：被告李某某于本判决生效后十日内在其注册的抖音号发布视频向原告赔礼道歉、消除影响、恢复原告王某某的名誉（具体内容应当经本院审查，发布后至少三日内不得删除），如果被告李某某不按上述履行，法院将采取公告、登报等方式将本案判决书主要内容刊登于其他媒体上，费用由被告李某某负担。

4.3.3 建"违法违规上传账户名单库"

《网络短视频平台管理规范》提出，网络短视频平台对在本平台注册账户上传节目的主体，应当实行实名认证管理制度。

网络短视频平台对在本平台注册的机构账户和个人账户，应当与其先签署体现本《网络短视频平台管理规范》要求的合作协议，方可开通上传功能。

对持有《信息网络传播视听节目许可证》的 PGC 机构，平台应当监督其上传的节目是否在许可证规定的业务范围内。对超出许可范围上传节目的，应当停止与其合作。

《网络短视频平台管理规范》要求，网络短视频平台应当建立"违法违规上传账户名单库"。一周内三次以上上传含有违法违规内容节目的用户原创内容（UGC）账户，及上传重大违法内容节目的 UGC 账户，平台应当将其身份信息、头像、账户名称等信息纳入"违法违规上传账户名单库"。

各网络短视频平台对"违法违规上传账户名单库"实行信息共享机制。对被列入"违法违规上传账户名单库"中的人员，各网络短视频平台在规定时期内不得为其开通上传账户。

根据上传违法节目行为的严重性，列入"违法违规上传账户名单库"中的人员的禁播期，分别为一年、三年、永久三个档次。

法条解析：　上传合作账户管理规范

（1）网络短视频平台对在本平台注册账户上传节目的主体，应当实行实名认证管理制度。对机构注册账户上传节目的（简称 PGC），应当核实其组织机构代码证等信息；对个人注册账户上传节目的（简称 UGC），应当核实身份证等个人身份信息。

（2）网络短视频平台对在本平台注册的机构账户和个人账户，应当与其先签署体现本《网络短视频平台管理规范》要求的合作协议，方可开通上传功能。

（3）对持有《信息网络传播视听节目许可证》的 PGC 机构，平台应当监督其上传的节目是否在许可证规定的业务范围内。对超出许可范围上传节目的，应当停止与其合作。未持有《信息网络传播视听节目许可证》的 PGC 机构上传的节目，只能作为短视频平台的节目素材，供平台审查通过后，在授权情况下使用。

（4）网络短视频平台应当建立"违法违规上传账户名单库"。一周内三次以上上传含有违法违规内容节目的 UGC 账户，及上传重大违法内容节目的 UGC 账户，平台应当将其身份信息、头像、账户名称等信息纳入"违法违规上传账户名单库"。

（5）各网络短视频平台对"违法违规上传账户名单库"实行信息共享机制。对被列入"违法违规上传账户名单库"中的人员，各网络短视频平台在规定时期内不得为其开通上传账户。

（6）根据上传违法节目行为的严重性，列入"违法违规上传账户名单库"中的人员的禁播期，分别为一年、三年、永久三个档次。

案例　　净网在行动，多名主播被列入黑名单，禁止注册和直播！

2020 年 10 月 10 日，中国演出行业协会网络表演（直播）分会向社会公布第七批主播黑名单，47 名主播涉嫌从事违法违规活动，列入主播黑名单。

中国演出行业协会网络表演（直播）分会透露，根据《互联网文化管理暂行规定》《网络表演经营活动管理办法》《互联网直播服务管理规定》《网络短视频平台管理规范》等相关法律法规，按照《网络表演（直播）行业主播"黑名单"管理制度》《黑名单认定工作流程》规定，向社会公布第七批主播黑名单，47 名被列入黑名单的主播将在行业内禁止注册和直播，封禁期限 5 年。

互联网进入中国已经 20 多年，从 1994 年获准进入互联网开始，经历了硬件和软件的不断变革，人们的生活也与互联网息息相关。从最早的浏览网页信息查看新闻学习知识，逐渐拓展到生活中的各个方面，同时随着智能手机、4G/5G 技术的升级，手机已经在很多场合取代了电脑，移动互联时代的开启也让国内开始流行短视频、手机直播等等。但是，一些主播为了博人眼球吸引"流量"，为了个人的利益不顾网络环境的洁净，非法从事与黄、赌、毒等方面相关的直播，或者狂打"擦边球"，怀着侥幸心理相信自己的运气足够好，可以在网络上肆意妄为，但现实却给了这些违法违规之人当头一棒！

随着互联网技术的不断发展，以及国家对于网络净化的决心，"净网行动"每年都在进行。2020 年人民日报就分别于 4 月 9 日和 7 月 13 日发布了两次净网行动的消息。这两次净网行动，都是针对网络有害内容进行的。其重点关注对象就是"网络短视频""网络文学""网络游戏"以及直播平台通过低俗色情内容诱导打赏等乱象。

与此同时，中国演出行业协会网络表演（直播）分会一直都在关注网络主播的直播内容。从 2018 年开始的第一批主播封禁名单，到如今的第七批次名单，名单上的每一个名字都不冤枉，都应该受到惩罚。这些人有的拿南京大屠杀等历史开玩笑，有的如乔碧萝一样引起了不好的社会反响，有的则如同天佑一样公开宣传负能量，如吸毒、教唆粉丝骂人、炫富斗富和低俗恶搞等等。

网络不是三无地，主播不是法外之人，无论是明星、主播、网红还是普通人，请记住网络环境需要大家的共同维护，才能永葆洁净，发挥其真正的作用。

4.3.4 未经授权不得删改视听作品及片段

对于内容管理，《网络短视频平台管理规范》要求，在内容版面设置上，应当围绕弘扬社会主义核心价值观，加强正向议题设置，加强正能量内容建设和储备。同时，网络短视频平台应当履行版权保护责任，不得未经授权自行剪切、改编电影、电视剧、网络电影、网络剧等各类广播电视视听作品；不得转发 UGC 上传的电影、电视剧、网络电影、网络剧等各类广播电视视听作品片段；在未得到 PGC 机构提供的版权证明的情况下，也不得转发 PGC 机构上传的电影、电视剧、网络电影、网络剧等各类广播电视视听作品片段。

此外，网络短视频平台不得转发 UGC 上传的时政类、社会类新闻短视频节目；不得转发尚未核实是否具有视听新闻节目首发资质的 PGC 机构上传的时政类、社会类新闻短视频节目。不得转发国家尚未批准播映的电影、电视剧、网络影视剧中的片段，以及已被国家明令禁止的广播电视节目、网络节目中的片段。

✎ **法条解析：影视解说短视频是否构成侵权**

影视解说类短视频，指的是通过对影视作品进行剪辑、截取片段后加入解说的方式，在短时间内概括整部作品的主线发展，以此让观众快速了解一部作品的视频。自

2016 年"谷阿莫"凭借此类短视频走红后，大量电影解说类短视频在各平台涌现，随之而来的是一系列著作权侵权纠纷。

从法律角度看如何认定将影视剧拆分成图片或短视频解说是否构成侵权呢？不可否认的是，此类电影剪辑行为本身往往是有独创性的，因此，此类作品大多也可以构成受《著作权法》保护的作品。但是，独创性只是一种成果构成作品的条件之一，并非认定该成果是否为侵权作品的标准。在未取得版权方授权的情况下，是否合理使用是判定是否构成侵权的关键因素。

一、图解电影或短视频解说是否构成侵权？

判断被诉侵权行为是否属于适当引用的合理使用，一般要从如下几个因素考虑：

1. 使用目的

从使用者引用目的是否为介绍、评论作品或者说明问题来进行判断，是否超出以介绍、评论作品或者说明问题为目的适当引用必要性的限度。是否以商业盈利为目的并非判定侵权或成立合理使用的标准。从这个维度看，如果引用目的仅为介绍、评论作品或者说明问题，引用适当没有超出必要性的话，无论是否用于商业盈利，均不构成侵权。如果引用的目的不是为介绍、评论作品或者说明问题，引用超出必要性的话，即使是非商业性用途，也涉嫌构成侵权。

2. 内容比例

合理引用的判断标准并非取决于引用比例。一般来讲，引用比例大的，涉嫌构成侵权的可能性较大；如果引用比例小的，需要结合其他方面再做判断。引用比例小不意味着必然构成合理使用，其最终落脚点仍然是是否对作品的正常使用造成了实质不利影响，是否实质损害了该作品权利人的合法权益。内容比例大小仅为形式上的因素，法院在认定是否侵权时更注重实质性的影响，如是否引用了关键画面、主要情节。至于侵权的具体表现形式可能多样化，比如原有作品的视频、截图、片段、素材、剧照，或者改变了表现形式（文字、漫画等），核心要看具体表达内容是否发生了实质性变化。

3. 影响后果

如果起到了实质性替代作用、实质性地再现作品的完整表达方式，影响了作品的正常使用，对作品的发行传播构成威胁，对著作权人的利益构成实质损害，一般会被认定为侵权。特别是电影没有上映之前，对版权方造成的损害会更大些，对此侵权行为的打击力度也会比较大。

二、相关问题的国家法律与政策导向

其实，早在 2018 年 3 月，广电总局就已经下发特急文件《进一步规范网络视听节目传播秩序》，明确要求：坚决禁止非法抓取、剪拼改编视听节目的行为。不得擅自对经典文艺作品、广播影视节目、网络原创视听节目作重新剪辑、重新配音、重配字幕，不得截取若干节目片段拼接成新节目播出。2019 年 1 月 9 日，中国网络视听节目服务协会的官网上发布了《网络短视频平台管理规范》和《网络短视频内容审核标准细则》，进一步规范短视频传播秩序。

《网络短视频平台管理规范》明确要求：网络短视频平台应当履行版权保护责任，不得未经授权自行剪切、改编电影、电视剧、网络电影、网络剧等各类广播电视视听作

品。因此，从国家法律和政策层面上看，对于未经版权授权、擅自剪拼改编影视剧的行为，国家一直是持否定态度的，近几年还可能会呈重点整治态势。

三、视频类自媒体如何才能避免侵权？

1.尽可能事先取得版权授权

自媒体应当加强版权意识、法律意识，使用视频素材前应尽可能取得版权方的相应授权，如果没有取得版权授权的，也应注意合理使用，而非为了吸引流量或商业目的肆意侵权。

2.与片方进行电影宣传发行合作

从商业角度讲，可以考虑与影视剧的宣传发行结合起来，例如可以考虑在项目宣传发行期与版权方合作，在取得版权授权后再制作发布相应的解说视频，获得一定的影片宣传经费也是可能的。一般仅仅是出于宣传目的的"电影解说"，且引用比例适当，没有影响到原作品影片的正常上映播出的，大多数情况下，版权方都将不予追究。

3.如果未取得版权方的授权，应注意尽可能做到

引用目的是为介绍、评论作品或者说明问题，不超出必要的限度；引用内容不得大比例，内容方面尽可能不要引用关键画面、主要情节，特别是不能基本表达展现整体故事。

4.关于影片项目的选择上，应予以慎重

特别是对于热门影片、未在影院上映、刚上映的影片，如未取得版权授权，尽可能不要碰这些影片。而对于影视公司已经正式放出的关于电影的各类宣传片和预告片，个人一般是可以用于剪辑再创作的，不过需要注意的是尽量不要进行负面评价，以免侵犯名誉权或影响到影视公司的正当利益。

另外，从影视公司一方来讲，电影解说类也确实是对影视剧素材进行了再加工，具备一定的原创性，迎合了广大市场的需求，只要自媒体方不进行负面评价，不影响影视公司的商业利益，对于已经下线的电影、电视剧是完全可以考虑授权给此类自媒体的，既可以获取一定的商业收益，也会对影视剧有个再次宣传。

目前形势下，那种将电影的完整情节通过图片、短视频等方式传递给受众的"剧透型解说"，如果版权方追责，就会涉及侵权赔偿，未来这种不规范的"影视解说"或许将在法律追责、平台严管下销声匿迹。

【案例】 **抖音等15家短视频平台建立全天候版权举报通道**

2018年9月14日，国家版权局按照打击网络侵权盗版"剑网2018"专项行动的部署安排，针对重点短视频平台企业存在的突出版权问题，约谈了抖音短视频、快手、西瓜视频、火山小视频、美拍、秒拍、微视、梨视频、小影、56视频、火萤、快视频、哔哩哔哩、土豆、好看视频等15家企业，责令相关企业进一步提高版权保护意识，切实加强内部版权制度建设，全面履行企业主体责任。据悉，通过一个多月的整改，短视频版权保护环境取得显著改善。

按照国家版权局的整改要求，15家重点短视频平台企业认真开展自查，清理侵权盗版账号，打击侵权盗版行为。目前，15家短视频平台共下架删除各类涉嫌侵权盗版短视频作品57万部，其中，秒拍、土豆、美拍、哔哩哔哩、小影、56视频等平台企业清理下

架数量较多；好看、微视、抖音、西瓜、快手、火山等平台企业严厉打击涉嫌侵权盗版的违规账号，采取永久封禁账号、短期封禁账号、停止分发、扣分禁言等措施予以清理。

同时，各短视频平台企业通过建立 7×24 小时用户投诉举报处理通道、三审三查版权审核制度等，完善版权投诉处理机制，加强维权管理，及时受理权利人的通知投诉。火山、西瓜、快视频等平台针对封禁账号建立黑名单制度；好看、哔哩哔哩、美拍、快手、火山、微视等平台对照国家版权局发布的重点作品版权保护预警名单，积极开展清理自查，删除涉嫌侵权作品；抖音、西瓜、好看、秒拍、快视频等平台企业分别与中国音乐著作权协会以及相关新闻单位、唱片公司、影视公司等开展版权合作，加强内容版权管理。

国家版权局相关负责人表示，后续将进一步加强对短视频平台企业的版权监管，通过行政约谈、行政处罚、刑事打击等手段，有效整治短视频行业存在的侵权问题，规范短视频行业的健康发展，构建风清气正的网络版权环境。

案例 "抖音短视频"诉"伙拍小视频"著作权权属、侵权纠纷案

原告微播视界科技有限公司诉称，"抖音短视频"平台上发布的"我想对你说"短视频，由创作者"黑脸 V"（抖音平台短视频红人，黑脸 V 是最早以技术流为内容创作特点的用户之一）独立创作完成，应作为作品受到著作权法保护。原告公司对于该短视频享有独家排他的信息网络传播权等权利。二被告百度在线公司和百度网讯公司，未经原告许可，擅自将上述短视频在其拥有并运营的"伙拍小视频"上传播并提供下载服务，侵害了原告享有的信息网络传播权。原告还提出，涉案视频本来应加载有抖音和用户 ID 的水印，但被控侵权短视频上未显示上述水印，应是二被告实施技术手段，消除了水印，属于明显侵权行为。据此，向二被告索赔 100 万元及合理支出 5 万元。

百度方辩称，"我想对你说"短视频不具有独创性，不应构成著作权法保护的作品。此外，伙拍小视频手机软件仅提供信息存储空间服务，涉案短视频是网民自行上传的，百度在收到原告的有效投诉后，已经及时进行了删除处理，不存在过错，不应当承担民事责任。

对于百度的答辩意见，法院支持了"避风港原则"（避风港原则是指网络服务提供者为服务对象提供搜索或者链接服务时，在接到权利人的通知书后，根据《信息网络传播权保护条例》的规定断开与侵权的作品、表演、录音录像制品的链接的，不承担赔偿责任），及时删除不构成侵权。但对于短视频不受著作权法保护一说，法院判决提出了不同观点。

法院认为，关于"独立完成"的认定，应以短视频与其他视频、网络图片之间是否存在能够被客观识别的差异为条件，主题相同并不影响短视频是独立完成的认定。

关于"创作性"的认定，法院阐述得更加详细：首先，视频的长短与创作性的判定没有必然联系，客观而言，视频时间过短，有可能很难形成独创性表达，但有些视频虽然不长，却能较为完整地表达制作者的思想感情，则具备成为作品的可能性。在此情形下，视频越短，其创作难度越高，具备创作性的可能性越大。

本案中，"我想对你说"短视频就体现出了创作性，该视频在给定主题和素材的情形下，其创作空间受到一定的限制，体现出创作性难度较高。该短视频画面为一个蒙面

黑脸帽衫男子站在灾后废墟中以手势舞方式进行祈福，手势舞将近结束时呈现生机勃勃景象，光线从阴沉灰暗变为阳光明媚，地面从沟壑不平到平整，电线杆从倾斜到立起，黑脸帽衫男子的衣袖也变为红色，最后做出比心的手势。该短视频构成了一个有机统一的视听整体，其中包含了制作者多方面的智力劳动，具有创作性。虽然该短视频是在已有素材的基础上进行创作，但其编排、选择及呈现给观众的效果，与其他用户的短视频完全不同，体现了制作者的个性化表达。

因此，法院认定，"我想对你说"短视频具备著作权法的独创性要求，构成类电作品。

针对原告方提出的"水印"问题，法院也给出解释。短视频上的水印不属于阻止他人实施特定行为的技术性手段，并不是著作权法意义上的"技术措施"，只是表明某种身份，显示权利管理信息、传播者信息。并且，消除水印的行为人也非二被告，原告关于二被告因破坏技术措施，进而侵害其信息网络传播权的主张不能成立。

最终，法院认定，百度履行了"通知—删除"义务，不构成侵权行为，不应承担相关责任，驳回了微播视界公司的全部诉讼请求。

案例 侵害作品信息网络传播权纠纷案

当短视频截取自电视剧剧集时，平台是否属于应知直接侵权行为的存在，应考量权利人的剧集是否曾在国家版权局的预警通知中发布。

某传媒网络有限公司在自己经营的"某手机电视"App上发布了题为《花千骨》的视频，在该软件界面首页位置可以看到《花千骨》的剧照，点击后进入播放界面，界面上方为影视剧视频，下方为"简介""聚焦""猜你喜欢"等按钮，点击后能够观看电视剧剧集，每一集都存在单独的标题，可以观看四分钟左右。

根据《花千骨》出品人慈文传媒集团股份有限公司和上海慈文影视传播有限公司出具的授权书和声明，爱奇艺公司享有涉案作品的独家信息网络传播权。爱奇艺公司认为某传媒网络有限公司对涉案剧集片段的使用实质上替代了涉案剧集的播放，构成对信息网络传播权的侵犯，故向法院起诉。

法院认为，某传媒网络有限公司平台上的涉案片段系自涉案作品《花千骨》中截取，虽时长均较短，但也均系涉案作品作者独立创作完成的，且涉案片段能够表达一定的情节内容，能够体现作者在场景、对白等的安排和选择上作出的智力判断，故平台上的涉案片段构成著作权法意义上的作品。同时，影视作品在特定卫视播出时均会显示该卫视的标志，但播出平台的不同并不会对著作权的归属产生影响，即便涉案作品在某卫视播出过，其信息网络传播权依然归属爱奇艺公司。而且，本案中，某传媒网络有限公司对涉案片段进行整理和编辑供观众观看，不属于个人学习、研究和欣赏，也不是为了介绍、评论某一作品或说明某一问题。

法院认为，爱奇艺公司主张侵权的片段共计56个，且每个片段的时长均在二至四分钟左右，总时长约两百余分钟，该使用行为显然已超出了合理的限度。且消费者在观看了涉案片段后可能因对相关情节有所了解后便认为无需观看完整作品，从而损害了爱奇艺公司作为著作权人本应获得的合法利益。故某传媒网络有限公司的涉案行为并不构成合理使用。

最终，法院判决某传媒网络有限公司向爱奇艺公司赔偿 10.5 万元。

4.3.5　确保落实账户实名制管理制度

技术管理的规范包括，网络短视频平台应当采用新技术手段，如用户画像、人脸识别、指纹识别等，确保落实账户实名制管理制度；网络短视频平台应当建立未成年人保护机制，采用技术手段对未成年人在线时间予以限制，设立未成年人家长监护系统，有效防止未成年人沉迷短视频等内容。

> **案例**　国家网信办约谈快手等直播短视频平台，责令整改

"快手""火山小视频"直播短视频平台传播涉未成年人低俗不良信息，社会舆论反映强烈，国家网信办于 2018 年 4 月 4 日依法约谈"快手"和今日头条旗下"火山小视频"相关负责人，提出严肃批评，责令全面进行整改。

经查，"快手""火山小视频"未能落实企业主体责任，出于博取眼球、获取流量目的，疏于账号管理，任由未成年人主播发布低俗不良信息，突破社会道德底线、违背社会主流价值观，污染网络空间，严重影响青少年健康成长。

国家网信办依据《网络安全法》《互联网信息服务管理办法》《互联网直播服务管理规定》等法律法规，要求"快手""火山小视频"暂停有关算法推荐功能，并将"王乐乐""杨青柠""仙洋""牌牌琦""陈山"等违规网络主播纳入跨平台禁播黑名单，禁止其再次注册直播账号。"快手"及"火山小视频"相关负责人表示完全接受处罚，将进行彻底整改，暂停更新有关频道 5 天，禁止未满 18 周岁的未成年人注册网络主播，已有账号一律关停，进一步完善审核管理机制，建立未成年人保护体系，用正确的价值观指导算法，积极传播正能量。

国家网信办相关负责人指出，各地直播短视频平台应引以为戒、举一反三，主动加强自查自纠，及时处置违法违规及低俗不良信息。当年 3 月以来，国家网信办已依法关停"夜车直播""月光秀场"等 70 款涉黄涉赌直播类应用程序。相关平台累计封禁涉未成年人主播账号近 5000 个，删除相关短视频约 30 万条。下一步，国家网信办将继续会同有关部门加大对网络直播和短视频的监督管理，净化网络环境，为广大网民特别是青少年营造风清气正的网络空间。

> **案例**　快手用户直播带货账号引发的矛盾纠纷

2019 年初，王某某与李某某相识，并很快成为恋人后，二人一起从事服装营销工作，为更快打开市场，决定进行网络直播卖货。王某某用居民身份证注册了快手账号"bbXXXX"，并进行了实名认证，不过，相关信息登记的是李某某所经营商店的工商登记信息。

该快手号在使用期间，李某某多次使用，王某某亦多次在该快手号进行网络直播，销售大量商品的同时，也引来了大量粉丝的关注。李某某表述，快手小店日销量平均 100 件，每日盈利 400 元。

2020 年初，王某某、李某某二人分手，昔日甜蜜的恋人变成陌路人。5 月，在李某某不知情的情况下，王某某更改了快手账号"bbXXXX"密码。李某某无法登录使用该快手号，多次讨要密码，因王某某不予告知，遂诉至法院。

争议焦点

原告李某某主张争议快手号系借用了被告王某某的身份证注册，要求被告归还争议快手号的所有权及经营权。

被告王某某主张该快手账号系其本人依法注册，登记人和使用人均是自己，与李某某无任何关系。

判决结果

法院审理认为，根据快手《用户服务协议》的规定。快手用户需完成实名认证，按照注册页面提示填写信息、阅读并同意快手《用户服务协议》且完成全部注册程序后，用户可获得快手平台账户，个人有效身份信息须与注册的身份信息相一致。本案快手账号"bbXXXX"系被告王某某利用其身份证进行实名认证后注册所得，故王某某对该账号拥有使用权。

原告李某某主张借用被告王某某身份证注册快手账号，被告对此不予认可，原告提供的证据均不能充分证明其主张，故原告证据不足，对原告主张被告借用快手账号使用的事实，法院不予认定。

综上，原告要求被告归还原告账号为"bbXXXX"快手号的所有权及经营权、协助原告在快手平台办理账号密码的更改等相关工作，证据不足，法院不予支持，被告不存在按照约定返还原告诉争快手账号的事实及义务。根据相关方法律规定，驳回原告李某某的诉讼请求。

随着互联网行业的发展，涌现出了快手、抖音等多种网络平台，为商品流通及经济发展带来了巨大效益。这些网络产品已不是单纯的娱乐软件，具有商业价值属性，具有准物权性质，依法受到法律保护。

另外，网络直播平台需遵守《网络短视频平台管理规范》《网络表演经营活动管理办法》《互联网直播服务管理规定》《关于加强网络表演管理工作的规定》《关于加强网络直播服务管理工作的通知》等直播活动的规定。根据要求，平台要进行备案及许可、对主播进行实名制认证、建立直播内容审核制度、履行内容日志信息留存要求、注重隐私保护、建立信用等级管理体系及黑名单管理制度等。

4.4 违反规定

目前，涉及短视频平台的互联网法律法规主要有：《网络安全法》《全国人民代表大会常务委员会关于维护互联网安全的决定》《互联网信息服务管理办法》《信息网络传播权保护条例》等行政法规，《互联网视听节目服务管理规定》《互联网文化管理暂行规定》等部门规章，《互联网用户公众账号信息服务管理规定》《互联网跟帖评论服务管理规定》《网络短视频平台管理规范》等规范性文件，以及司法解释等。

（1）从资本构成来看，限制条件明确且严格。按照《互联网视听节目服务管理规定》，具备法人资格的国有独资或国有控股单位，才有资质申请从事互联网视听节目服务。

《互联网等信息网络传播视听节目管理办法》第七条也明确规定："外商独资、中外合资、中外合作机构，不得从事信息网络传播视听节目业务。"

（2）从行政许可来看，政府许可、备案、登记等必不可少。应取得新闻出版广播电影电视主管部门颁发的《信息网络传播视听节目许可证》、文化部门颁发的《网络文化经营许可证》，或履行备案手续。

从事广播电台和时政类视听新闻服务的，应持有《广播电视播出机构许可证》或《互联网新闻信息服务许可证》；

从事主持、访谈、报道类视听服务的，应持有《广播电视节目制作经营许可证》和《互联网新闻信息服务许可证》；

从事自办网络剧类服务的，应持有《广播电视节目制作经营许可证》。

不仅如此，还要取得主管部门同意的文件，办理登记手续，符合信息网络传播视听节目总体规划和布局，互联网文化单位总量、结构和布局的规划等。

（3）从传播内容来看，行政部门严格监管、互联网企业自查"两个责任"都要抓牢。

作为管网、治网根本大法，《网络安全法》明确规定，国家网信部门和有关部门依法履行网络信息安全监督管理职责，发现法律、行政法规禁止发布或者传输的信息的，应要求网络运营者停止传输，采取消除等处置措施，保存有关记录；对来源于中华人民共和国境外的上述信息，应通知有关机构采取技术措施和其他必要措施阻断传播。

网络运营者应当加强对其用户发布的信息的管理，发现法律、行政法规禁止发布或者传输的信息的，应立即停止传输该信息，采取消除等处置措施，防止信息扩散，保存有关记录，并向有关主管部门报告，对网信部门和有关部门依法实施的监督检查，应予以配合。

《互联网等信息网络传播视听节目管理办法》要求，省级以上广播电视行政部门应设立视听节目监控系统、建立公众监督举报制度，加强对信息网络传播视听节目的监督管理。持证机构应当为视听节目监控系统提供必要的信号接入条件，同时建立健全节目审查、安全播出的管理制度，实行节目总编负责制，配备节目审查员，对其播放的节目内容进行审查。

《互联网文化管理暂行规定》对互联网文化单位建立自审制度作出规定，要求明确专门部门，配备专业人员负责互联网文化产品内容和活动的自查与管理，保障互联网文化产品内容和活动的合法性。

《互联网视听节目服务管理规定》也规定，广播电影电视主管部门发现互联网视听节目服务单位传播违反本规定的视听节目，应当采取必要措施予以制止。

互联网视听节目服务单位对含有违反本规定内容的视听节目，应当立即删除，并保存有关记录，履行报告义务，落实有关主管部门的管理要求。

综合来看，弘扬社会主义核心价值观，传播社会主义先进文化，推动社会全面进步和人的全面发展、促进社会和谐，是对网络视听节目的基本要求。

（4）从用户信息安全来看，个人信息安全被摆在非常重要的位置。无论是《网络安全法》，还是《互联网视听节目服务管理规定》《电信和互联网用户个人信息保护规定》《互联网用户公众账号信息服务管理规定》《网络短视频平台管理规范》等法规、部门规章、政策性文件均有严格限定，网络运营者应对其收集的用户信息严格保密，并建立健全用户信息保护制度。

收集、使用个人信息，应遵循合法、正当、必要原则，公开收集、使用规则，明示收集、使用信息的目的、方式和范围，并经被收集者同意。

不得收集与其提供的服务无关的个人信息，不得违反法律、行政法规的规定和双方的约定收集、使用个人信息，并应依照法律、行政法规规定和与用户约定，处理其保存的个人信息。

（5）通过分析，可以发现上述互联网法律法规的主要特点：门类齐全，不仅有法律、行政法规、部门规章、规范性文件，而且有司法解释；

规定内容详细且异常严格，不仅明确要求获得许可或备案，而且对资本性质、法人资格、从业人员、技术保障、安全措施等提出了具体准入条件；

法律法规互为支撑、相互补充，有把控大方向的，也有注重操作性的，有强调内容安全、信息传播秩序的，也有视听节目管理、监督执法、权益保护的；

法律法规既有传承，又有变化和完善。

📢 **法条解析：**

一、短视频行业显性问题集中突出

目前，短视频平台存在不少违法违规运营行为，较为明显的突出问题主要表现在：

1. 内容疏于自我管控

短视频平台中固然不乏积极、健康、阳光的作品，但也有很多浮夸的表演、出格的搞怪、偏激的嘲讽、"鬼畜"的剪辑，有的还涉及色情、暴力、血腥。

一些短视频作者为了博取用户的关注和转发，不惜剑走偏锋，以声光电的方式对用户进行感官刺激，传播及时行乐、违反秩序、离析传统等非主流观念，在"审丑"而不是"审美"的道路上越走越远。

从2018年3月开始，多家短视频平台成为舆论的众矢之的。网友发现，多个短视频平台上，存在大量"未成年妈妈"、制假售假视频、危险动作模仿等低俗有害内容。

针对愈演愈烈的舆论风潮，国家网信办约谈了火山小视频、快手两家平台的主要负责人。随后，快手、火山小视频在各大应用商店被下架，短视频平台"内涵段子"也被勒令永久关停。

日前，据国家广播电视总局的通报，2018年以来，针对当前网络视频行业存在的突出问题，国家广播电视总局会同属地管理部门以约谈、整改、下架、永久关闭问题产品等"组合重拳"开道，依法严肃问责了"今日头条""快手"等问题性质严重的视频网站。一批短视频和直播网站、综合性视频网站，纷纷响应管理要求，积极开展自查自纠，共封禁违规账户4万余个，关闭直播间4512个，封禁主播2083个，拦截问题信息1350多万条。

更为严重的是，有的短视频平台出现亵渎英烈内容。6月30日，国家网信办指导北京市网信办会同北京市工商局依法联合约谈抖音、搜狗、北京多彩互动广告有限公司、北京爱普新媒体科技有限公司、霍尔果斯宝盛广告有限公司，针对抖音在搜狗搜索引擎投放的广告中出现侮辱英烈内容问题，要求五家公司自约谈之日起启动广告业务专项整改。同时，国家市场监督管理总局指导北京市工商局对五家公司依法查处。

2. 涉嫌未取得许可开展业务

2018 年 3 月 19 日，广电总局公布截至 2017 年 12 月 31 日的互联网视听节目服务持证机构名单，新华社、人民网、中新社等 586 家单位在列，但有的短视频平台涉嫌未取得许可违法违规运营。

3. 许可信息未在网站或平台显著位置公布

短视频平台应在其网站主页或播出界面显著位置标明其经营许可证编号或备案编号，但该规定未得到有效执行。

例如，《互联网视听节目服务管理规定》要求："互联网视听节目服务单位应当按照《许可证》载明或备案的事项开展互联网视听节目服务，并在播出界面显著位置标注国务院广播电影电视主管部门批准的播出标识、名称、《许可证》或备案编号。"

《互联网文化管理暂行规定》明确："互联网文化单位应当在其网站主页的显著位置标明文化行政部门颁发的《网络文化经营许可证》编号或者备案编号，标明国务院信息产业主管部门或者省、自治区、直辖市电信管理机构颁发的经营许可证编号或者备案编号。"

但查询发现，部分短视频平台仅有《网络文化经营许可证》，未公布《信息网络传播视听节目许可证》；抑或是仅公布《信息网络传播视听节目许可证》，未公布《网络文化经营许可证》。

二、网络短视频监管重点

各相关方要站在捍卫国家意识形态安全和网络空间主权的战略高度，以习近平网络强国战略思想为根本遵循，重点从以下方面入手，推动短视频平台在法治轨道上健康运行。

1. 夯实"两个责任"，特别是股权结构和内容管理要严格规范

作为互联网企业，短视频平台不仅有经济责任、社会责任、道德责任，而且更重要的是要有法律责任。企业做得越大，责任就越大，公众对企业承担责任的要求也就越高。相关部门要督促短视频平台切实依法运营、担起主体责任。

具体而言，应在三个方面着重发力。首先，督促短视频平台依法依规进行资本改造和股权调整，合法合规运营；其次，督促短视频平台当好内容"把关人"，认真落实总编辑负责制、三审三校等制度规范；再次，督促短视频平台主动接受政府监管、社会监督、行业自律，积极参与网络综合治理。

2. 推动多部门联合执法

短视频平台监管工作涉及多部门。有关部门要牢固树立大局观，彻底摆脱部门利益和门户之见，坚决消除"肠梗阻"，加大跨部门协作和联合执法力度，努力构建齐抓共管、良性互动、协同配合的共治格局。

3. 加快政务信息互联互通

2017 年 8 月 18 日，国家发展改革委、中央网信办、中央编办、财政部、审计署五部门联合印发《加快推进落实 < 政务信息系统整合共享实施方案 > 工作方案》，推进政务信息系统整合共享。目标是 2017 年年底前，围绕制约"放管服"改革深入推进的"信息孤岛"问题，初步实现各部门整合后的政务信息系统统一接入国家数据共享交换平台。

随着该平台充实完善，涉短视频平台的政务信息也将实现共享。同时，要运用信息

化手段，推进涉短视频平台许可、登记等方面的政务公开，为吸引社会各方力量参与短视频平台监管治理创造更有利的基础，推动短视频平台综合治理走向深入。

4. 严惩违法违规行为

只有令行禁止、违法必究、违规必罚，让法律法规成为"有牙的老虎"，让违法违规者切切实实感觉到痛，才能有效树立法律法规权威、防范"破窗效应"。唯有如此，法律法规的意义、威慑和引导作用才会显现出来，短视频平台及其用户才会知敬畏、明底线、守规矩，进而尊崇法律法规，把法律法规内化于心、外化于行。

短视频平台作为企业公民，只有恪守法律法规责任，才有存在的合法性。同时，短视频平台要健康向前发展、做大做强，法律法规必须及时跟进，要及时修正完善、建立健全。

在全国网络安全和信息化工作会议上，习近平总书记指出，"要推动依法管网、依法办网、依法上网，确保互联网在法治轨道上健康运行。"相关部门应针对网络空间实际，堵塞法律法规漏洞，避免出现真空或交叉打架，从而为有法可依、有法必依、违法必究、固本培元。

案例 **抖音封禁3973个炫富账号**

2020年2月26日，抖音安全中心发布治理处罚公告，对一批涉嫌刻意炫富、恶意炒作、有违社会公序良俗的账号进行禁言、封禁等处理。1月以来，抖音安全中心已清理此类视频2862条、音频324条、话题47个，封禁违规账号3973个。

抖音安全中心发布治理处罚公告，重点打击六类涉及不良价值观、不健康生活方式的内容。包含：宣扬拜金主义、攀比享乐；对非富群体进行歧视、嘲讽或攻击；涉未成年人发布大量奢侈品信息；打造"白手起家逆袭成精英"人设营销或诈骗；故意展示大量现金、撒钱；制作销售视频、图片、文案等炫富素材。

抖音安全中心相关负责人表示，刻意炫富内容污染社区风气，尤其危害青少年的身心健康，抖音对此高度重视，也将进入常态化治理，欢迎广大用户积极举报相关违规内容。

抖音将长期打击平台上涉及下列违规行为的内容，将严格按照平台管理规则处罚相关账号。

（1）宣扬拜金主义、攀比享乐、幻想暴富内容等生活方式和不良价值观的内容；

（2）不正当展示自身优越条件、社会地位，存在对非富群体进行歧视、嘲讽或攻击等行为的内容；

（3）涉未成年人发布大量奢侈品信息，以及其他非理性炫富行为、语言的内容；

（4）以"白富美""高富帅""白手起家逆袭成精英""回国留学生"等人设进行营销、社交或诈骗的内容；

（5）不正当使用人民币等货币，故意展示大量现金、撒钱等方式的内容；

（6）制作、销售炫富类视频、图片、文案等内容。

案例 **故意展示大量现金、撒钱**

2021年1月3日，抖音安全中心接到用户举报，用户"mit***bao"（抖音号：mit***bao）发布一条短视频，视频中有大幅画面展示抛撒人民币现金行为。

在对相关账号、视频内容进行审核评估后，抖音安全中心判定该视频涉嫌不正当使用人民币等货币，故意展示大量现金、撒钱等行为，不符合平台价值观。随后，抖音安全中心对用户"mit***bao"（抖音号：mit***bao）的视频进行下架处理，并对账号执行禁言处罚。

> **案例**　不正当使用人民币发布广告

2021 年 2 月 2 日，抖音安全中心在日常巡检中发现，用户"K***"（抖音号：S43***358）发布了一条广告短视频，视频中桌上放置了大量人民币、iPhone、车钥匙以及手表等贵重物品，涉嫌违法在广告内容中不当使用人民币，使用明显炫富素材。

在对相关账号、视频进行审核评估后，抖音安全中心对用户"K***"（抖音号：S43***358）的视频进行下架处理，并对账号执行禁言处罚。

> **案例**　制作、销售炫富类视频、图片

2021 年 2 月 22 日，抖音安全中心在日常巡检中发现，用户"我 ***朕"（抖音号：dy***v9）发布一条视频，视频内容中展示了一组微信对话和一段短视频，根据对话内容分析，为该用户收费帮助网友制作炫富视频和图片。

在对相关账号、视频内容进行审核评估后，抖音安全中心判定该视频涉嫌制作、销售炫富类视频、图片、文案类内容。随后，抖音安全中心对用户"我 ***朕"（抖音号：dy***v9）的视频进行下架处理，并对账号执行禁言处罚。

> **案例**　淮安某公司利用短视频虚假宣传案

2020 年 6 月 17 日，淮安市洪泽区市场监管局接消费者投诉举报，称某视力提升中心在短视频平台涉嫌虚假宣传，实际治疗没有效果，仍利用其女儿治疗场景做宣传。经查，当事人在短视频平台上，发布视频宣传视力恢复训练、配镜业务等内容吸引消费者，其内容包含"视力恢复训练""三位已经康复的小朋友今天来做定期检查了""近视眼洞训练 弱视训练中""专业配镜""度数只降不涨"等内容。国家卫生健康委员会等六部门印发《关于进一步规范儿童青少年近视矫正工作切实加强监管的通知》明确指出，在目前的医疗技术下，近视不能治愈，只能在一定环境下得到缓解，从事儿童青少年近视矫正的机构或个人必须严格依法执业、依法经营，不得在开展近视矫正对外宣传中，使用"康复""恢复""降低度数""近视治愈""近视克星"等表述，误导近视儿童青少年和家长。当事人的行为误导消费者，扰乱市场秩序，损害其他经营者和消费者的合法权益，其行为违反了《反不正当竞争法》第八条第一款的规定，构成了进行虚假商业宣传的违法行为。2020 年 9 月，淮安市洪泽区市场监管局依据《反不正当竞争法》第二十条第一款的规定，对当事人作出责令立即停止虚假商业宣传的违法行为，并罚款 2 万元的行政处罚。

4.5　本章小结

《网络短视频平台管理规范》作为网络视听行业首个细分平台管理规范，是将网络剧

等长视频领域的平台管理重要原则和基本制度延伸覆盖到短视频领域，在总结吸收多家网络短视频平台的经验和建议基础上，结合主管部门政策和平台管理实际，出台的行业管理自律规范，对短视频长远健康发展有重大意义。

4.6 案例分析——短视频侵权案

原告刘先生是一名摄影爱好者。他起诉称，2018 年 1 月，他个人独立创作完成一段与自驾和崇礼滑雪相关的视频，并于 2018 年 1 月 28 日以"摄影师刘先生"的名义将该视频发表在国内专业的影视创作人社区"新片场"，他本人对该视频依法享有著作权。

此后刘先生发现，自 2018 年 3 月开始，一条公司未经许可，擅自将其创作的涉案视频在一条公司运营的微信公众号"一条"及微博账号"一条"上进行传播，且未署名作者。

刘先生认为，一条公司的做法侵害了其依法享有的署名权及信息网络传播权。一条公司将涉案视频用于为沃尔沃汽车进行商业广告宣传，通过非法传播涉案视频实现违法所得，给他的合法权益造成重大损害，故提起诉讼，要求一条公司停止侵权行为，在其运营的微信公众号"一条"和微博账号"一条"首页显著位置连续 15 天刊登致歉声明；赔偿刘先生经济损失 100 万元及律师费和公证费等合理开支 38000 元。

一条公司答辩称，涉案视频是上海令行文化传媒有限公司提供，在一条公司发布前，沃尔沃公司微信公众号上就已发布相同内容的视频，一条公司不构成侵权；根据在案证据，无法确认刘先生是否享有涉案视频的著作权；该公司广告费根据影响力和效果收费，刘先生主张的经济损失及合理支出过高，无事实和法律依据；此外，广告投放不署名摄影师是行业惯例，一条公司是善意使用，不应赔礼道歉。综上，一条公司不同意刘先生的诉讼请求。

法院判案综合考虑四要素：

法院经审理认为，涉案视频由拍摄者使用专业摄像设备拍摄，并将多个拍摄素材剪辑组合而成。视频记载了驾驶某品牌新款汽车前往崇礼滑雪的系列画面，其中有对该款汽车整体外观、内部仪表盘、变速箱、后备厢感应启动等进行展示的特写画面，还有利用无人机拍摄驾驶该车行进的画面及崇礼雪景和滑雪画面等。视频的拍摄和剪辑体现了创作者的智力成果，涉案视频虽时长较短，但属于具有独创性的类电作品。

根据刘先生提交的相关证据，可以认定其系涉案视频的作者，享有涉案视频的著作权。此外，在案证据不足以证明一条公司使用涉案视频获得了刘先生的授权，刘先生要求一条公司赔礼道歉、赔偿经济损失及合理开支的诉讼请求，法院予以支持。

在关于经济损失的数额方面，法院认为，双方虽就此提交了相关证据，但均不足以证明刘先生的实际损失或一条公司的违法所得，所以以法院综合考虑了四个要素：

首先，涉案视频是刘先生使用专业设备拍摄并剪辑而成，视频将自驾某品牌新款汽车和崇礼滑雪的相关画面结合，通过特写等镜头较好地展示了汽车的特征，具有一定的独创性和广告价值；

其次，根据一条公司的相关宣传，其为专门的广告宣传媒体，视频广告受众广泛、传播迅速、收益巨大，一条公司将涉案视频作为该品牌新款汽车的广告，通过微信和微博进行传播，直接获取商业利益；

第三，一条公司理应持有涉案视频的收益证据，但其拒不提交，依照其认可的2018年广告刊例报价，非定制视频的微博传播报价为每条10万元，微信传播报价为每条10万元至15万元，广告收费金额较高；

最后一点，一条公司于2018年3月18日分别在微博和微信发布涉案视频，至刘先生公证取证时，阅读量累计40万以上，且一条公司在收到本案起诉材料后未及时删除涉案视频，致使侵权行为一直持续至2018年9月，侵权影响范围大、主观恶意明显。

综合以上因素，海淀法院认为本案应按照法定赔偿的最高限额进行判赔，故依法酌情判定经济损失为50万元。

解读：

短视频是近年来互联网传播的一个热点，短视频的制作和传播已经形成一个新的产业，产业的发展也为著作权保护带来了新的影响。

本案涉案视频虽时长较短，但画面高清、制作精良，且与此前出现的短视频侵权纠纷不同，涉案视频中融入了广告和宣传内容，一条公司作为专业的广告宣传媒体，直接将涉案视频作为广告投放，使之产生了较高的市场价值。

因此法院在判赔时充分考虑了涉案视频的独创性和广告价值、一条公司的广告报价、侵权行为的持续时间、传播范围和不及时停止侵权的主观恶意等因素，淡化了作品长度因素，强化了市场定价规则，最终按照法定赔偿的最高限额进行判赔。

第5章 了解《电子商务平台产品信息展示要求》

《电子商务平台产品信息展示要求》（GB/T 35411—2017）是由中国标准化研究院负责起草，于2017年12月29日发布的一项中华人民共和国国家标准。标准规定了电子商务平台销售的产品信息展示的基本原则和要求、展示内容和方式等，为电子商务平台的产品信息展示提供指南，促进电商平台销售产品的信息展示规范化，从而保障消费者权益。

5.1 适用范围

《电子商务平台产品信息展示要求》（GB/T 35411—2017）适用于电子商务平台销售的产品信息展示。规定了电子商务平台销售的产品信息展示的基本原则和要求、展示内容和展示方式。

法条解析： 下列文件对于《电子商务平台产品信息展示要求》的应用是必不可少的。

一、GB/T 5296.1 消费品使用说明 第1部分：总则

1）使用说明是交付产品的必备部分。

2）使用说明应确保：

（1）产品名称能清楚地识别产品，反映产品的真实属性；

（2）产品牌号、型号或标记能正确地标识产品，并符合国家相关规定：

（3）能标明使用者类型及其能力；

（4）根据需要，界定产品的预期用途；

（5）提供正确、安全使用产品或有关服务需要的一切信息。

3）使用说明应根据需要分别或同时包括下列有关信息：

（1）功能和操作；

（2）运输、装配、安装和存放；

（3）清洗、保养、故障判断、修理；

（4）对于产品和废物的销毁（或处理），可能对安全和环境的影响。

4）使用说明应向消费者提供下列与使用有关的重要信息：

——环境（如，洗衣机所用洗涤剂的适当用量，废物的处理或销毁，再利用）；

——能源和其他资源的保护。

5）使用说明应能帮助消费者正确使用产品，对可合理预见的产品误使用进行说明，并给予充分警示，有效地帮助消费者避免可能导致危险的误使用。

6）使用说明不能用来弥补产品设计上的缺陷。

7）使用说明应注明使用产品时所需的特殊防护措施，以保护使用者和在场者（如，儿童需由成年人监护，或使用者需穿戴特殊服装等）。对于特殊群体（如，儿童、老人和残障人）的危险应关注。

8）如果一些说明仅针对特殊使用群体（如，从事安装、修理和保养某类产品的专业人员），这些说明应单独编制和交付，并适当标明。在不影响使用情况下，这些说明不需随产品提供。

9）有安全期限要求或具有有效期限的产品，应提供产品的生产日期和安全使用期或保质期（有效日期）；交付消费者的产品包装表面，应同时在显著位置清楚标明生产日期和安全使用期或保质期（有效日期）。

10）使用说明应标明生产者名称、地址和所执行的产品标准编号。

11）使用说明书及类似资料应标明出版日期或版本。

12）产品或产品销售包装的最大表面面积小于 $10\ cm^2$ 时，除标明产品名称、生产者名称以及限期使用产品的生产日期、安全使用期和保质期（或有效日期）外，其他内容可在产品的其他使用说明上标明。

13）同一产品的技术内容描述，在生产者、制造者印发的使用说明和其他各类资料（如，广告或包装）中应保持一致。

二、GB/T 35408—2017 电子商务质量管理　术语

1. 基础术语

1）电子商务基础

（1）电子商务。

通过信息网络进行产品和服务交易的经营活动。

（2）电子商务平台。

在电子商务中为交易双方或者多方提供网页空间、虚拟经营场所、交易及交易撮合、信息发布、资金支付等部分或全部服务的信息网络系统。

（3）跨境电子商务。

通过电子商务平台进行产品进出口的电子商务。

（4）移动电子商务。

通过无线终端进行的电子商务。

注：无线终端有多种形式，如手机、掌上电脑等。

（5）电子商务交易主体。

参与电子商务的各方。

注：包括电子商务中的电子商务平台提供商、商户、顾客、电子商务配送服务商和电子商务支付服务商等。

（6）电子商务交易客体。

电子商务中进行交易的产品和服务。

（7）电子商务经营者。

在电子商务平台中，向顾客提供产品和服务的组织或个人。

注：包括商户、配送服务商和支付服务商等。

（8）商户。

卖家在电子商务平台上发布产品和服务销售信息的组织或个人。

注：需要注意的是，如果在短视频或直播平台中开通"店铺"，或者在直播过程中进行直播带货的，此种情形属于规范中所指的商户。

（9）商家。

组织类型的卖家。

（10）店铺。

卖家在电子商务平台上注册的，销售产品和服务的单元。

（11）供应商。

为商户提供产品和服务的组织或个人。

（12）配送服务。

在电子商务活动中，根据客户的要求，对物品进行拣选、加工、包装、分割、组配等作业，并按时送达指定地点的物流活动。

（13）支付服务。

为电子商务买卖双方提供电子形式的资金支付、收取、结算等服务，实现货币资金转移活动。

（14）顾客/买家。

在电子商务中接受产品和服务的组织或个人。

注：这种接受包括在电子商务平台上购买或使用和享受产品和服务的组织或个人。

2）质量管理基础

（1）电子商务质量管理。

在电子商务中关于产品和服务质量的管理。

注：质量管理可包括制定质量方针和质量目标，以及通过质量策划、质量保证、质量控制和质量改进实现这些质量目标的过程。

（2）可追溯性。

追溯客体的历史、应用情况或所处位置的能力。

注：当考虑产品或服务时，可追溯性可涉及：

①原材料和零部件的来源；

②加工的历史；

③产品或服务交付后的分布和所处位置。

（3）质量保障。

质量管理的一部分，致力于提供质量要求会得到满足的信任。

（4）质量反馈。

顾客对购买、使用或关注的产品和服务质量所表达的意见和评价。

（5）质量验证。

通过提供客观证据对规定的质量要求已得到满足的认定。

注 1：验证所需的客观证据可以是检验结果或其他形式的确定结果，如：变换方法进行计算或文件评审。

注 2：为验证所进行的活动有时被称为鉴定过程。

注 3："已验证"一词用于表明相应的状态。

2.质量控制术语

1）信息管理

（1）产品信息。

产品所相关的特征、使用性能、价格、履行期限和方式以及产品的生产、交易、配送、售后服务的消息、数据和情报等的总称。

注 1：产品特征信息包含但不仅限于：

①商标、品牌、荣誉、产品合格证明等；

②外观、型号规格、材质和配料等；

③质量指标、参数和功能、安全警示等；

④保质期和有效期限等；

⑤保存方法和使用方式等。

注 2：生产信息包含：生产者名称、地址、生产许可、生产时间等。

注 3：使用特性信息包含：使用说明、维护保养、安全警示、注意事项等。

（2）服务信息。

电子商务交易的服务类产品相关的服务内容与特征、价格、履行期限和方式、安全提示及售后服务信息等的消息、情报、数据等的总称。

（3）交易信息。

电子商务平台买卖双方的下单、支付、配送、交付以及售后服务等相关的消息、数据、情报等的总称。

（4）售后服务信息。

电子商务交易后，卖家为买家提供后续服务的消息、数据、情报和规则的总称。

注 1：售后服务可包括：培训与咨询、安装、调试、退换货、退款、赔偿、维修和保养等。

注 2：通常售后服务信息也会在产品信息、服务信息和交易信息中体现。

（5）信息展示。

将产品信息和服务信息等在电子商务平台公布，呈现给顾客的活动。

（6）虚假宣传。

在电子商务平台中，商品或服务的宣传内容与实际情况不符。

（7）限制发布。

在特定时段、特定区域，制约商户对特定产品和服务的信息进行发布的措施。

2）质量保障

（1）实名制。

通过提供真实有效的能证明身份的证（照）或资料信息，实现电子商务商户线上与线下身份相对应的制度。

（2）实名认证。

按实名制的要求，进行信息采集、验证的活动。

（3）经营资质。

电子商务经营者从事某种经营，需要依据法律、法规等获得有关部门批准或许可的资格。

（4）交易规则。

电子商务平台对商户实施经营活动的方式、履行的义务或限制基本权利等要求的规定。

（5）商户入驻审核。

电子商务平台对商户以及配送商、支付商在进入电子商务平台开展产品和服务交易前，进行实名认证、经营资质审核等相关质量控制活动。

（6）品牌授权。

品牌权利人或有权授权者出具品牌授权书，将自己所拥有或代理的商标或品牌授予被授权者使用。

（7）进货查验。

电子商务中，商户对采购的产品进行质量检查和质量验证的活动。

（8）店铺等级。

电子商务平台对店铺按有关的标准进行的级别分类。

（9）关闭店铺。

电子商务平台采取的断开店铺以及店铺内所有产品与服务网址链接的措施。

（10）屏蔽店铺。

电子商务平台采取的让店铺在平台内搜索结果页面无法展示的措施。

（11）产品下架。

电子商务平台采取的使交易的产品和服务由可购买状态变为不可购买状态的措施。

（12）近似品牌。

复制、摹仿知名品牌、商品特有的名称标志或包装等，使顾客容易产生混淆的事实。

（13）禁售商品。

法律法规或电子商务平台规定的禁止销售的产品。

（14）限售商品。

法律法规要求的需要取得相关经营资质方可生产和销售的产品。

3）维权保障

（1）维权投诉。

电子商务交易主体请求电子商务平台、第三方管理机构或有关行政部门解决交易活动所发生的纠纷和分歧，并要求保护其合法权益的行为。

（2）交易纠纷处理。

电子商务平台、第三方管理机构或有关行政部门根据电子商务交易主体的申请，针对产品或服务发生争议所作出的退货、退款、补偿、赔偿等处理的过程。

（3）无理由退货。

根据法律法规规定的或卖家承诺的范围和时效，在商品完好的前提下，买家不用说明退货的原因，即可申请退货的服务。

（4）先行赔付。

当发生退货时，由电子商务平台先为卖家垫付赔偿资金给买家，后再由电子商务平台对卖家进行追偿的行为。

（5）在线客服。

在互联网络或电子商务平台上实时与买家进行沟通、处理、反馈、维护顾客关系的服务。

（6）质量退货率。

因产品或服务的质量原因引起退货的交易订单数与商品成交总交易订单数的比例，以百分数表示。

注：单次交易可能有多个交易订单。

（7）质量退款率。

因产品或服务的质量原因退款总额与商品成交总额的比例，以百分数表示。

（8）退货（款）纠纷率。

统计期内，由电子商务平台、第三方管理机构或有关行政部门介入的交易纠纷处理次数与生成的退货（款）次数的比值。

（9）责任纠纷率。

统计期内，电子商务平台或第三方管理机构认定的因商户责任引起的纠纷次数与交易纠纷处理次数的比值。

3. 质量诚信术语

1）质量信用

取得并保持对其质量信任的能力。

注1：这种能力在电子商务中的售前、售中和售后的过程均可以体现。

注2：这种能力由电子商务经营者在产品和服务的交易、支付、配送过程和售后服务中，通过遵守法律法规、兑现承诺、履行质量约定等满足顾客的期望和要求来实现。

2）质量信用评估

由第三方管理机构、有关行政部门或电子商务平台进行的，根据设置的质量信用指标体系和评估方法，建立在客观事实下的对被评估对象进行质量信用评价和论证，并以代号或符号表示其信用等级的一种有组织的活动。

3）质量信用信息

与质量信用相关的消息、数据、情报等的总称。

4）交易评价

完成交易后，由买家对购买的产品和服务，在满足其要求和期望的程度等方面进行的衡量、评定、评估以及反馈的过程。

注：从交易全过程而言，这些评价可包含咨询、购买、支付、配送、售后服务、纠纷处理等某个过程或全过程。

5）追加评价

交易完成后的一定时间内，买家对购买的产品和服务再次作出交易评价。

注：追加评价通常是在对产品和服务使用或体验后作出的评价，也可包含对售后服务、纠纷处理的评价。

6）店铺评价

电子商务平台按设置的评价体系或评估方法，以店铺为单位，对其提供产品和服务的质量信用作出的评价。

7）虚假评价

评价人为达到某种目的，不以客观事实为依据，给予与事实不符的评价。

8）恶意评价

评价人为获取不当利益，故意进行与事实不符的负面评价。

9）虚构交易

没有交易事实，但卖家通过其他手段，篡改交易信息，获取虚假的产品销量或服务提供数量、产品或服务评价、店铺评价等行为。

10）晒单

买家在电子商务平台上公布其购物、接受服务体验或评价的行为。

注：购物、接受服务体验或评价有文字、图片或视频等多种表述方式。

4. 质量监管术语

1）网上质量抽查

在电子商务中，按策划的程序和方法，对产品和服务质量进行购买样品或抽样体验、检测或检查，并判定其质量状况的活动。

2）网上产品质量监督

有关行政部门以监督电子商务产品质量的目的，所进行的有组织、有计划的网上质量抽查并对抽查结果公布和处理的活动。

3）神秘买家

以质量控制和监督为目的，以普通买家的身份，在卖家店铺中下单购买样品或体验服务的人员。

4）网上抽样

为实施网上产品质量检测，按策划的流程和方法，通过神秘买家在电子商务平台实施抽取样品，并进行抽样取证存证的过程。

5）抽样取证存证

将购买到的样品，以图片、文字、视频等形式，对物流送达单据核对、拆包验货、样品状态等信息进行证据存储。

6）抽检模型

从电子商务销售产品的销量、价格、品牌、电子商务平台等多个维度建立的产品质量抽样检验数据分析系统。

7）采样系统

为实现网上质量抽查的目的，集成抽样人员库、样品抽检模型、抽样任务发放、抽样取证存证、样品分析和数据记录等功能为一体的系统。

8）属地查处

有关行政部门为监督产品质量，在实施网上质量抽查后，将不合格产品的信息传递给产品生产地的相关行政管理部门，并由其对生产企业进行处置的过程。

9）在线监测

利用网上质量监测系统，实时对网上产品或服务的交易信息、评价内容等数据进行连续自动抓取，筛选出有效的质量信息，上传至服务器数据库进行产品质量数据分析、评估的过程。

10）电子数据取证

运用技术手段，对电子商务的产品或服务及其交易信息、网上质量抽查、检验等电子数据证明材料进行收集、保全和记录，用于鉴别产品或服务质量违法行为的过程。

5. 质量风险防控术语

1）电子商务质量风险

在电子商务中，产品和服务可能存在涉及人身健康、财产安全的隐患，或可能引发质量安全事件等的质量方面不确定性的影响。

2）电子商务质量风险信息采集

为获取电子商务质量风险相关的消息、数据和情报等进行搜寻和获取的过程。

3）电子商务质量风险分析

对电子商务质量风险信息的内容进行过滤辨伪，剔除虚假和干扰信息等的筛选，并提取风险核心要素的过程。

4）电子商务质量风险识别

根据电子商务质量风险分析的结果，通过一定的手段和工具，找出潜在电子商务质量风险的过程。

5）电子商务质量风险预测

根据电子商务质量风险分析的结果，从可能产生的后果或潜在的后果方面进行研究、分析和测量，得出预判结果的过程。

6）电子商务质量风险评估

根据电子商务质量风险预测的结果，对可能产生的后果或潜在的后果的严重性和危害性进行研究、分析和估算的过程。

7）电子商务质量风险控制

通过采取各种措施和方法，消除或减少电子商务质量风险事件发生的可能性，或者减少电子商务质量风险事件发生时造成的损失。

8）电子商务质量风险处置

根据以往电子商务质量风险发生的后果和电子商务质量风险评估的结果，采取相应的干预手段、措施和预案，减少电子商务质量风险事件发生时造成的损失。

9）电子商务质量风险信息管理

为掌握风险状况和识别可能存在的风险而开展的电子商务质量风险信息采集、筛选、分析和处置等过程。

10）电子商务质量舆情监测

利用信息采集和处理技术，通过对电子商务产品和服务的质量信息自动抓取、自动分类聚类、主题检测、专题聚焦和新闻专题追踪等手段，进行信息需求采集、筛选，为电子商务质量风险提供分析依据。

11）电子商务质量风险溯源

根据电子商务质量风险分析的结果，对有电子商务质量风险的电子商务产品或服务的源头进行追溯。

案例　商家进驻有门槛 信息发布有规范

2017年5月22日在杭州召开的全国电子商务质量管理标准化技术委员会（以下简称全标委）第一届第二次会议上，由全标委组织制定的《电子商务质量管理术语》《电子商务交易产品可追溯性通用规范》《电子商务平台产品信息展示要求》和《电子商务平台商家入驻审核规范》等4项标准通过了专家投票，待国家有关部门批准后即可发布实施。

很多人在网购时有这样的经历，那就是网上产品质量和性能说得天花乱坠，可实际快递到手的产品完全不是说的那样。《电子商务平台产品信息展示要求》就对电商产品信息发布做出了规范性要求。标准从合规性、真实性、完整性、规范性和一致性5个方面确定了电商产品信息展示的基本原则和要求，展示内容和方式等，为电子商务平台的产品信息展示提供指南，促进电商平台销售产品的信息展示规范化，从而保障消费者权益。例如色差问题，标准就规定不得以显示器不同为由故意隐瞒色差；安全警示内容不但要放在主页，还要用显著字体、颜色显示；网络代购产品不但要展示原产地证明文件和产品标识的中文文本，还得明示代理商、进口商和销售商的名址。

以后上网开店，必须使用真实、详尽的身份信息，对一些特殊商品，也要按照国家法律规定进行合规性资质审核。《电子商务平台商家入驻审核规范》规定进驻平台电商必须保证身份信息的真实性、有效一致性和完整性，并分类规定了信息核查门槛，按照基础资质、经营资质、品牌资质分别作了具体规定。为了预防网络假货，标准特别对品牌资质的认定作了详细规定，要求商家必须有规范的证据链证明品牌许可的真实性。对于那些想打一枪换一个地方的不法商家，新标准也把他们投机的漏洞扎实地堵上了，标准特别规定了平台对商家失信信息的核查要求，落实一处失信，处处封堵。

《电子商务交易产品可追溯性通用规范》规定了电子商务交易产品可追溯性的原则，从政府角度，明确电商交易产品质量责任主体，实现电商交易产品的"来源可追溯、去向可追踪、责任可落实、问题产品可召回"，作为加强电商质量监管的辅助手段。从企业角度，指导电子商务供应链各参与方建立可追溯体系，解决目前我国各类追溯体系信息编码格式不统一、标识方式不一致，不便于信息交互的问题。从消费者角度，解决电子商务交易信息不对称性的问题，让消费者及时了解各环节的关键追溯信息以及产品质量信息，保障消费者的知情权与选择权。

《电子商务质量管理术语》是构建电商标准体系的重要基础性标准，对目前电子商务质量管理中使用的、已约定俗成的和相关要求涉及的80余个术语和定义进行规定。通过对概念的严格定义，选择或确立最恰当的术语，减少多义和同义现象，以避免信息交流过程中的歧义和误解。该标准适用于电子商务平台的质量管理和监管部门对电商的质量监管，也适用于消费者与平台的沟通约定和监督，可以有效避免术语歧义对争议处理的影响。

5.2　基本原则和要求

《电子商务平台产品信息展示要求》（GB/T 35411—2017）对电子商务交易产品的相关信息等进行了规范，提升电子商务交易产品信息的可信度和标准化，促进电子商务产品交易信息的透明度和规范性。该标准的制订填补了电子商务交易产品在信息展示规范方面的空白，为提升电子商务交易质量和效率提供标准化支撑。

5.2.1　基本原则

1. 合规性

电子商务交易中，产品信息展示应符合国家法律、法规的要求。

2. 真实性

电子商务交易中，产品信息展示应真实、准确、有效，不得有虚假内容。

3. 完整性

电子商务交易中，产品信息展示应完整、全面。

4. 规范性

电子商务交易中，产品信息展示应使用规范的语言和术语，并对专用或特定的术语进行解释。

5. 一致性

在电子商务交易平台上展示的产品信息应与买家实际收到的产品及产品上的信息一致。使用两种以上语言时，其内容应保持一致。

案例　**"抖音"平台购物车商品信息发布规范**

一、标题

此处标题包括购物车标题、第三方平台商品标题、视频标题。

（1）标题应以描述商品本身属性为目的，标题中各商品属性内容应客观真实，且与实际商品和商品详情页相关联；

（2）标题中禁止使用"国家级""最**""第一""绝无仅有""万能"等夸大或误导性的极限词；

（3）标题不得重复关键词或出现与商品名称、品类无关的关键词；

（4）禁止使用"点击领红包""点击参加抽奖""点击看美女""你的通讯录好友""ta正在关注你""530万人看过"等引导点击的内容；

（5）标题上不能出现售卖数量，如20片、5包等；不能出现价格，如20元等，避免商家促销活动前后售卖数量、价格有变化，造成对用户误导；

（6）不能出现活动、促销信息（包括且不限于满减、特价、清仓、XX 元包邮、秒杀等），以避免促销信息变化，造成对用户误导；

（7）分享的商品信息与视频内展示商品必须一致（包括品牌、款式等）；

（8）其他法律法规、平台规定禁止出现的内容。

二、主图

主图即购物车卡片所附商品图片。

（1）图片需清晰展示商品，容易辨识（禁止大量文字覆盖）；

（2）第一张主图必须为商品主体正面实物图，其余辅图需包含侧面、背面、平铺及细节等；

（3）商品图片和详情中不得进行与商品信息无关的描述，比如出现外部网站的 logo、联系账号、二维码等广告信息；

（4）主图图片不能过分暴露，应符合抖音平台及本社区规范对内容的要求；

（5）禁止展示拼图。

三、商品信息

（1）抖音用户在分享商品信息前，应当核实其接入的商家有相应的资质销售该商品，商品详情页本身不存在夸大宣传、虚假宣传的情况；

（2）抖音用户在分享商品信息前，应基于商品详情、商品价格等因素综合考量判断商品是否存在假冒侵权等情形，不得分享涉嫌假冒、盗版的商品信息；

（3）购物车短视频应系抖音用户本人对商品和服务使用后的推荐行为，不得出现未经使用，不了解商品的虚假推荐内容；抖音用户分享商品前应当详细核对商品，不得分享三无商品（即无生产厂家、无生产日期、无质量合格证的商品），不得分享资质等不合规的商品。

案例：

一、美妆类

抖音用户发布含有美妆的购物车视频内容中禁止出现下列内容：

（1）使用美化过度的图片或视频，包括但不限于口红试色、眼影盘试色等；

（2）所售美妆类产品的品牌、功能、质地、产地等各类信息与抖音用户在视频中所分享产品的信息不一致；

（3）对化妆品名称、制法、成分、效果或者性能有虚假夸大；

（4）用他人名义保证或者以暗示方法使人误解其效用的，包括通过他人使用前后的效果表明该化妆品的功效；

（5）宣传医疗作用或者使用医疗术语的；

（6）有贬低同类商品内容的；

（7）使用最新创造、最新发明、纯天然制品、无副作用等绝对化语言的；

（8）非特殊用途化妆品宣传含有特殊用途的功效的，如育发、染发、烫发、脱毛、美乳、健美、除臭、祛斑、防晒、美白功效的。

二、普通食品类

食品类视频内容必须真实、合法、科学、准确、符合社会主义精神文明建设的要求，不得欺骗和误导消费者。抖音用户发布普通食品类视频内容时应当遵循以下规则：

（1）所售食品各类信息，包括但不限于产品的包装、规格、产地及加工地等应与抖音用户在视频中所分享的产品一致；

（2）抖音用户不得通过平台分享、展示、售卖过期及变质食品；

（3）抖音用户不得在视频中表达出该商品为"自家产"及相类似信息（包括但不限于口播、标题、视频字幕等）；除非该商品符合国家法律法规要求的可自行生产的类目，符合平台要求，同时向平台提供相关承诺及材料证明相关商品确实由其生产的除外；

（4）禁止出现与药品相混淆的用语，不得直接或间接地宣传治疗作用，也不得借助宣传某些成分的作用明示或暗示该食品的治疗作用；

（5）对于婴幼儿乳制品，不得明示或者暗示可以替代母乳；

（6）不得利用医疗机构、医生、专家、消费者的名义或者形象作证明；视频中涉及特定功能的，不得利用专家、消费者的名义或者形象做证明；

（7）普通食品购物车视频不得宣传保健功能，也不得借助宣传某些成分的作用明示或暗示保健功能；

（8）普通食品不得宣传含有新资源食品中的成分或者特殊营养成分。

三、酒品类

抖音用户发布含有酒品的购物车视频内容时应当遵循以下规则：

（1）不得诱导、怂恿饮酒或者宣传无节制饮酒；

（2）不得出现饮酒动作；

（3）不得表现驾驶车、船、飞机等活动；

（4）不得明示或者暗示饮酒有消除紧张和焦虑、增加体力等功效；

（5）不得含有未成年人的形象（含未成年人的卡通形象）；

（6）不得含有诸如可以"消除紧张和焦虑、增加体力、强身健体、延年益寿、解除疲劳"等不科学的明示或者暗示；

（7）不得把个人、商业、社会、体育、性生活或者其他方面的成功归因于饮酒的明示或者暗示，如"壮阳、提高性生活、补肾、事业有成、企业家、成功人士、重振雄风"；

（8）抖音用户不得在视频中表达出该商品为"自家产"及相类似信息（包括但不限于口播、标题、视频字幕等）。

四、生鲜类

抖音用户发布含有生鲜类的购物车视频内容时应当遵循以下规则：

（1）抖音用户不得在视频中表达出该商品为"自家产"及相类似信息（包括但不限于口播、标题、视频字幕等）；除非该商品符合国家法律法规要求的可自行生产的类目，符合平台要求，同时向平台提供相关承诺及材料证明相关商品确实由其生产的除外；

（2）抖音用户应保证所售商品的各项参数（包括但不限于产地、净含量、保质期、包装等）与抖音用户在视频中所宣传商品的各项参数一致。

五、教育培训类

教育培训类购物车视频内容应当遵循以下规则：

（1）不得对升学、通过考试、获得学位学历或者合格证书，或者对教育、培训的效果作出明示或者暗示的保证性承诺，如一次通关、100% 包过等描述；

（2）不得明示或者暗示有相关考试机构或者其工作人员、考试命题人员参与教育、培训；

（3）不得利用科研单位、学术机构、教育机构、行业协会、专业人士、受益者的名义或者形象作推荐、证明。

案例　**上海国美在线电子商务有限公司虚假宣传虚构交易案**

上海国美在线电子商务有限公司设立国美在线网站（www.gome.com.cn）对外销售自营商品和提供第三方平台服务。

当事人在国美在线网站上架贝昂 KJF280B 空气净化器并发布了宣传网页。宣传中对商品几项测试指标进行了篡改，与真实测试数据不符。网页上宣传无辐射，但检测报告证实并非无辐射。

另查，该空气净化器是当事人自营商品，采购自经销商北京某公司。9 月 1 日上架销售至案发，仅售出 5 台。在该空气净化器的相关宣传网页商品评价栏目中含有以下内容："好评度 100%，全部评论（2272），好评（2271），中评（1），差评（0）。"经核实，其中有 5 条评论是商品售出后消费者的真实评论，其余评论均是经销商北京某公司和当事人为增加商品信誉度和提高销售量，通过虚构交易的方式刷出来的虚假评论。具体操作方式是：经销商北京某公司申请注册多个国美在线网站账号，用这些账号先下单购买该商品，完成评论后再撤销订单。当事人在后台配合经销商审核通过上述下单、评论和撤单的操作，实际上并不安排发货，也未与经销商进行商品交易的结算，这部分订单是虚构和不存在的。

上海市工商局嘉定分局依据《反不正当竞争法》和《网络交易管理办法》对当事人进行处罚。

案例　**某电子商务（上海）有限公司发布不良文化广告内容案**

某电子商务（上海）有限公司是 1 号店网站（www.yhd.com）的运营商，主要从事第三方网络平台交易活动。

当事人为加强宣传其"4·19"的促销活动，4 月 13 日起通过其微信认证的公众号平台（yhd111）对外发布了标题为"4 月 19 日'约一 pao'不如'摇一摇'，0 元 applewatch 等你来！""最养眼的 419 福利来啦，今年的 419，玩点不一样的才劲爆"和"419 掌上狂欢激情夜，一起来扒开小鲜肉的最后防线，百元礼品卡等着你"等 3 个宣传广告，其中具体使用的宣传用语含有不符合社会主义精神文明建设要求的不良文化内容。

上海市工商局自由贸易试验区分局依据《广告语言文字管理暂行规定》对当事人进行处罚。

案例　**商家"刷单"被扣违约金，平台处罚获法院支持**

2019 年 6 月，某电商平台监测到，平台内经营者李某开设的店铺存在大量刷单行为，就对李某的店铺作出扣除 25 积分、禁止发布新产品、罚款 1 万元的处罚。

李某认为，平台处罚过重，向某电商平台进行申诉。申诉未果后，李某向北京互联网法院起诉，要求电商平台退还罚款。

该院审理认为，李某与某电商平台签订了平台服务协议，双方均应严格按照合同约定履行义务。某电商平台监督、管理异常订单，有利于保护消费者的合法权益，应予以鼓励。

法院认为，在李某未对订单异常作出合理解释的情况下，某电商平台依据平台服务协议，对李某进行处罚、告知理由，并允许其进行申诉并无不妥。因此，对李某的诉讼请求不予支持。

5.2.2 基本要求

（1）卖家应按照《电子商务平台产品信息展示要求》中的基本原则将所销售产品的信息在电子商务销售平台上展示。所展示的信息应包括：产品识别、产品生产销售、产品安全警示、产品性能。根据需要，销售者还应同时或分别展示购买其产品的支付方式和运输费用的说明、售后服务、维修保养、运输安装、节能环保、民事责任等信息。

（2）由电子商务平台提供者在其平台上展示的产品，应符合合规性、真实性、一致性的原则。

（3）电子商务平台应对入驻其平台的商户（卖家）所展示的产品信息进行监督，对违规信息进行清理或督促卖家进行修改，并依据交易规则采取处置措施。

案例　抖音小店商品信息发布基本规范

1）商家需作出真实、完整、全面、准确的商品描述。

2）相关展示图片应当画面清晰，容易辨识。

3）禁止在商品描述信息及实物包裹中发布第三方信息，包括但不限于实体店信息、银行账号、二维码、非平台链接、非平台水印、非平台联系方式等信息。

4）商家应当依法开展促销活动，搭售不得默认勾选，价格标示应符合法律法规的规定，禁止通过虚构原价等价格欺诈手段，违规促销。

5）禁止发布含有虚假宣传的内容，商家需确保实际发货的商品与商品描述一致，确保描述内容与符合批准的功能功效、资质证书信息、商品实际功能一致。若买家收到的货物与商家的描述不相符，视为货不对板／描述不符；禁止含有虚假、夸大的内容，禁止使用"国家级""最**""第一"等夸大或误导性的绝对化用语，不得出现对比图／视频，不得真人展示产品效果。

案例　拼多多某食品入驻店铺因虚假宣传判三倍赔偿

原告胡某某因生活需要于 2019 年 7 月 1 日在被告入驻的拼多多店铺慕然茶叶旗舰店购买了 30 饼福鼎白茶 2013 年正宗高山老白茶特级贡眉寿眉 350G 春茶，金额 2100 元。到货后发现其包装标签名称为：日晒老白茶，原料：福建大白茶，产地：福建宁德福鼎，产品执行标准：GB/T 31751，生产日期 2013 年 7 月 8 日，没有生产许可证和生产厂家及其联系电话等，在和茶友品尝后发现其茶叶口感不对，不像5年陈老茶。后经查询发现其执行标准 GB/T 31751 的发布日期为 2015 年 7 月 3 日，实施日期是 2016 年 2 月 1 日，而商家标注的生产日期是 2013 年 7 月 8 日。生产日期比其执行的生产工艺标准发布和执行时间还要早。后在和被告沟通要求退货退款时，遭到商家拒绝。并且商家在平台和微信多次辱骂原告。商家售卖非法三无茶叶，当地市场监督局和拼多多已经强行下架了这款茶叶和店铺所有商品，根据《消费者权益保护法》和《食品安全法》，商家应提供符合食品安全标准的食品，生产不符合食品安全标准的食品或者经营明知是不符合食品安全标准的食品，消费者除要求赔偿损失外还可以向生产者或者经营者要求支付价款十倍或者损失三倍的赔偿金。

法院审理认为，本案属买卖合同纠纷。原告向被告购买白茶，并支付了货款，双方形成事实上的买卖合同关系，该买卖合同系双方当事人真实意思表示，未违反法律、法规的强制性规定，合法有效，双方均应恪守合同约定。根据原告购物时聊天截图显示，原告向被告购买的系 2013 年正宗高山老白茶特级贡眉寿眉 350G 春茶，但被告提供的是日晒老白茶，被告白茶标注的执行标准 GB/T 31751，但该标准发布日期为 2015 年 7 月 3 日，实施日期是 2016 年 2 月 1 日，而商家标注的生产日期是 2013 年 7 月 8 日。故被告的宣传与事实不符，存在虚假宣传，根据《消费者权益保护法》第五十五条"经营者提供商品或者服务有欺诈行为的，应当按照消费者要求增加赔偿其受到的损失，增加赔偿的金额为消费者购买商品的价款或者接受服务的费用的三倍"，故被告应向原告退还购物款 2100 元并赔偿 6300 元合计 8400 元，同时原告将购买的 30 块福鼎白茶退还给被告。

5.3　规范解读

电子商务交易中产品信息的展示缺乏规范性，消费者难以通过电子商务平台展示获取准确、全面的产品信息，其知情权和选择权难以得到保障。因此，制定了国家标准《电子商务平台产品信息展示要求》（GB/T 35411—2017），规定了对电子商务平台各类产品的信息描述属性、信息描述方法以及各行业专用信息描述的规范要求等。

5.3.1　产品识别信息展示要求

1）产品识别信息包括但不限于以下信息：

（1）产品名称：产品通用名称和特定名称；

（2）商标和 / 或品牌；

（3）产品规格、型号、参数或成分；

（4）根据需要，产品识别信息还应包括：

（a）市场准入信息：许可类产品证书、强制性产品认证证书等；

（b）商品条码；

（c）原产地标识；

（d）自愿性认证证书和 / 或标志等。

如下图所示为某电商平台中产品详情页面中对产品信息的展示。

2）应使用不会引起买家误解或混淆的产品名称和图片。

如下图所示的一些电商平台中的商品，通过对品牌标志的少量变异，易使买家误解和混淆，这样的产品图片都是不符合规范要求的。

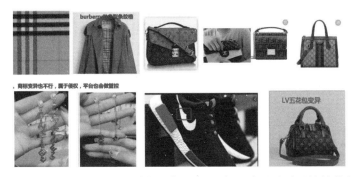

3）在产品销售网页包含产品名称的主标题，不应同时罗列不同品牌的名称（注：应当禁止使用类似的标题，如：耐克阿迪运动鞋）。

4）不得冒用或使用与他人近似的商标、品牌。

如下图所示为某些网店中使用近似知名品牌商标的商品，这些商品都涉嫌违法违规。

正品　　　　仿品

5）卖家在电子商务平台所销售的同类型产品的功能、性能指标等与实体店销售的产品有差别的，应以不同型号标示给予区分，标示"电商专供产品"的产品应提供同类型产品的功能、性能指标等信息的区别。

如下图所示为某电商平台中销售的"电商专供"产品，在该产品详情页面中的产品标题名称中特别加入了"电商版"字样，以示区别。

6）对于列入产品生产许可或强制性产品认证（如CCC认证）目录范围的产品，应明示出相关证书的最新编号或照片。

如下图所示的某电商平台中产品详情页面，该类商品属于强制CCC认证商品，在该产品详情的最顶端通过文字明示符合国家CCC认证标题，并且单击此处的链接文字，可以查看该产品的CCC认证编号和相关认证信息。

CCC认证编号

CCC认证的相关信息内容

案例　**跨境代购品商标侵权代购者承担侵权责任**

跨境代购由于商品物美价廉的特点，已经成为一种新的消费模式。代购者在销售跨境代购商品时，应具有商品的品牌意识。2021 年 1 月 5 日，新闻记者从沈阳人民法院获知一实例，代购者在销售跨境代购服装时，因侵害了商标权人的合法权益，被判赔偿商标权人经济损失（含合理费用）15 万元。该案裁判对跨境代购行为进行了合理的界定，为跨境贸易行为的合法性提供了明确的指引。

商标权人发现侵权商品

EVISU 是一个源于日本的高端牛仔品牌，有"日本牛王"的美誉。该商标为某国际有限公司注册取得，并授权上海某公司在国内独占经营并使用上述商标。2019 年 3 月 12 日，上海某公司发现，沈阳某公司利用网络销售平台，以代购的方式，销售被诉侵权商品。

上海某公司认为，"EVISU"商标经过在中国大陆范围内长期、广泛的使用，具有较高知名度。沈阳某公司在网上店铺内销售自称从韩国进口的"EVISU"品牌的服装，具有混淆的可能，易使相关公众对商品来源产生误认或认为服务来源存在特定联系。且沈阳某公司并没有取得合法授权，其行为已经构成商标侵权。上海某公司提出诉讼，请求法院判令沈阳某公司赔偿其经济损失及合理支出共计 50 万元。

代购者称有合法来源

沈阳某公司辩称，其代购的商品均非公司自行生产制作，系从韩国购进的正品商品，涉案商标在购进时已标注在商品上，而商品上所使用的商标均为在韩国已合法注册。沈阳某公司只是依国内消费者的指定，在收取费用后购买再发货给国内消费者，是代为购买韩国正品商品的行为，不属侵权行为。沈阳某公司认为，其没有侵权故意，且提供了商品合法来源，不应承担赔偿责任。

法院判代购者商标侵权

法院认为，在商品交易的过程中，商标发挥着重要的识别功能，将在境外购买的商品又在境内转售，使商品进入我国市场流通，附着其上的标志发挥了识别的功能，如与在我国取得注册商标专用权的商标发生混淆，使公众对商品的来源产生误认，直接侵害的是我国商标权人对注册商标的专有使用权。本案中，沈阳某公司将境外购买的商品在境内销售，与涉案商标发生混淆，破坏了商标的识别功能，侵害了商标权人上海某公司的合法权益。

法院综合考虑涉案商标具有较高的知名度、沈阳某公司实施了销售侵权商品的行为及侵权行为持续时间，并结合销售记录、制止侵权所支付的费用，判决沈阳某公司赔偿上海某公司经济损失（含合理费用）15万元。

代购者对商标具有较高的注意义务

法院认为，本案涉及跨境代购行为引发商标冲突的责任认定。首先，跨境代购行为的性质应认定为是买入再卖出的销售行为，而不应是完成委托事项的受托行为。其次，由于商标权具有地域性的特点，代购者将商品在国内再次销售，附着其上的标志产生识别作用，与国内商标权人的商标产生冲突。最后，代购商品上的商标使用行为，并未得到国内商标权人的许可。因此，代购者应承担侵害商标权的民事责任。

代购者可以以合法来源进行抗辩，但由于代购商品的商标在国内多是有较高知名度的大品牌，代购者应具有较高的注意义务，应当以审慎的态度审核境外商品是否侵害中国注册商标专用权。本案中，代购者在接到商标权利人的投诉后，仍在从事销售活动，其主观上过错明显，故对其提出不承担赔偿责任的抗辩理由，法院不予采信。

5.3.2　产品生产销售信息展示要求

1）产品生产销售信息应包括但不限于以下信息：

（1）产品制造商、卖家名称、联系方式；

（2）产品生产地；

（3）产品制造商或卖家地址（至少标示出地级市，或更详细）；

（4）产品制造和/或质量检验所执行的相关产品国家标准、行业标准、地方标准、团体标准和企业标准编号；

（5）产品价格；

（6）运费；

（7）退换货的条件；

（8）根据需要，产品销售信息还应包括：

（a）产品销售数量；

（b）买家对产品的评价信息。

如下图所示的某电商平台中产品详情页面，在该页面顶部展示了该产品的生产销售相关信息内容。在页面中的"商品介绍"选项卡中以文字形式展示了该产品的基本信息，在"商品评价"选项卡中展示了已经购买过该产品的消费者的相关评价内容。

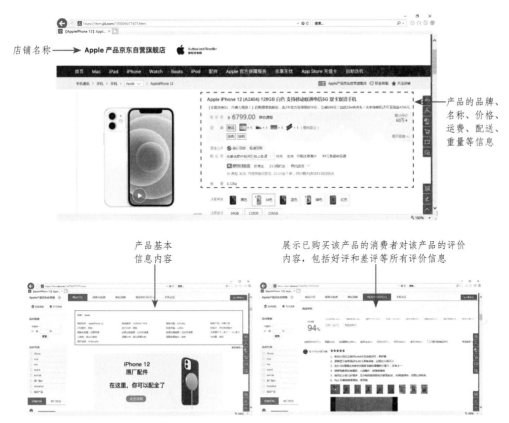

2）产品价格应真实有效，特价、优惠政策有使用时限、使用条件的应予以显著说明。

如下图所示的某电商平台中某产品的促销页面，明确使用文字展示了商品原价、秒杀价、活动结束时间等信息，并且还对商品促销时间和促销信息进行了明确的说明。

3）产品的产地应以产品实际制作地为准，不应以产品销售者、企业注册地等代替。

如下图所示的某电商平台中某单反相机产品的产品信处列表，详细展示了该产品的相关参数和产品信息，包括产品的产地信息。

4）产品制造商或卖家的地址和联系方式应真实、有效、完整。

5）进口产品、网络代购产品应标明该产品的原产地（至少标示出国家/地区）、相关证明文件、产品标识的中文文本，以及境内代理商或者进口商或者销售商在中国依法登记注册的名称和地址、有效联系方式。

如下图所示为某电商平台中进口产品详情页面，在产品名称的上方清晰展示该产品的品牌所属国、发货方式和商品形式信息。在"商品详情"选项卡的最上方显示的产品基本信息中包括产品品牌、产地、保质期等基本信息。

6）产品生产日期、保质期和 / 或有效日期、限期使用日期的标识应显著，且不应引起买家误解和混淆。

如下图所示为某电商平台中某食品的详情页面，在商品详情信息的顶部清晰地展示了该商品的生产日期、保质期、生产许可证编号等相关信息。

7）产品信息展示不得虚假促销、虚构原价、虚构交易。

案例 **直播带货虚假促销引不满**

2020 年 9 月，国内电商专业消费调解平台"电诉宝"接到用户投诉北京微播视界科技有限公司旗下"抖音"，称主播被指虚假促销，不发货，平台退货处理引不满。

山东省的胡女士于 2020 年 8 月 16 日在"抖音"直播间购买小火锅，当时主播说买四盒小火锅另外 0.1 元购小烤箱一个，15 天发货，下单后到 8 月 31 日没有发货，咨询小火锅店铺，小火锅店铺表示不知情，咨询小烤箱店铺至今无人回复，后来找到抖音客服，抖音客服说解决问题，一直到 9 月 2 日没有解决，9 月 4 日再次联系客服明确表示不接受虚假销售，只要小烤箱，客服说 2 个工作日解决，直到 9 月 10 日抖音发短信让胡女士申请退货。

案例 **电商平台虚构商品原价、虚假优惠，构成价格欺诈**

冯先生在某科技公司经营的电商平台购买"台式机电脑内存条"4 件。该商品详情页面上载明："价格 2199 元，促销价 1799 元，今日特价， 本店活动满 200 元减 5 元"。在购买时，客服告诉冯先生 2199 元是原价，根据"促销政策"，冯先生实付款 1794 元。但之后冯先生发现价格始终没有回归原价，感觉受到欺诈，遂向法院提起诉讼，要求该科技公司予以 3 倍赔偿。 法院认为，该科技公司在商品详情页面没有对标示价格进行必要的解释说明，且该公司客服回复也表明 2199 元为商品原价，会误导消费者认为该商品有按照 2199 元进行销售的成交记录，属于虚构原价、虚假优惠的行为，构成价格欺诈。此外，该科技公司将 1799 元标注为促销价，传递出优惠幅度信息。虚假标注价格足以使消费者对优惠幅度产生错误认识而产生购买意愿，故本案所涉价格欺诈行为构成对消费者的欺诈。最终法院判决该科技公司对消费者予以 3 倍赔偿。

案例 **网络刷单虚构交易，被罚40万元**

刷单，其实就是虚假交易。这是大家都知道的一个事实。但是为了提升店铺销量和信用度，能够给店铺带来实际的流量、制造爆款，作为有效的方式之一——刷单，无疑是很多商家的首选。多年来，电商刷单早已成为电商行业普遍的行为，即便是用户都深谙其中之道。

2020 年 8 月 5 日消息，通州区市场监管局成功查处两起网络刷单违法行为。此前，通州区市场监管局接群众举报，称通州区一家电子商务公司网上销售的家具涉嫌存在虚构交易行为。接报后，市场监管局执法人员立即赶赴现场进行检查，发现被举报公司在京东商城平台开设两家网店，在淘宝平台开设一家网店从事家具销售业务，其财务、运营、客服人员和总经理的办公电脑中存在大量的"刷单""补单"内容电子表格和文件，公司办公社交软件的沟通记录中存在"补单""刷单"内容的沟通记录，同时在财务电脑中发现了刷单佣金明细的电子表格和支付刷单、补单的凭证截图。经询问得知，该公司为了提升网店交易量和交易额，通过代运营公司和刷手采取补单、刷单的方式虚构交易，其间并不发送真实商品，而是通过快递发送价值较低的文件夹、橡皮等物品形成完整交易记录，刷单结束后向刷手支付佣金。

通州区市场监管局依法对李某、吴某夫妻二人名下的两家公司分别下达了罚款 20 万元的处罚决定。

案例 **查处跨境电商刷单案**

2018 年 1 月 3 日，金华市市场监管局根据线索，获悉美国福布斯新闻网报道中国跨境零售存在刷单现象的线索后，对一起跨境电商虚构交易、刷单炒信案件进行立案查处。

经查，当事人义乌市某电子商务有限公司是一家经营跨境网络交易的公司，该公司在速卖通、wish 等跨境电商平台上共开设了 499 家网店，并使用 ERP 系统管理上述网店。2017 年 1 月，当事人为提升 wish 平台上网店的信誉和销量排行，提高产品销量，采用将其他交易平台上的真实客户信息导出，雇佣专人利用导出的真实客户信息在 wish 网站上虚假注册，虚假下单，使用跨境物流发送包裹的方式进行虚构交易。2017 年 1 月至案发时止，当事人采用上述方式，共虚假注册了 3999 个 wish 的买家账号，虚构交易共计 27092 单，仅 2017 年 8 月一个月就采用上述方式虚构交易 3121 单，客户名为 Heaven McGeeha 的美国消费者一个月就收到空包裹 29 个。

当事人通过虚假注册、虚构交易的方式，提升自己网店的商业信誉。上述行为构成了《网络交易管理办法》第十九条第（四）项的规定情形，属于虚构交易行为。由于当事人积极主动配合调查，及时停止违法行为，主动减轻违法行为危害后果，2017 年 2 月 8 日，经金华市市场监管局决定，根据《反不正当竞争法》第二十条第一款、第二十五条之规定，决定责令当事人立即停止违法行为，处罚款 14 万元。

5.3.3　产品安全与使用信息展示要求

1）涉及安全性能时，产品警示信息应包括以下适用的对应项目：

（1）产品使用说明，正确使用方法或操作说明（符合 GB/T 5296.1 要求）；

（2）使用中可能会危害使用者的安全警示文字或符号；

（3）安全事故处理方法；

（4）个人防护措施；

（5）对特殊人群使用时的保护警示；

（6）产品有特殊材料，或者危险的材料（如防腐剂、干燥剂等）时，应醒目地注明；

（7）潜在的危险说明；

（8）产品安全认证标志。

2）产品警示安全、安全标识应符合相关法律、法规的要求，且展示于显著位置。

如下图所示为某电商平台中某减肥茶产品的详情页面，在其商品详情介绍的顶部展示了其获得国家食品药品监管局批准的保健食品认证的信息，以及保健食品的提示信息。在产品详情介绍中通过图文相结合的方式介绍了该产品的主要成分、适宜人群、不适宜人群以及相应的安全警示信息。

点击查看该产品的保健食品证书，以及保健食品的提示信息

产品的名称、厂家、联系电话、批准文号、注意事项等基本信息

保健食品批号：国食健字G20110711

主要成分：番泻叶、绿茶、决明子、荷叶、泽泻

保健功能：减肥　　　适宜人群：单纯性肥胖人群

不适宜人群：少年儿童、孕妇、乳母、慢性腹泻者

食用方法及食用量：每日2次，每次1袋，饭后半小时，用200~300ml开水冲泡5~10分钟后饮用。一次饮完即可。

规格：2.5克/袋*60袋　　保质期：24个月

注意：不建议反复冲泡

产品的保健食品批号、功能、适宜人群、不适宜人群等重要信息

产品的安全警示信息

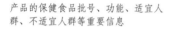 **虚假宣传 网店被判"退一赔三"**

2016年5月12日，屈先生在天猫店铺宜然专卖店中看到了甘蓝灵芝胶囊的介绍，商品详情页详细介绍了此款商品的功能为："抗肿瘤，防癌，抑制癌细胞；保肝解毒，辅助（治疗）慢性中毒，肝炎，肝硬化，肝功能异常；抗衰老，促进和调整免疫功能；抗神经衰弱，预防冠心病，心绞痛，防止动脉硬化、脑血栓；镇咳祛痰平喘，缓解支气管炎"等。屈先生仔细看后，深信不疑，因生活需要就购买了三瓶共计990元。

然而，屈先生收到商品后却产生了疑问："产品标签上明明标示的是食药监局批准的保健食品批号，属于保健食品，怎么能宣传能治疗疾病呢？"屈先生认为，店铺的实际经营者某工艺品有限公司的行为已经违反了食品安全法、广告法等相关法律法规，严重误导和欺骗了消费者。为了维护自己的合法权益，屈先生诉至中原区人民法院，要求某工艺品有限公司退回货款990元，并依法赔偿3倍货款2970元。被告并未到庭应诉。

中原区人民法院经审理认为，屈先生在被告经营的天猫店铺宜然专卖店处购买甘蓝灵芝胶囊，双方之间存在买卖合同关系。经营者向消费者提供有关商品或者服务的信息应当真实、全面、准确，不得有虚假或者引人误解的宣传行为。

被告在销售产品时，陈述产品具有的功效涉及疾病预防、治疗功能，违反了《广告法》中有关保健食品广告不得含有涉及疾病预防、治疗功能内容的规定，构成虚假宣传。根据《消费者权益保护法》的规定，屈先生有权要求被告退还货款并支付商品三倍价款的赔偿金。

2016年底，中原区人民法院一审判决，被告某工艺品有限公司为屈先生办理退款退货手续并支付赔偿款2970元。

5.3.4　产品性能展示要求

1）根据需要，产品性能信息应包括以下一项或多项信息：

（1）产品材质、主要成分；

（2）产品尺寸、重量、体积或容量、颜色；

（3）产品可选择的组件和附件；

（4）功能和适用范围；

（5）产品主要专业性能和参数；

（6）产品的能量消耗、噪声、废气和废水、回收与处置。

2）产品性能信息的展示不得有夸大、虚假的内容。

3）产品的颜色信息应准确表述，与实物保持一致。

如下图所示为某电商平台中某产品的详情页面，在其商品详情介绍的顶部以文字形式展示该产品通过国家强制性产品认证，并且展示了证书编号、名称等产品基本信息，在详情介绍中，使用图文结合的方式介绍了产品的尺寸、颜色和所获得的证书。

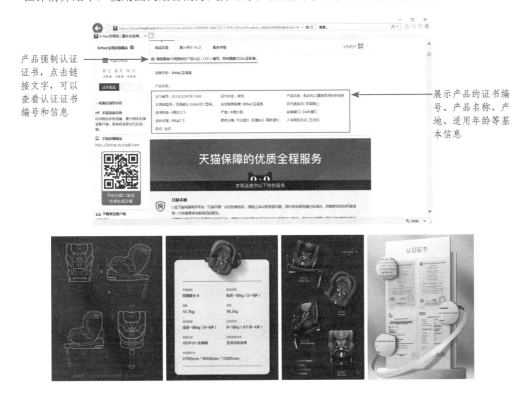

快手因"虚假宣传"处罚91名电商主播

2019 年 12 月 13 日，短视频社区平台快手发布《虚假宣传违规用户通报》，公布对 91 名相关违规电商主播的处罚措施，进一步加强对快手小店的整治和规范。

通报称，为了为用户提供优质购物体验，让平台用户买得放心，严格规范电商售卖行为和商品质量，因此"对违规电商用户和电商行为零容忍"。

快手方面指出，部分主播在推广商品的过程中，通过直播、文字、图片或者其他方式等对商品的质量、用途、使用效果等进行虚假描述或引人误解的宣传，明示或者暗示与商品实际内容不符的信息，使消费者产生误解。快手平台禁止虚假宣传行为，并给予违规用户相应处罚。

非特殊化妆品宣传美白、祛斑等功效

主播ID	主播昵称	主播ID	主播昵称
1122248150	会痒 严选（二马三缩）	661210571	小憨【不忘初心】
372998263	4文哥妈妈a	1307431249	藕福带货女王
379474198	九歌【良心电商】	1404685717	大宝7db7品牌ceo
6336201	康纳凯珊 皮草 運壳服	630514685	抗霾严选
375596074	部小主护联达人拜只	1332967674	感谢遇见世遵南 明月...
93261858	大玲子 电商严选	813540471	
94265562	丹丹媛丁「诚信电商」	1262026229	178片瑞妹小号
102129213	张燕【良心电商】	1155975198	鑫福美人~电商达人♥
7260614	光丰大人《五个孩子爸爸》	1117056112	神棍拼博之源
1161819751	Lisa@燕子	551396823	酒遇儿嗥~
1181369341	阿神『良心电商	618213143	乐乐妈儿几~
655041831	大远 冰冰 《电商	1207220123	十宝第【专注养生】
1537558979	纪霞子《良心电商》	179644077	正能量~我为自己代言
743687432	一起来超人~芳列	1551418954	电商园一~工厂直营
1401473515	采菇凉团队168	209663719	薪花化生《高家领队》
22131323	那少电商《全国供货》	1263637758	严选《电商达人》
1537578919	天宮园姐《全国供货》	948904644	护联赛商阿贤【只物品桃】
244112355	十十哥1№2	590843697	春军《严选》
612661839	帝"美化妆品	123179662	悟哥《品质严选》
970100523	小美的日创业	1545556621	韩美人《韩棉高颜》
1424147778	攀玉~【精选】	662884034	小龙女《十年电商》
275591071	吃嘛m 严选	653801949	埼培~护肤达人
1257582929	螺蛳粉的小虎哥"破90万		

食品宣传治疗疾病、减肥等功效

主播ID	主播昵称	主播ID	主播昵称
318098950	大文静《破100》	297951497	小马哥大话...
1017778936	小小美食分享ω	46443818	老谷头养生酒
943602153	陪瘤女生~家人的日常生活	411030705	王先生《真材实料》
1181971173	菜菜外开花	1166005869	@_@柳桃小哥@_@
267519477	吃货佳佳娃	1024346942	云南文山三七原产地
2564119839	拉萨小森森	506836029	帅师ϑ《带货达人》
427072852	维根嫲安娜♪吃播	1351504553	阿延小镇姑娘
204952492	爱健身的萌小牛~	997832116	长白山薇薇
366886622	小马哥哥！《李大狗》	247383710	轩轩爱美
1161033087	大勇ω 勇战精选百货	618767750	环球圈婶
1150040889	泰大丝ω 正能量粽子~	316139305	【阿极】豆豆爱生活
895346468	飘哪370	787535819	燕子爱吃肉《冲30万》
563159309	欢姐8020	310082837	长白山人参之乡◇
406457403	菌二哥@修坤堂贾	731945808	长春鹿场菇出生活ω

服饰宣传减肥、增强男性功能等功效

主播ID	主播昵称	主播ID	主播昵称
200679092	秦领峰本人	762087459	爱分享的青儿
350435523	麦烟电商ω 妈妈菜ω	1360853785	减肥网线小慧
1256518350	二婷子电商达人	1326546468	逆袭ω 叶子
971282902	辣妈贝儿ω	27035647	蓝掂品质♥
1298580617	BOBO老师营养与减脂	1253870509	金日落~金采新生活
1344649146	薇薇妈♥《育儿课堂》	1137606815	妈妈圈圈

极限词等其他虚假宣传

主播ID	主播昵称	主播ID	主播昵称
1089565530	玛瑞雪妹（正能量）	473210041	唐氏·御足堂
1290268428	小雨□优选。	549757466	胖侦侦每晚8点
1095602062	养生哥~被信任是一种责任	730205504	涵妈育儿《超美儿科医）

通报显示，根据《快手小店商品推广管理规则》对"发布虚假宣传信息"条例的处理措施，对在经营过程中违反平台相关规定的用户将处以扣除信用分20分的处罚，若扣分达到信用分节点，快手方面将采取相应节点处理。

快手方面在通报中表示，根据《快手小店商品推广管理规则》规定，违规管控由"单项违规单项处理"变为"商品推广者信用分机制"，发生违规行为将扣取对应的分数，累计扣分触发节点将受到相应节点处理。

5.3.5 产品维修保养信息展示要求

1）根据需要，产品维修保养信息应包括以下一项或多项信息：

（1）售后服务说明；

（2）保修期；

（3）保修政策，如配件的更换；

（4）由消费者进行的维修、清洗说明；

（5）由专业人员进行的维修、清洗、更换说明；

（6）多种途径的维修联系方式，如维修固定电话或手机号码、邮箱等。

2）产品的安装、维修如需专业人士操作应在显著位置标明。

3）由消费者进行的维修、清洗说明应有安全注意事项和风险警示。

如下图所示为某电商平台中某家电产品详情页面中关于产品售后安装的相关介绍信息，通过图文相结合的方式，清晰地展示了该家电产品的售后、安装、服务收费等信息，清晰明了。并且在"售后保障"选项卡中不仅对产品生产厂家的售后信息进行了介绍，还对电商平台的售后保障服务进行了介绍。

案例　北京世纪卓越信息技术有限公司拖延执行"七日无理由退货"案

北京世纪卓越信息技术有限公司开设亚马逊网上购物商城（www.amazon.cn）。

2014 年 8 月 21 日，有消费者在亚马逊网上购物商城下单付款购买了 29 张"月饼礼券（北京提货券）"作为赠送亲朋的礼物，8 月 25 日到货。8 月 28 日开封后，消费者发现其中 11 张为上海提货券且注明为"本券仅限上海地区使用"。消费者立即打电话给亚马逊客服，并发邮件要求退换货。亚马逊先告知消费者要请示，继续拖延。9 月 5 日，当事人发邮件称该礼券属于食品类，不予退货。9 月 18 日，经北京市工商局朝阳分局调解无果。

2015 年 2 月 26 日，北京市工商局朝阳分局依据《消费者权益保护法》对当事人进行处罚。

案例　消费者久未收到货物 售后"某某数码商城"表示已退款

王女士于 2018 年 12 月 6 日在"某某数码商城"购买一台苹果手机一台华为手机和一台苹果 ipad，三台产品共计 15157.15 元。在王女士全额支付完毕后，"某某数码商城"承诺最晚会在 12 月 9 日发货，然而到了 12 月 9 日，"某某数码商城"并没有发货，也没有任何相关人员联系通知王女士。直到 12 月 23 日，王女士向"某某数码商城"申请退款，"某某数码商城"告知 3 个工作日完成退款，然而在 3 个工作日后，王女士却未收到退款，也没有相关某某商城人员向王女士解释说明。

对此,"某某数码商城"表示,经核实王女士的订单已经按照王女士的诉求退款完成,请注意查收。

在最新的《电子商务法》第五十一、五十二条中,明确规定电子商务经营者应当按照承诺或者与消费者约定的方式、时限向消费者交付商品或者服务,并承担商品运输中的风险和责任。因此,对于迟迟不发货的,消费者可按照平台对于卖家发货期限规则要求商家进行赔偿。

《电子商务法》第五十一条内容显示,合同标的为交付商品并采用快递物流方式交付的,收货人签收时间为交付时间。合同标的为提供服务的,生成的电子凭证或者实物凭证中载明的时间为交付时间;前述凭证没有载明时间或者载明时间与实际提供服务时间不一致的,实际提供服务的时间为交付时间。合同标的为采用在线传输方式交付的,合同标的进入对方当事人指定的特定系统并且能够检索识别的时间为交付时间。合同当事人对交付方式、交付时间另有约定的,从其约定。

《电子商务法》第五十二条内容显示,电子商务当事人可以约定采用快递物流方式交付商品。快递物流服务提供者为电子商务提供快递物流服务,应当遵守法律、行政法规,并应当符合承诺的服务规范和时限。快递物流服务提供者在交付商品时,应当提示收货人当面查验;交由他人代收的,应当经收货人同意。

5.3.6　产品信息展示方式和要求

（1）展示方式包括文字、表格、图片、语音、视频、影像、电子链接标识（如,二维码）等。

如下图所示为电商平台中某品牌店铺的产品展示页面,在该页面中通过视频、图片、文字等多种展示方式相结合,向消费者全方位展示产品信息。

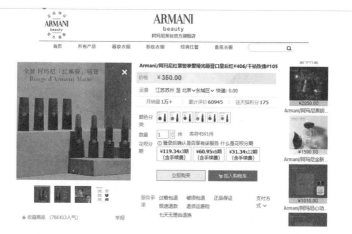

（2）产品信息的文字、语音应使用简洁易懂的规范中文。两种以上的语言同时展示时中文在先,其他语种的信息均应有对应的中文。

如下图所示为电商平台中某知名进口品牌产品的信息介绍,产品名称和品牌都采用了中英文对照的方式进行展示,其他信息的展示也简洁清晰。

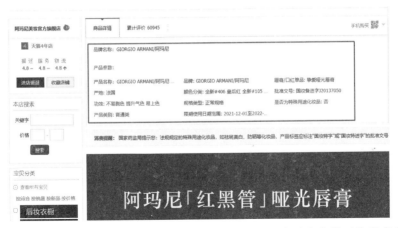

（3）产品识别、产品生产销售（如，生产日期等）和产品安全警示信息应当放置在产品介绍的主页面。

如下图所示为电商平台中某品牌电热毯产品的详情页面中所展示的产品安全须知信息。

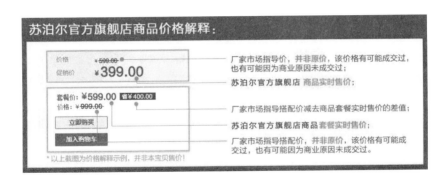

（4）产品的数量和质量、价款或费用、履行期限和方式、安全注意事项和风险警示、售后服务、民事责任等与买家有重大利害关系的内容，应以显著方式展示。

如下图所示为电商平台中某产品详情页面中对产品价格的说明信息，使消费者更容易理解。

（5）产品介绍的文字、图片、影像等信息展示应遵循《电子商务平台产品信息展示要求》的基本原则，不应有产品不存在的性能，除非清晰易见地说明没有此性能的标注。

案例 **抖音小店商品信息发布的具体要求**

1. 商品类目

根据商品实际属性，填写正确的商品类目。

2. 商品标题

应包含商品品牌、商品品名、基本属性（材质／功能／特征）和规格参数（型号／颜色／尺寸／规格／用途／货号）等，不应包含其他无关品牌及无关信息。

不得虚构"原价、特价、批发价、最低价、极品价、出厂价、活动价"等描述。

3. 商品主图

相关展示图片应当画面清晰，容易辨识。

所有主图不得含有除品牌 logo 以外的任何文字、水印，第一张主图必须为商品主体正面实物图，其余辅图需包含侧面、背面、平铺及细节等，顺序不强制要求。

主图需要展示产品多角度的方位图以及产品细节图，不得出现所有主图展示同一个角度的情况。

主图中呈现商品个数与销售单位（产品信息）保持一致，主图所示商品颜色、规格等必须与文字介绍一致，不得出现与所售商品无关的其他商品和物体。

4. 商品详情

1）完整性

为了保证消费者在购买商品时拥有充分知情权，便于消费者更全面地了解商品，商家需在发布商品时明示商品的主要信息。商家应根据所销售的商品实际属性录入基本信息，并及时维护，保证主要信息真实、正确、有效。

商品主要信息完整，包括但不仅限于：品牌介绍、产品名称、生产厂商、厂址、许可证编码、生产日期、规格、尺寸、重量、保质期、使用方法、商品细节、优势、注意事项等。

不得发布基本信息缺失的直播商品或福袋商品。

2）一致性

商品的描述信息在商品页面各版面中（如商品标题、主图、推荐语、详情描述等）需保主要素一致性。

3）真实性

需如实描述商品的实际功能，不得含有虚假、夸大的内容，不得涉及治病预防、治疗等功效描述，不得真人展示效果，不得出现对比图，所描述内容需与国家批准的实物外包装说明信息内容一致。

5. 商品价格

禁止通过虚构原价等价格欺诈手段，违规促销。

需正确设置商品价格，不得随意调整商品价格。

不得虚假标高商品实际价格。

不得在销售活动中虚假降价。

不得在活动期间擅自提价或提前结束。

6. 商品 SPU/SKU 设置

以颜色、尺寸、系列等属性为主要组合形式，不得将跨品牌、跨类目、跨系列等无关联商品绑定在同一 SPU（SPU 是商品信息聚合的最小单位，是一组可复用、易检索的标准化信息的集合，该集合描述了一个产品的特性）下。

如涉及套盒包装的商品，需在 SKU（SKU 即库存进出计量的单位，可以是以件、盒和托盘等为单位）信息中清晰说明套盒内商品明细。

不得刻意发布规避信息，如利用 SKU 低价引流，以非常规的数量单位发布商品等。如：纸巾的正常规格以"包"为单位，但以"张"为单位进行销售；窗帘的正常规格以"米"为单位，以"毫米"为单位进行销售。

7. 商品品牌

旗舰店、专卖店、专营店在创建商品时必须提供品牌资质。

普通店铺在创建商品时，部分类目商品需要按《普通店铺创建商品需要品牌资质的三级类目明细表》的要求提供品牌资质。

若店铺名称或商品详情页中存在品牌信息，需提供品牌资质。

案例 杭州余杭区查处"免费试用""拍A发B"新型刷单炒信案

2018 年 6 月，余杭区市场监督管理局收到举报，反映名为"美丽啪"的网站存在帮助电商刷单的行为。经过前期细致的摸排和精心的准备，余杭局于 7 月 10 日对涉案公司开展执法行动，一举查实了杭州某科技有限公司组织天猫、京东等第三方交易平台的商家，以商品免费试用的名义进行虚假交易，进而提升商品交易量的违法事实。

经查明，杭州某科技有限公司开发了"美丽啪"平台，并于 2017 年 10 月以商品免费试用平台名义上线运营，对外宣传通过免费试用可以帮助电商提高店铺信誉，以此吸引商家和用户使用该平台。在商品试用过程中，当事人通过设置试用条件、流程等方式，引导用户前往商家店铺购买试用商品，下单后商家发货给用户为另一商品（多数为低价值的赠品），即"拍 A 发 B"的交易模式，交易完成后，商家通过"美丽啪"平台将购买试用商品的货款返还给用户。截至 2018 年 7 月 10 日被查获，共有 3495 家电商通过"美丽啪"平台进行商品试用 42107 次，其中虚假交易式的商品试用 17453 次，在第三方交易平台产生虚假交易记录 63 万余条。当事人通过"美丽啪"平台共收取商家会员费、服务费等费用 17965907.73 元，获利 8036863.09 元。

余杭区市场监督管理局认为，当事人开发运营了"美丽啪"平台，以帮助提高店铺信誉吸引商家使用该平台，同时指导、协助、审核商家的虚假交易式的商品试用活动，属《反不正当竞争法》第八条第二款的组织虚假交易的行为，根据《反不正当竞争法》第二十条第一款的规定，责令当事人停止上述违法行为，并处罚款 150 万元。

案例 "有添加"宣传"无添加"被判惩罚性赔偿

2019 年 6 月，张某在某公司经营的网络店铺购买 1 箱巧克力牛奶，价格为 55 元。

商品详情页面显示"无任何添加物！放心饮用！"而且用较大字体标注"吸收快营养高""无食品添加剂"等字样。收货后，张某发现，巧克力牛奶外包装的配料表中，含有微晶纤维素、卡拉胶、乳酸链球菌素、磷酸三钠等食品添加剂，认为某公司对商品做了虚假宣传，构成欺诈，请求法院判令退货退款并由某公司向其支付惩罚性赔偿金500元。

法院审理中，被告的某公司承认其所销售的巧克力牛奶中含有上述添加剂。据此，法院认为，某公司在涉案巧克力牛奶的商品详情页面，以显著方式宣传"无食品添加剂""无任何添加物"，与其实际情况及外包装内容不符，误导消费者进行购买，构成欺诈。张某提出的退货退款及惩罚性赔偿请求，于法有据，予以支持。

5.4   本章小结

《电子商务平台产品信息展示要求》对电商产品信息发布作出了规范性要求。标准从合规性、真实性、完整性、规范性和一致性5个方面确定了电商产品信息展示的基本原则和要求，展示内容和方式等，为电子商务平台的产品信息展示提供指南，促进电商平台销售产品的信息展示规范化，从而保障消费者权益。

5.5   案例分析——直播带货"翻车"产生的刑事责任

被告人任某某于2019年2月至4月间在快手和微信平台上，通过直播及朋友圈宣传的方式向孙某、贾某等多人销售可治疗颈椎、肩周炎等疾病的无药品批准文号的袋装黄色粉末。经松原市食品药品监督管理局证明，被告人任某某销售的袋装黄色粉末药品按假药论处。法院认为：被告人任某某违反国家药品监管法规，明知是假药而进行销售，其行为构成销售假药罪。

解读：

直播带货如果为销售行为，符合《刑法》破坏社会主义市场经济秩序罪一章第一百四十条至第一百四十八条中对销售行为的界定，主播利用直播平台销售所含成分与国家药品标准规定的成分不符的药品，可构成生产、销售假药罪。如果犯罪客体为伪劣商品、劣药、不符合安全标准的食品等，直播带货为销售行为，可构成《刑法》第一百四十条至第一百四十八条规定销售伪劣产品罪、销售劣药罪、销售不符合安全标准的食品罪等犯罪。

直播带货如果为广告行为，因为不直接发生商品的有偿转让，不能扩张解释为销售行为而作为第一百四十条至一百四十八条的入罪条件。但利用广告对商品或者服务作虚假宣传，情节严重的，可构成《刑法》第二百二十二条的虚假广告罪。《广告法》第五十五条第四款也规定：广告主、广告经营者、广告发布者有本条第一款（违反本法规定，发布虚假广告）、第三款（明知或者应知广告虚假仍设计、制作、代理、发布）规定行为，构成犯罪的，依法追究刑事责任。

　　虚假广告罪的犯罪主体是广告主、广告经营者或广告发布者，不包括广告代言人。但这并不意味着作为广告代言人的主播被排除在虚假广告罪之外：一方面，由于带货主播的身份可能存在叠合，作为广告代言人的主播可能兼具广告主或广告经营者身份，此时可能会因虚假广告罪被追究刑事责任。另一方面，广告代言人可能与广告主、广告经营者、广告发布者共同实施虚假广告行为，构成共同犯罪的，可被认定为虚假广告罪的共犯。

　　综上所述，带货主播在直播过程中销售有质量瑕疵的商品，或者欺骗、误导消费者，存在承担侵权责任的风险；在直播过程中违反《广告法》违规宣传，为其未使用过的商品或者未接受过的服务作推荐、证明，明知或者应知广告虚假仍在广告中对商品、服务作推荐、证明，可能面临市场监管部门的行政处罚；直播过程中销售假药、伪劣商品等情节严重的，或者虚假宣传情节严重的，可能被追究销售假药罪、销售伪劣产品罪、虚假广告罪等刑事责任。

　　直播带货市场的良性发展依赖于市场监管部门的执法必严、直播平台的行业约束，也依赖于带货主播的责任意识，以及消费者的维权意识。如此，直播带货才能减少"翻车"，行稳致远。

第6章 相关行业及平台规范

短视频与网络直播正处于互联网经济的风口，资本、人才趋之若鹜，技术发展也日新月异。可以说，短视频与网络直播已成为当前互联网炙手可热的行业。为了避免短视频与网络直播行业的野蛮生长，为行业健康、长远发展护航，国家相继出台了多部法律法规对短视频与网络直播行业进行规范。除此之外，短视频与网络直播行业的相关平台也相继推出了相应的平台规范，对平台中的短视频内容与直播进行规范，便于平台长远、健康发展。

6.1 短视频平台适用范围和内容规范

为提升短视频内容质量，遏制错误虚假有害内容传播蔓延，营造清朗网络空间，根据国家相关法律法规、《互联网视听节目服务管理规定》和《网络视听节目内容审核通则》，制定《网络短视频内容审核标准细则》。

2019年1月9日，中国网络视听节目服务协会正式发布了《网络短视频平台管理规范》和《网络短视频内容审核标准细则》。

6.1.1 短视频平台适用范围

开展短视频服务的网络平台，应当遵守《网络短视频内容审核标准细则》。

《网络短视频内容审核标准细则》从提升短视频内容质量，遏制错误虚假有害内容传播蔓延，营造清朗网络空间出发，指出网络播放的短视频节目，及其标题、名称、评论、弹幕和表情包等，其语言、表演、字幕和背景中不得出现包括分裂国家、损害国家形象、损害英雄烈士形象和侮辱、诽谤、贬损、恶搞他人等内容。

法条解析： 2018年11月29日，第六届中国网络视听大会在成都举办，中宣部负责人在主旨演讲中称，在国家广播电视总局指导下，中国网络视听节目服务协会联合国内主要视频网站，制定了《网络短视频平台管理规范》和《网络短视频内容审核标准细则》100条，近期将向社会公布，必将有助于进一步规范短视频传播秩序。

2019年1月9日，中国网络视听节目服务协会在官网发布《网络短视频内容审核标准细则》100条，其中明确规定了网络短视频不得出现的具体内容。

网络短视频内容审核基本标准基于以下两个法规。

一、《互联网视听节目服务管理规定》第十六条所列 10 条标准

《互联网视听节目服务管理规定》于 2007 年 12 月 29 日由国家广电总局公布，并被宣布从 2008 年 1 月 31 日起实施。

第十六条

互联网视听节目服务单位提供的、网络运营单位接入的视听节目应当符合法律、行政法规、部门规章的规定。已播出的视听节目应至少完整保留 60 日。视听节目不得含有以下内容：

（一）反对宪法确定的基本原则的；

（二）危害国家统一、主权和领土完整的；

（三）泄露国家秘密、危害国家安全或者损害国家荣誉和利益的；

（四）煽动民族仇恨、民族歧视，破坏民族团结，或者侵害民族风俗、习惯的；

（五）宣扬邪教、迷信的；

（六）扰乱社会秩序，破坏社会稳定的；

（七）诱导未成年人违法犯罪和渲染暴力、色情、赌博、恐怖活动的；

（八）侮辱或者诽谤他人，侵害公民个人隐私等他人合法权益的；

（九）危害社会公德，损害民族优秀文化传统的；

（十）有关法律、行政法规和国家规定禁止的其他内容。

二、《网络视听节目内容审核通则》第四章第七、八、九、十、十一、十二条所列 94 条标准。

《网络视听节目内容审核通则》于 2017 年 6 月 30 日，由中国网络视听节目服务协会在京召开常务理事会审议通过。

第七条

互联网视听节目服务相关单位要坚持正确的政治导向、价值导向和审美导向，禁止制作、播放含有下列内容的网络视听节目：

（一）违反宪法确定的基本原则，煽动抗拒或者破坏宪法、法律、行政法规实施的；

（二）危害国家统一、主权和领土完整，泄露国家秘密，危害国家安全，损害国家尊严、荣誉和利益，宣扬恐怖主义、极端主义的；

（三）诋毁民族优秀文化传统，煽动民族仇恨、民族歧视，侵害民族风俗习惯，歪曲民族历史和民族历史人物，伤害民族感情，破坏民族团结的；

（四）煽动破坏国家宗教政策，宣扬宗教狂热，危害宗教和睦，伤害信教公民宗教感情，破坏信教公民和不信教公民团结，宣扬邪教、迷信的；

（五）危害社会公德，扰乱社会秩序，破坏社会稳定，宣扬淫秽、赌博、吸毒，渲染暴力、恐怖，教唆犯罪或者传授犯罪方法的；

（六）侵害未成年人合法权益或者损害未成年人身心健康的；

（七）侮辱、诽谤他人或者散布他人隐私，侵害他人合法权益的；

（八）法律、行政法规禁止的其他内容。

第八条

网络视听节目中含有下列内容或情节的，应予以剪截、删除后播出；问题严重的，整个节目不得播出：

（一）不符合国情和社会制度，有损国家形象，危害国家统一和社会稳定：

1. 贬损国家形象、国家制度和方针政策；

2. 贬损、恶搞、损害革命领袖、英雄人物的形象、名誉；

3. 损害人民军队、武装警察、国安、公安、司法人员等特定职业、群体，以及社会组织、团体的公众形象；

4. 宣扬消极、颓废的人生观、世界观和价值观，渲染、夸大社会问题，过分表现、展示社会阴暗面；

5. 贬低人民群众推动历史发展的作用；

6. 以反面角色为主要表现对象，或为反动的、落后的、邪恶的、非法的社会势力、社会组织和人物立传、歌功颂德，着重表现其积极的一面；

7. 宣扬中国历史上封建王朝对外的武力征服；

8. 宣扬带有殖民主义色彩的台词、称谓、画面等；

9. 脱离国情，缺乏基本的现实生活依据，宣扬奢华生活等。

（二）有损民族团结：

1. 含有伤害民族感情的情节、台词、称谓、人物形象、画面、音效等；

2. 对独特的民族习俗和宗教信仰猎奇渲染，甚至丑化侮辱；

3. 表现伤害民族感情的民族战争、历史事件；

4. 将历史上民族间的征伐表现成国与国之间的战争等。

（三）违背国家宗教政策：

1. 宣扬宗教极端主义和邪教；

2. 不恰当地比较不同宗教、教派的优劣，可能引发宗教、教派之间矛盾和冲突；

3. 过多展示和宣扬宗教教义、教规、仪式等内容；

4. 歪曲、诋毁或歧视宗教观念、宗教信仰和宗教称谓；

5. 对宗教内容戏说和调侃等。

（四）宣扬封建迷信，违背科学精神：

1. 宣扬灵魂附体、转世轮回、巫术作法等封建迷信思想；

2. 宣扬愚昧、邪恶、怪诞等封建文化糟粕。

（五）渲染恐怖暴力，展示丑恶行为，甚至可能诱发犯罪：

1. 渲染暴力、凶杀，表现黑恶势力的猖狂；

2. 细致展现凶暴、残酷的犯罪过程，及肉体、精神虐待；

3. 暴露侦查手段、侦破细节，可诱导罪犯掌握反侦查手段；

4. 表现离奇、怪诞的犯罪案件；

5. 对真假、善恶、美丑的价值判断模糊不清，混淆正义与非正义的基本界限；

6. 详细展示吸毒、酗酒、赌博等不良行为；

7. 展现过度的惊悚恐怖、生理痛苦、歇斯底里，造成强烈感官、精神刺激并可致人身心不适的画面、台词、音乐及音效等；

8. 为宣扬以暴制暴，宣扬极端的复仇心理和行为。

（六）渲染淫秽色情和庸俗低级趣味：

1.具体展现卖淫、嫖娼、淫乱、强奸、自慰等情节；

2.表现和展示非正常的性关系、性行为，如乱伦、同性恋、性变态、性侵犯、性虐待及性暴力等；

3.展示和宣扬不健康的婚恋观和婚恋状态，如婚外恋、一夜情、性自由、换妻等；

4.较长时间或较多给人以感官刺激的床上镜头、接吻、爱抚、淋浴，及类似的与性行为有关的间接表现或暗示；

5.有明显的性挑逗、性骚扰、性侮辱或类似效果的画面、台词、音乐及音效等；

6.展示男女性器官，或仅用肢体掩盖或用很小的遮盖物掩盖人体等隐秘部位及衣着过分暴露等；

7.含有未成年人不宜接受的涉性画面、台词、音乐、音效等；

8.使用粗俗语言等；

9.以成人电影、情色电影、三级片、偷拍、走光、露点及各种挑逗性文字或图片作为视频节目标题、分类或宣传推广。

（七）侮辱或者诽谤他人：

1.损害重要历史人物及其他真实人物的形象、名誉，造成不良社会影响；

2.贬损他人的职业身份、社会地位或身体特征。

（八）歪曲贬低民族优秀文化传统：

1.渲染、夸大或集中展示民族愚昧或社会落后方面；

2.违背基本史实，为已有定论的历史人物、历史事件"翻案"，或为尚存争议的历史人物、历史事件"正名"；

3.篡改名著，歪曲原著的精神实质；

4.违背基本的历史常识，缺乏基本的历史依据，任意曲解历史，不尊重人类文明、他国文明和风俗习惯等；

5.对历史尤其是革命历史进行过度娱乐和游戏式表现。

（九）危害社会公德，对未成年人造成不良影响的：

1.以恶搞方式描绘重大自然灾害、意外事故、恐怖事件、战争等灾难场面；

2.以肯定、赞许的基调或引入模仿的方式表现打架斗殴、羞辱他人、污言秽语等；

3.表现未成年人早恋、抽烟酗酒、打架斗殴、滥用毒品等不良行为；

4.违反国务院广播影视行政部门有关规定的吸烟镜头和吸烟场景；

5.人物造型过分夸张怪异，对未成年人有不良影响；

6.展示未成年人或者未成年人形象的动画、动漫人物的性行为等；

7.含有其他有违社会公德的不文明行为。

（十）法律、法规和国家规定禁止的其他内容：

1.违反国家有关规定，公开展示某专项工作的内部制度、程序；

2.可能引发国际纠纷或造成不良国际影响；

3.违反国家有关规定，滥用、错用特定标识、呼号、称谓、用语；

4.节目中的产品和服务信息植入违反国务院广播影视行政部门有关规定；

5.破坏生态环境，虐待动物，捕杀、食用国家保护类动物的内容；

6. 侵犯个人隐私内容;

7. 以抄袭、剽窃或未经许可翻拍等方式侵犯他人知识产权的节目;

8. 从事损害我国国家尊严、荣誉和利益,危害社会稳定,伤害民族感情等活动的组织和个人制作或参与制作的节目;

9. 其他有违法律、法规和国家规定的内容。

第九条

专业类网络视听节目应坚持正确的政治导向、价值导向、审美导向,体现高雅健康的审美情趣和文化品位,引导人们树立正确的世界观、人生观、价值观。

(一)坚决抵制是非不分、善恶不辨、以丑为美、颠倒黑白的错误倾向;坚决抵制各种诋毁主流思想和主流价值的内容;坚决反对歪曲历史、美化反动、调侃崇高、否定英模的错误倾向;坚决抵制厚黑学、潜规则、圈子山头等封建文化糟粕和腐朽思想遗毒;坚决抵制拜金主义、享乐主义、极端个人主义等不良风气和过度商业化、过度娱乐化的倾向;坚决摒弃廉价的笑声、无底线的娱乐和无节操的垃圾;坚决抵制低俗、庸俗、媚俗的低级趣味;坚决反对天价追星、无聊游戏、奢华盛宴等不良风气;

(二)不得宣扬不良的家庭观、婚恋观、金钱观。在涉及真实人物生活讲述与调解等节目中,坚持真实原则,不得为了追求轰动效应人为设置虚假、离奇故事情节,摆拍经过事先设计的对话,制造假故事、假新闻,愚弄受众;

(三)对节目中涉及的主持人、嘉宾、评委、选手等人物进行筛选把关,不得选用有丑闻劣迹、有吸毒嫖娼等违法犯罪行为的人物,慎重选用有争议或存在边缘化观点的人物。节目中的人物语言、行为、着装、服饰、发型、台风等应当符合大众审美观念;

(四)节目主持人应对嘉宾、评委、选手等人物的言行举止正确引导,防止语言和行为低俗,对错误观点和言论要及时批驳。主持人之间不得互相挖苦、吹捧、调情。嘉宾、评委要加强点评的专业性和针对性,避免夸张作秀、互相恶搞以及不文明言谈举止,不能喧宾夺主、故意制造噱头和看点,使节目成为明星宣扬自我的舞台。选手不得为博眼球而煽情作秀、夸张搞怪或渲染悲切情绪;

(五)加强未成年人保护,尽量减少未成年人参与,对少数有未成年人参与的节目要坚决杜绝商业化、成人化和过度娱乐化的不良倾向以及侵犯未成年人权益的现象;

(六)真人秀类节目要减少明星参与人数,提高普通群众的参与比重,让群众成为节目的主角。不得追星逐利、媚俗捧场,杜绝展示明星炫富享乐、炒作节目片酬成本。不得借真人秀节目炒作包装明星子女。

第十条

专业类网络视听节目除符合前款网络视听节目的总体要求外,还不得含有以下内容:

(一)以道听途说的信息为话题,进行主观臆测的讨论、评论的;

(二)以调侃严肃话题为主要内容的;

(三)围绕易引发争议的负面话题进行讨论、评论的;

(四)以宣扬明星炫富享乐为主要话题的;

(五)以炒作绯闻丑闻隐私劣迹为主要内容的;

(六)展示危险程度高、恶意整人、易被青少年模仿的游戏项目的;

（七）诱导未成年人谈论名利、情爱等话题，诱导未成年人现场拉票、盘问未成年人失败退出感受的；

（八）就家庭纠纷采访未成年人和未成年人参与家庭纠纷和现场调解的；

（九）为吸引眼球，制造低俗噱头，展示丑行恶态，或作假作秀、故意激化矛盾，突出放大不良现象和非理性情绪，以"考验""测试"的名义人为制造和展示"人性恶"事件的；

（十）故意刺激、为难嘉宾娱乐观众的；

（十一）讽刺他人、相互吹捧或进行粗俗反串的；

（十二）使用粗俗恶搞字幕和夸张怪异音效的；

（十三）以采访、讨论性爱、性生活细节为话题的；

（十四）展示群众参与的各类整容变性细节的；

（十五）其他违背社会主义核心价值观和公序良俗的内容。

第十一条

严肃认真对待节目细节，涉及下列内容的，要聘请相关专家进行把关：

（一）涉及革命先驱及其他重要人物形象、少数民族语言文字、特定符号与标识使用以及图形、图表等；

（二）节目内容表现人民军队、武装警察、国安、公安、司法人员、医生、律师等特定职业、群体，以及社会组织、团体的；

（三）涉及特定历史时期、职业群体的服装、布景道具等。

第十二条

网络视听节目内容审核的其他相关要求：

（一）网络视听节目中文字幕除书法题写的片名及相关文字外，应为规范汉字。作品有歌词的歌曲，外语标题、台词、有特定含义的词汇及标识等，应加中文字幕；

（二）网络视听节目名称、台词、字幕等语言文字应遵守国家通用语言文字有关法律法规，尊重、礼敬中华优秀传统文化，严格按照规范写法和标准使用国家通用语言文字的字、词、短语、成语等，不得滥用谐音、生造滥造词义、肆意曲解内涵，不得使用不规范的网络语言和错词别字。遣词造句要坚持正确导向，符合语法规范，自觉摒弃低俗、庸俗、媚俗的低级趣味，严禁使用挑逗、污秽、恶毒、侮辱、谩骂等极端言辞。

互联网视听节目服务单位要加强网络视听节目名称、台词、字幕、配音等使用语言文字的管理，加强对演职人员、主持人、嘉宾及其他节目参与人员规范使用通用语言文字的提示指导，防止不规范使用国家通用语言文字的节目上线播出。

6.1.2　短视频平台内容规范

依据网络短视频内容审核基本标准，网络播放的短视频节目，及其标题、名称、评论、弹幕和表情包等，其语言、表演、字幕和背景中不得出现以下21个方面100项具体内容：

一、攻击我国政治制度、法律制度的内容

比如：

1. 调侃、讽刺、反对、谩骂中国特色社会主义道路、理论、制度和文化以及国家既定重大方针政策的；

2. 对宪法等国家重大法律法规的制定、修订进行曲解、否定、攻击、谩骂，或对其中具体条款进行调侃、讽刺、反对、谩骂的；

3. 削弱、背离、攻击、诋毁中国共产党领导的；

4. 对改革开放以来国家所实行的重大方针政策进行调侃、否定、攻击的；

5. 篡改、娱乐化解读我国政治制度和法律制度中的特定名词称谓的；

二、分裂国家的内容

比如：

6. 反对、攻击、曲解"一个中国""一国两制"的；

7. 反映台独、港独、藏独、疆独等的言行、活动、标识的，包括影像资料、作品、语音、言论、图片、文字、反动旗帜、标语口号等各种形式（转播中央新闻单位新闻报道除外）；

8. 持有台独、港独、藏独、疆独等分裂国家立场的艺人及组织团体制作或参与制作的节目、娱乐报道、作品宣传的；

9. 对涉及领土和历史事件的描写不符合国家定论的；

三、损害国家形象的内容

比如：

10. 贬损、玷污、恶搞中国国家和民族的形象、精神和气质的；

11. 以焚烧、毁损、涂划、玷污、践踏、恶搞等方式侮辱国旗、国徽的；在不适宜的娱乐商业活动等场合使用国旗、国徽的；

12. 篡改、恶搞国歌的；在不适宜的商业和娱乐活动中使用国歌，或在不恰当的情境唱奏国歌，有损国歌尊严的；

13. 截取党和国家领导人讲话片段可能使原意扭曲或使人产生歧义，或通过截取视频片段、专门制作拼凑动图等方式，歪曲放大展示党和国家领导人语气语意语态的；

14. 未经国家授权或批准，特型演员和普通群众通过装扮、模仿党和国家领导人形象，参加包括主持、表演、演讲、摆拍等活动，谋取利益或哗众取宠产生不良影响的（依法批准的影视作品或文艺表演等除外）；

15. 节目中人物穿着印有党和国家领导人头像的服装鞋帽，通过抖动、折叠印有头像的服装鞋帽形成怪异表情的；

四、损害革命领袖、英雄烈士形象的内容

比如：

16. 歪曲、丑化、亵渎、否定革命领袖、英雄烈士事迹和精神的；

17. 不当使用及恶搞革命领袖、英雄烈士姓名、肖像的；

五、泄露国家秘密的内容

比如：

18. 泄露国家各级党政机关未公开的文件、讲话的；

19. 泄露国家各级党政机关未公开的专项工作内容、程序与工作部署的；

20. 泄露国防、科技、军工等国家秘密的；

21. 私自发布有关党和国家领导人的个人工作与生活信息、党和国家领导人家庭成员信息的；

六、破坏社会稳定的内容

比如：

22. 影响公共秩序与公共安全的群体性事件的；

23. 传播非省级以上新闻单位发布的灾难事故信息的；

24. 非新闻单位制作的关于灾难事故的影响、后果的节目的；

七、损害民族与地域团结的内容

比如：

25. 通过语言、称呼、装扮、图片、音乐等方式嘲笑、调侃、伤害民族和地域感情、破坏安定团结的；

26. 将正常的安全保卫措施渲染成民族偏见与对立的；

27. 传播可能引发误解的内容的；

28. 对独特的民族习俗和宗教信仰猎奇渲染，甚至丑化侮辱的；

29. 以赞同、歌颂的态度表现历史上民族间征伐的残酷血腥战事的；

八、违背国家宗教政策的内容

比如：

30. 展示宗教极端主义和邪教组织及其主要成员的活动，以及他们的"教义"与思想的；

31. 不恰当地比较不同宗教、教派的优劣，可能引发宗教、教派之间矛盾和冲突的；

32. 过度展示和宣扬宗教教义、教规、仪式内容的；

33. 将宗教极端主义与合法宗教活动混为一谈，将正常的宗教信仰与宗教活动渲染成极端思想与行动，或将极端思想与行动解释成正常的宗教信仰与宗教活动的；

34. 戏说和调侃宗教内容，以及各类恶意伤害民族宗教感情言论的；

九、传播恐怖主义的内容

比如：

35. 表现境内外恐怖主义组织的；

36. 详细展示恐怖主义行为的；

37. 传播恐怖主义及其主张的；

38. 传播有目的、有计划、有组织通过自焚、人体炸弹、打砸抢烧等手段发动的暴力恐怖袭击活动视频（中央新闻媒体公开报道的除外），或转发对这些活动进行歪曲事实真相的片面报道和视频片段的；

十、歪曲贬低民族优秀文化传统的内容

比如：

39. 篡改名著、歪曲原著精神实质的；

40. 颠覆经典名著中重要人物人设的；

41. 违背基本历史定论，任意曲解历史的；

42. 对历史尤其是革命历史进行恶搞或过度娱乐化表现的；

十一、恶意中伤或损害人民军队、国安、警察、行政、司法等国家公务人员形象和共产党党员形象的内容

比如：

43. 恶意截取执法人员执法工作过程片段，将执法人员正常执法营造成暴力执法效果的；

44. 传播未经证实的穿着军装人员打架斗殴、集会、游行、抗议、上访的；

45. 正面展现解放军形象时用语过度夸张的；

十二、美化反面和负面人物形象的内容

比如：

46. 为包括吸毒嫖娼在内的各类违法犯罪人员及黑恶势力人物提供宣传平台，着重展示其积极一面的；

47. 对已定性的负面人物歌功颂德的；

十三、宣扬封建迷信，违背科学精神的内容

比如：

48. 开设跳大神、破太岁、巫蛊术、扎小人、道场作法频道、版块、个人主页，宣扬巫术作法等封建迷信思想的；

49. 鼓吹通过法术改变人的命运的；

50. 借民间经典传说宣扬封建迷信思想的；

十四、宣扬不良、消极颓废的人生观、世界观和价值观的内容

比如：

51. 宣扬拜金主义和享乐主义的；

52. 展示违背伦理道德的糜烂生活的；

53. 宣传和宣扬丧文化、自杀游戏的；

54. 展现同情、支持婚外情、一夜情的；

十五、渲染暴力血腥、展示丑恶行为和惊悚情景的内容

比如：

55. 表现黑恶势力群殴械斗、凶杀、暴力催债、招募打手、雇凶杀人等猖狂行为的；

56. 细致展示凶暴、残酷的犯罪过程及肉体、精神虐待的；

57. 细致展示吸毒后极度亢奋的生理状态、扭曲的表情，展示容易引发模仿的各类吸毒工具与吸毒方式的；

58. 细致展示酗酒后失控状态的；

59. 细致展示老虎机、推币机、打鱼机、上分器、作弊器等赌博器具，以及千术、反千术等赌博技巧与行为的；

60. 展现过度的生理痛苦、精神歇斯底里，对普通观看者可能造成强烈感官和精神刺激，从而引发身心惊恐、焦虑、厌恶、恶心等不适感的画面、台词、音乐及音效的；

61. 宣扬以暴制暴，宣扬极端的复仇心理和行为的；

十六、展示淫秽色情，渲染庸俗低级趣味，宣扬不健康和非主流的婚恋观的内容

比如：

62. 具体展示卖淫、嫖娼、淫乱、强奸等情节的；

63. 直接展示性行为的；

64. 视频中出现色情推广的；

65. 展示呻吟、叫床等声音、特效的；

66. 以猎奇宣扬的方式对境外"红灯区"进行拍摄的；

67. 展现有性交易内容的夜店、洗浴按摩场所的；

68. 表现和展示非正常的性关系、性行为的；

69. 展示和宣扬不健康的婚恋观和婚恋状态的；

70. 宣扬和炒作非主流婚恋观的；

71. 以单纯感官刺激为目的，集中细致展现接吻、爱抚、淋浴及类似的与性行为有关的间接表现或暗示的，包括裸露或长时间聚焦胸部、臀部等部位，聚焦走光、偷拍、凸点，渲染恋足、原味丝袜等性癖好；

72. 有明显的性挑逗、性骚扰、性侮辱或类似效果的画面、台词、音乐及音效的；

73. 展示男女性器官，或仅用肢体掩盖或用很小的遮盖物掩盖人体隐秘部位及衣着过分暴露的；

74. 使用粗俗语言，展示恶俗行为的；

75. 以隐晦、低俗的语言表达使人产生性行为和性器官联想的内容的；

76. 以成人电影、情色电影、三级片被审核删减内容的影视剧的"完整版""未删减版""未删节版""被删片段""汇集版"作为视频节目标题、分类或宣传推广的；

77. 以偷拍、走光、露点及各种挑逗性文字或图片作为视频节目标题、分类或宣传推广的；

78. 使用易引发性联想的文字作为标题的；

十七、侮辱、诽谤、贬损、恶搞他人的内容

比如：

79. 侮辱、诽谤、贬损、恶搞历史人物及其他真实人物的形象、名誉的；

80. 贬损、恶搞他国国家领导人，可能引发国际纠纷或造成不良国际影响的；

81. 侮辱、贬损他人的职业身份、社会地位、身体特征、健康状况的；

十八、有悖于社会公德的内容

比如：

82. 以恶搞方式描绘重大自然灾害、意外事故、恐怖事件、战争等灾难场面的；

83. 以肯定、赞许的基调或引入模仿的方式表现打架斗殴、羞辱他人、污言秽语的；

84. 为违背公序良俗或游走在社会道德边缘的行为提供展示空间的；

十九、不利于未成年人健康成长的内容

比如：

85. 表现未成年人早恋的，以及抽烟酗酒、打架斗殴、滥用毒品等不良行为的；

86. 人物造型过分夸张怪异，对未成年人有不良影响的；

87. 展示未成年人或者未成年人形象的动画、动漫人物的性行为，或让人产生性妄想的；

88. 侵害未成年人合法权益或者损害未成年人身心健康的；

二十、宣扬、美化历史上侵略战争和殖民史的内容

比如：

89. 宣扬法西斯主义、极端民族主义、种族主义的；

90. 是非不分，立场错位，无视或忽略侵略战争中非正义一方的侵略行为，反而突出表现正义一方的某些错误的；

91. 使用带有殖民主义色彩的词汇、称谓、画面的；

二十一、其他违反国家有关规定、社会道德规范的内容

比如：

92. 将政治内容、经典文化、严肃历史文化进行过度娱乐化展示解读，消解主流价值的；

93. 从事反华、反党、分裂、恐怖活动的特定组织或个人制作或参与制作的节目，及其开设的频道、版块、主页、账号的；

94. 违法犯罪、丑闻劣迹者制作或参与制作的节目的；

95. 侵犯个人隐私，恶意曝光他人身体与疾病、私人住宅、婚姻关系、私人空间、私人活动的；

96. 对国家有关规定已明确的标识、呼号、称谓、用语进行滥用、错用的；

97. 破坏生态环境，虐待动物，捕杀、食用国家保护类动物的；

98. 展示个人持有具有杀伤力的危险管制物品的；

99. 在节目中植入非法、违规产品和服务信息的；

100. 其他有违法律、法规和社会公序良俗的。

🔍 法条解析： 《网络短视频内容审核标准细则》作为网络视听行业细分领域的治理新规则，呈现出自律性、指导性、规范性、操作性这四大特征。

一、内容：画出 21 条具体红线

《网络短视频内容审核标准细则》明确了网络播放的短视频节目，及其标题、名称、评论、弹幕和表情包等，其语言、表演、字幕和背景中不得出现的 21 类、100 项内容，其中包括美化反面和负面人物形象，宣传自杀游戏以及"丧文化""一夜情""非主流婚恋观"等。

21 类不得出现的具体内容包括：攻击我国政治制度、法律制度的内容，分裂国家的内容，损害国家形象的内容，损害革命领袖、英雄烈士形象的内容，泄露国家秘密的内容，破坏社会稳定的内容，歪曲贬低民族优秀文化传统的内容，宣扬封建迷信，违背科学精神的内容，宣扬不良、消极颓废的人生观、世界观和价值观的内容，渲染暴力血腥、展示丑恶行为和惊悚情景的内容等。

其中，在损害国家形象的内容方面，文件举例提及，如贬损、玷污、恶搞中国国家和民族的形象、精神和气质的，以焚烧、毁损、涂划、玷污、践踏、恶搞等方式侮辱国旗、国徽的。

在歪曲贬低民族优秀文化传统的内容方面，文件举例提及，如篡改名著、歪曲原著精神实质的；颠覆经典名著中重要人物人设的；违背基本历史定论，任意曲解历史的；对历史尤其是革命历史进行恶搞或过度娱乐化表现的。

在宣扬不良、消极颓废的人生观、世界观和价值观的内容方面，文件举例称，如宣扬拜金主义和享乐主义的，展示违背伦理道德的糜烂生活的，宣传和宣扬丧文化、自杀游戏的，展现同情、支持婚外情、一夜情的。

专家认为，短视频发展迅猛，导致内容监管未能跟上发展节奏而乱象丛生，因此对短视频的监管应持续加大力度以促进行业健康稳定发展。

从业者认为，新规中提到的先审后播也对短视频行业提出了更高的要求，在短视频公司每天庞大且冗杂的视频产出量面前，千分之一的审片员显得捉襟见肘，效率与合规成了鱼与熊掌，在企业寻求两者兼得的过程中，势必会引发新一轮的行业洗牌。

二、特征：自律性、指导性、规范性、操作性

1. 自律性

此次出台的短视频治理新规则在制定过程中，央视网、芒果TV、腾讯视频、优酷、爱奇艺、搜狐、哔哩哔哩、今日头条、快手和秒拍等开展短视频业务的平台都积极参与，提出了大量的宝贵意见和建议，充分体现了行业自我管理责任意识的增强和共同推进、共同维护行业良好发展生态的决心。可以说，短视频治理新规则是深化中央依法治网精神，对照网络视听管理政策要求，主动开展的行业自管自律行动，也是在网络视听领域提升治理体系和治理能力现代化水平的一次有益探索。

2. 指导性

短视频治理新规则实质上是对既有短视频管理政策法规的汇聚梳理和完善，使之更具指导性。

《网络短视频内容审核标准细则》准确定义短视频节目内涵外延，包括短视频节目及其标题、名称、评论、简介、弹幕和表情包等，把新兴网络视频表现形式和话语方式纳入管理范畴。结合《互联网视听节目服务管理规定》的10条标准和《网络视听节目内容审核通则》的94条标准以及其他法律法规的要求，面向短视频平台一线审核人员，归纳梳理了近年来短视频在审核过程中出现的突出问题，具体细化为100条审核标准，更好地指导推动一线审核员把好内容关、导向关，也有利于播出平台和内容创作者明标准、晓红线、知底线，有所为有所不为，推动短视频行业健康规范发展。

3. 规范性

无规矩不成方圆。网络短视频作为精神文化产品，也需要建立相应的质量标准。当前短视频市场乱象频出，一个重要原因就是规则标准的缺失，行业的健康发展必然要求

及时制定和完善有针对性的符合实际的平台规范和内容准则。此次短视频治理新规则对网络短视频从导向要求、制播主体、审核标准和技术管理规范等多方面各环节都进行详细的规定，从机构和把关两个层面加固短视频内容安全防护网，把短视频纳入有法可依、有规可循的法治化轨道。

4. 操作性

短视频治理新规则的一个突出特点是把散见于政策法规中一些较为原则性的条文加以具体化和量化，总结吸收了短视频网站和一线审核人员的建议，重点从平台规范管理和内容审核标准两个方面结合一线实践进行补充完善，使行业治理新规则源于实践又高于实践指导实践，操作性强。

《网络短视频内容审核标准细则》将此前颁布的网络视听节目内容审核标准中的原则性、概念性条款以及较为复杂的分类标准简化细化为 21 款 100 条细则，并引入常见案例进行解释说明，审核标准简明具体，易于掌握。

案例 **"抖音"短视频平台内容规范**

一、抖音鼓励以下内容，优质内容会得到更多推荐

1. 内容原创

鼓励个人原创内容，搬运作品、用他人作品等行为将导致作品被不推荐、限期封禁或永久封号等处罚。

2. 内容优质

鼓励画风清晰、完整度高和可看性强的作品，建议减少拼接网络图片、粗劣特效、无实质性内容、仅文字堆砌/滚动的作品。

3. 内容真实正向

倡导积极正向的作品，鼓励真人出镜或讲解避免虚假做作、卖惨博人眼球的行为，提倡记录美好生活表达真实的自己。

二、抖音平台禁止发布和传播下列内容

1. 反对宪法所确定的基本原则；

2. 危害国家安全，泄露国家秘密，颠覆国家政权，破坏国家统一；

3. 损害国家荣誉和利益；

4. 宣扬恐怖主义、极端主义；

5. 煽动民族仇恨、民族歧视，破坏民族团结；

6. 破坏国家宗教政策，宣扬邪教和封建迷信；

7. 散布谣言，扰乱社会秩序、破坏社会稳定；

8. 散布淫秽、色情、赌博、暴力、凶杀、恐怖内容或者教唆犯罪；

9. 含有法律、行政法规禁止的其他内容；

10. 美化侵略者和侵略战争，亵渎英雄烈士；

11. 传授犯罪方法或宣扬美化犯罪分子和犯罪行为；

12. 含有涉毒、竞逐、危险驾驶、欺凌等违反治安管理的内容；

13. 侮辱或者诽谤他人，侵害他人合法权益；

14. 违法开展募捐活动；

15. 发布违法网络结社活动信息和涉嫌非法社会组织的信息；

16. 未经授权使用他人商号、商标和标识；

17. 侵犯他人著作权，抄袭他人作品，未经他人允许，搬运、盗用他人作品；

18. 宣传伪科学、展示违法工具或违反科学常识的内容；

19. 展示丑陋、粗俗、下流的风俗，宣扬拜金主义和奢靡腐朽的生活方式；

20. 展示自残自杀内容或其他危险动作，以引起反感和不适或容易诱发模仿；

21. 展示不符合抖音用户协议的商业广告或类似的商业招揽信息、过度营销信息及垃圾信息；

22. 其他违反公序良俗、危害公共安全及社会不文明现象的内容。

三、抖音会对以下内容进行限制

（一）违反社会主义核心价值观

1. 有损国家形象（包括但不限于国土展示不完整、歪曲历史人物及事件）；

2. 借助社会负面事件、敏感事件、革命烈士等进行商业营销宣传；

3. 诋毁民族、宗教政策，展示邪教和封建迷信内容；

4. 进行有损国家公职人员形象的行为（包括但不限于展示有损"公检法军警"等国家公职人员形象的内容，私人场景出现"公检法军警"等国家公职人员）。

（二）低俗色情

1. 内容低俗（包括但不限于文字用语低俗、情色影片、具有暗示性的文字或内容）；

2. 着装低俗（包括但不限于穿着暴露、轮廓明显、露点）；

3. 动作行为低俗（包括但不限于性暗示行为、低俗场景、低俗舞蹈、宣扬不正当男女关系）。

（三）侵犯未成年人的合法权益

1. 未成年人不当着装行为（包括但不限于敏感部位裸露、成人向着装、成人舞蹈）；

2. 未成年人不良导向（包括但不限于成人化行为、化妆）；

3. 未成年人危险行为（包括但不限于恶搞未成年人、家长同婴幼儿或儿童做危险动作、其他未成年人实施的可能会存在安全风险的行为）。

（四）危险行为

1. 视频中出现可能存在安全风险的玩具或其他物品；

2. 含有危险驾驶、竞逐、欺凌等违反公共治安管理行为的内容（包括但不限于驾驶或乘坐车辆未系安全带、使用暴力等）；

3. 具有安全隐患的危险动作，容易诱发模仿的内容（包括但不限于燃烧柳絮、人群中点燃爆竹、整蛊他人或潜在的危险元素，易引发人身安全风险）。

（五）动物不当内容

1. 动物低俗内容（包括但不限于动物哺乳行为、刻意展示动物交配）；

2. 虐待动物（包括但不限于用硬物砸向动物或扔垃圾等行为、敲打拉扯动物、动物互殴行为）；

3. 违法饲养保护动物、违法捕杀动物、与动物长时间接吻。

（六）引人不适

1. 视频中出现血腥暴力、密集恐惧、恐怖灵异、丧葬相关等引人不适的画面或剧情；

2. 涉及手术过程、文身文眉过程、或刻意展示伤口等易引人不适的内容。

（七）生活医疗

1. 内容包含无法证实/夸大宣传的医疗方法、减肥偏方；

2. 视频中可能存在金融诈骗、个人隐私泄露、医美整形等易引发人身或财产安全风险的内容。

（八）违法违规

1. 视频中存在赌博彩票、封建迷信、邪教组织、毒品、管制刀具、攻击器械等物品或相关演绎行为；

2. 视频中存在丑化、辱骂等攻击他人的行为，或曝光他人身份信息等侵犯隐私的行为。

（九）公序良俗、不良导向等

1. 视频中存在抽烟、酗酒、虐待、恶搞、歧视、炫富、卖惨、脏话、婚闹等社会不良风气或不文明行为；

2. 过度炒作明星绯闻、娱乐八卦的行为。

（十）商业广告或类似的商业招揽信息（星图视频除外）

1. 视频中含有商品展示，品牌/产品/价格等的介绍性口播，或引导购买等广告元素；

2. 视频中含有活动信息（抽奖、送礼物等）、联系方式、二维码、链接、地址、日期等元素。

（十一）其他

1. 视频画质模糊，无完整内容，观感体验差；

2. 视频内容诱导他人关注点赞或评论；

3. 视频整体为搬运内容，包括但不限于：大段内容带有其他平台水印 logo、画质模糊等；

4. 视频中存在其他不适合大量曝光的内容。

案例　微博：寒假期间共处理违法违规直播和短视频内容39万条

2021 年 3 月 4 日，微博官方账号发布"清朗·寒假网络环境"专项行动结果，本阶段，处理违法违规直播和短视频内容 39 万条；共处理色情低俗内容 1045 万条；处理赌博等违法内容 391 万条。微博公告显示，此次行动是在国家网信办和北京网信办的统一部署下，按照《网络信息内容生态治理规定》相关要求，对平台内存在的各类违法违规信息展开的深入清理整治行动。此次行动中共处罚用户 168 万个，其中 100 万以上粉丝量账号 3 个，10 万—100 万粉丝量账号 28 个，1 万—10 万粉丝量账号 70 个。

案例　制作发布虚假爆炸短视频被行政拘留

十堰一男子制作发布虚假爆炸短视频并进行传播，造成不良影响。2019 年 9 月 9 日，陈某从网络上查找了一段十堰火车站的视频画面，然后用视频编辑软件在画面上添加爆炸起火特效，炮制了一段虚假的"十堰火车站爆炸"短视频，并上传至某视频网站。

十堰市公安局在网上巡查发现这一视频后，立即成立专班开展调查，于当晚在张湾区陈某的家中将其抓获。经查，陈某对制作、发布虚假视频的违法行为供认不讳，称自己一时心血来潮，想引起网友的关注才编造和传播了该视频。认识到错误后，陈某感到非常后悔，删除了所发布的视频。2019 年 9 月 12 日，十堰市公安局东岳分局依法对散布谣言扰乱公共秩序的违法行为人陈某处以行政拘留 7 日之处罚。

案例　身穿日军服直播，被依法拘留

2019 年 1 月 6 日上午，济南章丘分局城关派出所接辖区群众报警，在绣惠大集上有五六个年轻人穿日本军服招摇过市态度嚣张，引发群众强烈不满。接警后，民警迅速抵达现场，为避免造成群众大量聚集，出警民警将五名着日军军服人员以及其现场指挥带到派出所接受调查。

经查，毕某某等六人皆为快手主播，为提升人气，增加点击率，毕某某网购日军军服，策划由张某等五人穿日军服逛大集，待群众聚集增多后直播跳摇摆舞。毕某某等人为博人眼球，增加人气，罔顾民族感情，无视公序良俗，在公共场合引发群众强烈不满，极大地伤害了广大人民群众的爱国情怀，违背了中国特色社会主义核心价值观，造成了恶劣的社会影响，其行为已经触犯《中华人民共和国治安管理处罚法》的有关规定，目前，毕某某等六人涉嫌扰乱社会公共秩序已被治安拘留。

为了应对这一事件，快手官方在微博上发布了回应，称平台在第一时间进行了反向检查，没有找到相关用户上传的相关内容的视频，也没有相对应的现场直播的活动。快手官方表示，涉案用户的直播和视频上传权已被禁止，并将进行教育交流。这种炒作行为一直是平台的主要打击目标。

案例　上传侮辱他人短视频构成违法行为

2020 年 1 月 28 日，有网民为取乐和发泄自己不满情绪在快手短视频平台上传了一段 32 秒的视频，用侮辱性言语谩骂武汉人，该视频被网民下载，在微信群、朋友圈和微博大量传播。在全国人民都在众志成城为打赢疫情阻击战而努力的时候，此视频伤害了广大人民群众感情，造成恶劣社会影响。

最高人民法院、最高人民检察院《关于办理利用信息网络实施诽谤等刑事案件适用法律若干问题的解释》第五条第二款：编造虚假信息，或者明知是编造的虚假信息，在信息网络上散布，或者组织、指使人员在信息网络上散布，起哄闹事，造成公共秩序严重混乱的，依照刑法第二百九十三条第一款第（四）项的规定，以寻衅滋事罪定罪处罚。

案例中该网民属于寻衅滋事行为，情节较轻，尚未造成严重后果的，将会承担拘留、罚款等行政处罚，情节严重的，将构成寻衅滋事罪被定罪处罚。

案例　未成年人网络保护民事公益诉讼案

近年来，在"眼球经济""流量为王"的互联网经济背景下，未成年人特别是儿童因其年龄小、阅历浅、自我保护意识较弱，相关个人信息易泄露，受到网络骚扰、网络欺诈等侵害的案件时有发生。

浙江省检察院根据近年来杭州市余杭区发生的几起相关违法犯罪案件反映发现，某短视频公司在开发运营该公司 App 的过程中，未以显著、清晰的方式告知并征得儿童监护人有效明示同意允许注册儿童账户，并收集、存储儿童个人信息。此外在未再次征得儿童监护人有效明示同意的情况下，向具有相关浏览喜好的用户直接推送含有儿童个人信息的短视频，同时也没有采取技术手段对儿童信息进行专门保护。

相关办案检察官表示，"这些行为对不特定儿童人身安全、生活安宁等造成潜在风险，甚至若干儿童个人信息被不法分子利用后，产生了损害后果。"随后在最高检直接指导下，浙江省检察院成立由省、市、区三级检察机关干警组成的专案组。专案组全面梳理分析某公司 App 存在问题，走访网信部门、公安机关、法院、互联网法律专家和技术专家。

据相关办案检察官介绍，在充分征求、吸纳各方意见的基础上，检察机关决定以此案作为突破口，积极稳妥开展民事公益诉讼，以典型个案的办理，推动网络运营商、互联网企业完善行业规则，承担好社会责任，切实加强对儿童个人信息的网络保护。

根据互联网法院管辖规则，浙江省检察院指定杭州市余杭区检察院办理此案，经诉前公告，于 2020 年 12 月 2 日向杭州互联网法院提起民事公益诉讼，请求判令某公司立即停止实施利用该公司 App 侵害儿童个人信息的侵权行为，赔礼道歉、消除影响，赔偿损失并将款项交至相关儿童保护公益组织，专门用于儿童个人信息保护公益事项。

据了解，诉讼期间，检察机关积极推动某公司立行立改，该公司积极配合，对所运营 App 中儿童用户注册环节、儿童个人信息收集环节、儿童个人信息储存、使用和共享环节以及儿童网络安全主动性保护领域等四大方面细化出了 34 项整改措施，并明确了落实整改措施的具体时间表。最终双方依法达成和解协议。

案例　全国首起短视频销售野生动物案

2020 年 2 月 28 日，河北唐山市市场监管综合执法局接到群众举报，反映有人在快手短视频上销售野生动物。唐山市市场监管综合执法局立即协调路北区公安局网安大队对举报者提供的快手直播号所有人地址进行核实。3 月 2 日，联合区公安局对当事人位于路北区韩城镇宋二村村西的林地养殖场进行现场突击检查，现场查获疑似国家二级重点保护野生动物红腹锦鸡 12 只、白腹锦鸡 1 只。

经查，当事人谷某在没有办理营业资质、驯养繁殖许可证的情况下，在自家承包土地开办养殖场，由于疫情原因无法销售，便在快手平台进行宣传销售。唐山市市场监管综合执法局依据野生动物保护法等相关规定，扣押上述涉案锦鸡 13 只交由相关部门鉴定，并立案调查。

为了斩断"野味产业"的黑色链条，各级政府和立法机关迅速行动。国家市场监管总局、农业农村部、国家林草局联合发布公告，决定至全国疫情解除期间，严禁任何形式的野生动物交易活动。随后，国家卫健委出台工作方案，全面禁止野生动物交易；公安部下发紧急通知，严厉打击涉及野生动物的违法犯罪活动。

案例　全国首例游戏短视频侵权案

《王者荣耀》是一款以 Android、iOS 操作系统为运行环境的多人在线竞技类游戏（又称"MOBA"），许多游戏用户热衷于观看《王者荣耀》的相关视频。据了解，腾讯公司负责对该游戏在全球范围内代理运营，并享有游戏整体及其游戏元素所含著作权的使用许可，亦是《王者荣耀》游戏短视频业务的运营方。

腾讯公司发现，某文化公司在其运营的视频平台游戏专栏下开设《王者荣耀》专区，在显著位置主动推荐《王者荣耀》游戏短视频，并与数名游戏用户签订合作协议共享收益。同时，用户可以通过某网络公司运营的某应用助手下载其视频平台。

腾讯公司认为，《王者荣耀》游戏的连续画面构成类电作品，某文化公司的上述行为侵害了其作品信息网络传播权，同时构成不正当竞争。另外，某网络公司为某视频平台提供分发、下载服务，扩大了侵权行为的影响，应构成共同侵权。由此，腾讯公司将某文化公司、某网络公司诉至法院。

某文化公司答辩指出，案涉游戏画面不构成类电作品；即使构成类电作品，其著作权也应归属于创作短视频的游戏用户，而不属于腾讯公司享有。被告某网络公司则认为，其并非案涉内容所在应用软件的开发者、运营者，不存在侵害腾讯公司作品信息网络传播权的可能性，非该案的适格主体，不应承担法律责任。

广州互联网法院审理认为，自《王者荣耀》游戏上线运营开始，游戏中潜在的各种画面均可以通过不同用户的不同组队及不同操作方式来显现。这些画面满足《中华人民共和国著作权法实施条例》第二条规定的作品构成要件，属于受《中华人民共和国著作权法》（以下简称《著作权法》）保护的作品。同时，尽管该游戏的连续画面不是通过摄制方法固定在一定介质上，但其符合"一系列有伴音或者无伴音的画面组成"的特征，且可以由用户通过游戏引擎调动游戏资源库呈现出相关画面，故《王者荣耀》游戏的整体画面宜认定为类电作品。

广州互联网法院指出，被告某文化公司在未经许可的情况下，将包含《王者荣耀》游戏画面的短视频投放于某视频平台上，供不特定人浏览和下载，构成对腾讯公司作品信息网络传播权的侵害。其上传的相关视频数量高达30余万条，几乎呈现了《王者荣耀》游戏的全部内容，不属于合理使用。同时，被告某文化公司在平台界面的显著位置推荐了大量的《王者荣耀》游戏短视频，并以主动邀请知名玩家、招募达人团等方式，鼓励、引诱用户大量上传《王者荣耀》游戏短视频进行传播，以从中获利。这有违诚实信用原则和商业道德，属于不正当竞争。但是，原告腾讯公司不能据此要求被告某文化公司就同一侵权行为重复承担责任。此外，被告某网络公司仅为某视频平台 App 的分发平台，不构成侵权。

最终，广州互联网法院一审判决被告某文化公司立即停止在某视频平台上传播包含《王者荣耀》游戏画面的短视频；赔偿原告腾讯公司经济损失 480 万元及合理开支 16 万元；驳回原告腾讯公司的其他诉讼请求。

案例　具有独创性的短视频构成著作权法中的类电作品

广州某网络科技有限公司名下的补刀 App 的 iOS 端于 2017 年 8 月 28 日发布了名为"这智商没谁了"的视频。快手公司认为，该视频为其名下快手 App 用户井某某制作的，于 2015 年 4 月在快手 App 上传，发布的名为"这智商没谁了"视频，并且快手公司根据《快手网（www.kuaishou.com）服务协议》《知识产权条款》等约定以及井某某的授权，拥有涉案视频在全球范围内的独家信息网络传播权。

快手公司委托律师向广州某网络科技有限公司发送律师函，要求广州某网络科技有限公司全网排查，删除侵权视频。快手公司认为广州某网络科技有限公司上传并发布涉案视频，且在其向广州某网络科技有限公司发出律师函后仍未做处理，侵害了快手公司的著作权。故向北京海淀区人民法院起诉。

法院认为涉案短视频虽只有 18 秒，但其在该时间段中所讲述的情景故事，融合了两名表演者的对话和动作等要素，且通过镜头切换展现了故事发生的场景，已构成具有独创性的完整表达。而其摄制在一定介质上，以数字化视频形势发布在快手 App 上的事实使其属于著作权法中规定的类电影作品。

对于著作权归属问题，虽然井某某对快手公司的授权在本案诉讼后，但《授权书》明确其为溯及既往性质的授权，故法院认为快手公司确拥有涉案视频的独家信息网络传播权。

而广州某网络科技有限公司未能提交涉案视频系用户上传的相关证据，亦无法提供有效用户信息，据此，法院认为涉案视频应为广州某网络科技有限公司自行上传并发布。广州某网络科技有限公司未经快手公司许可，在补刀 App 的 iOS 端发布涉案视频，使公众可以在个人选定的时间和地点获得涉案视频，侵害了快手公司对涉案视频依法享有的信息网络传播权，应当承担赔偿经济损失等侵权责任。故判决被告广州某网络科技有限公司赔偿原告北京快手科技有限公司经济损失 10000 元及合理开支 13460 元。

案例　短视频中使用了他人音乐作品属于侵害信息网络传播权

原告：北京音未文化传媒有限责任公司（简称"北京音未公司"）

被告：徐州某网络科技有限公司、北京某网络科技有限公司

北京音未公司是国内专业的音乐版权授权与音乐版权定制服务公司，已为上千家公司或机构提供音乐版权服务，具有较高知名度。2019 年 3 月 19 日，经日本知名唱片公司 Lullatone.Inc. 合法授权，取得音乐《Walking On the Sidewalk》版权独家专有使用权以及维权权利，授权期限自 2019 年 1 月 1 日至 2019 年 6 月 30 日。

一审法院认为，北京某网络科技有限公司在庭审中认可其制作了涉案视频并将其上传至"酷燃视频"及新浪微博上。该行为包含复制行为及信息网络传播行为，因信息网络传播行为在实施过程中必然经过复制过程、存在复制行为，故上述侵犯信息网络传播权的行为可以吸收前置的复制行为，由此本院认定北京某网络科技有限公司在制作短视频使用未经授权的涉案音乐并将其上传至网上的行为侵犯了涉案作品录音制作者权中的信息网络传播权权能；另，上述行为并不存在发行行为，故北京音未公司主张侵犯发行权权能的主张，本院不予采纳。

对于徐州某网络科技有限公司是否侵权，北京某网络科技有限公司提交了企业邮箱服务说明及付款凭证，证明其公司系"@papitube.com"企业邮箱的实际使用人。在邮箱服务说明中，本院注意到后缀名为"@papitube.com"的邮箱自 2017 年 6 月 14 日至 2021 年 6 月 19 日期间由北京某网络科技有限公司使用。北京音未公司仅以 ICP/IP 地址 / 域名信息备案管理系统查询显示"www.papitube.com"的主办单位为徐州某网络科技有限公司，便主张其为"papitube"的经营管理者，证据不足，本院难以采信。

据此，法院认定北京某网络科技有限公司侵犯了北京音未公司对涉案音乐享有的录音制作者权。根据《中华人民共和国著作权法》第四十八条规定，未经录音录像制作者许可，复制、发行、通过信息网络向公众传播其制作的录音录像制品的，应当承担停止侵害、消除影响、赔礼道歉、赔偿损失等民事责任。一审法院判决北京某网络科技有限公司赔偿北京音未公司经济损失 4000 元及合理开支 3000 元。

案例　网络服务提供者未及时采取必要措施对损害扩大部分应承担连带责任

快手平台是快手公司经营的短视频分享平台。除短视频外，快手平台用户还可以在快手平台中"说说"版块发布文字或图片。

刘某某为快手平台用户"一村姐"的注册人，于 2019 年 1 月 4 日发现侵权人"明珠格格丫丫"在快手公司快手平台上，盗用刘某某肖像和陌生男子拼凑为情侣发布侮辱诽谤视频，盗用并在刘某某肖像下发布"你只北京狗"等侮辱言论，快手公司接到刘某某

投诉以及律师函、投诉函后未做处理，直到 2 月 2 日行政投诉被约谈后才删除，之后侵权人在"明珠格格丫丫"后添加大拇指、小蜻蜓等符号，持续发布侮辱诽谤言论恶意侵权，直至 2019 年 12 月 18 日依然如故发布直播视频"北京狗""那就往死里整呗"等侮辱攻击性言论。刘某某因快手公司未对相关视频和侵权人及时采取必要措施，造成侵权损害持续传播扩大，向法院提起诉讼。

一审法院判决快手科技公司向刘某某出具书面赔礼道歉信，并赔偿刘某某精神损害抚慰金 5000 元、财产损失 14000 元。

二审双方均未提交新证据，二审法院对一审法院的全部认定予以确认，判决维持一审判决。

裁判要点

一审法院认为，网络用户、网络服务提供者利用网络侵害他人民事权益的，应当承担侵权责任。网络用户利用网络服务实施侵权行为的，被侵权人有权通知网络服务提供者采取删除、屏蔽、断开链接等必要措施。网络服务提供者接到通知后未及时采取必要措施的，对损害的扩大部分与该网络用户承担连带责任。网络服务提供者知道网络用户利用其网络服务侵害他人民事权益，未采取必要措施的，与该网络用户承担连带责任。

根据现有证据可以证实，快手平台昵称"明珠格格丫丫"的用户的行为对刘某某构成侮辱、贬损。快手用户"亚骥亚骥""赵海彤223""波65"等人在上述短视频以及"说说"下面发表明显带有对刘某某侮辱性的语言。快手平台自动根据对平台用户关注以及观看习惯推送视频以及文字内容的功能，使得上述内容可被他人阅览，造成刘某某的社会评价降低。

因此上述人员侵犯了刘某某的名誉权。案中侵权人借助快手平台所发表的主要言论，明显含有侮辱性词语，快手公司所应当具备的管理信息的能力，应当可以加以屏蔽或者及时发现并予以删除，同时应当对相关账号采取必要措施。快手公司未对相关言论主动采取必要措施，应当与侵权人承担连带责任。

就侵权情况，刘某某委托律师向快手平台进行投诉，并提供了要求采取必要措施的侵权内容截屏、理由、侵权人在快手平台信息，以及被侵权人身份证明、授权委托手续等充分材料，已构成有效通知。但是，快手公司在接到上述材料后，仍未对相关短视频以及侵权人及时采取必要措施，造成侵权损害扩大，快手公司应当就该损失扩大部分与侵权人承担连带责任。

二审法院认为，关于侵权人在快手平台发表的涉案言论是否有明显的侮辱性，以及快手公司是否可以采取技术手段屏蔽或删除的问题。本案中侵权人借助快手平台发布的言论，具有明显的侮辱性，快手公司可以通过自动抓取等技术手段，进行主动审核。一审法院认定快手公司具备监管能力，应当可以加以屏蔽或及时发现并予以删除，并无不当。自刘某某一方的有效通知 2019 年 1 月 22 日到达快手公司，至 2019 年 2 月 2 日，快手公司未及时删除投诉的侵权内容，且被投诉的侵权人仍然在快手平台继续发表侵权言论及视频，对此一审法院认定快手公司对部分侵权行为构成"明知"，未采取必要措施，应承担连带侵权责任并无不当。

6.2　直播平台适用范围和内容规范

为加强互联网直播营销信息内容服务管理，维护国家安全和公共利益，保护自然人、法人和非法人组织的合法权益，促进互联网直播营销行业健康有序发展，根据《网络安全法》《电子商务法》《网络信息内容生态治理规定》等法律法规和国家有关规定，国家互联网信息办公室会同有关部门起草了《互联网直播营销信息内容服务管理规定》。

6.2.1　直播平台适用范围

在中华人民共和国境内从事互联网直播营销信息内容服务，应当遵守本《互联网直播营销信息内容服务管理规定》。

从事互联网直播营销信息内容服务，应当弘扬社会主义核心价值观，坚持正确导向，遵守法律法规，尊重社会公德，促进行业健康发展，营造良好网络生态。

国家网信部门和有关主管部门依据职责负责全国互联网直播营销信息内容服务的监督管理工作。

地方网信部门和有关主管部门依据职责负责本行政区域内互联网直播营销信息内容服务的监督管理工作。

> **法条解析：　互联网直播相关术语**
>
> 互联网直播营销信息内容服务，是指通过互联网站、应用程序、小程序等，以视频直播、音频直播等形式向社会公众推销商品或服务的活动。
>
> 直播营销平台，是指在互联网直播营销信息内容服务中提供直播服务的各类平台，包括互联网直播服务平台、互联网音视频服务平台、电子商务平台等。
>
> 直播间运营者，是指在直播营销平台上注册账号或者通过自建网站等其他网络服务，开设直播间从事互联网直播营销信息内容服务的自然人、法人和非法人组织。
>
> 直播营销人员，是指在互联网直播营销信息内容服务中直接向社会公众介绍、推销商品或服务的自然人。
>
> 直播营销人员服务机构，是指为直播营销人员从事直播营销信息内容服务提供策划、运营、经纪、培训等的专门机构。

6.2.2　直播平台内容规范

目前，大大小小的直播平台多达几百家，其疯狂扩张、野蛮生长的同时也滋生了很多问题，部分直播平台传播色情、暴力、谣言、诈骗等信息，违背社会主义核心价值观，特别是给青少年身心健康带来了不良影响。鉴于此，国家互联网信息办公室出台了《互联网直播营销信息内容服务管理规定》，以便更好地加强互联网直播营销信息内容服务管理。

一、直播营销平台规范

第五条　直播营销平台应当依法依规履行备案手续，开展安全评估，并向所在地地市级以上网信部门和公安机关提交安全评估报告。

第六条　直播营销平台应当建立健全账号及直播营销业务注册注销、信息安全管理、营销行为规范、未成年人保护、用户权益保护、个人信息保护、信用评价、数据安全等机制。

直播营销平台应当配备与服务规模相适应的直播内容管理专业人员，具备维护互联网直播内容安全的技术能力，技术方案应符合国家相关标准。

第七条　直播营销平台应当依据相关法律法规和国家有关规定，制定并公开互联网直播营销信息内容服务管理规则、平台公约。

直播营销平台应当与直播营销人员服务机构、直播间运营者签订协议，要求其规范直播营销人员招募、培训、管理流程，明确直播营销信息内容生产、发布、审核责任。

直播营销平台应当制定直播营销目录，设置法律法规规定的禁止生产销售、禁止网络交易、禁止商业推销宣传以及不适宜以直播形式推广的商品和服务类别。

第八条　直播营销平台应当对直播间运营者进行基于身份证号码、统一社会信用代码等真实身份信息认证。

直播营销平台应当建立直播营销人员真实身份动态核验机制，在直播前核验所有直播营销人员身份信息，对于不符合相关规定的，不得为其提供直播服务。

第九条　直播营销平台应当加强互联网直播营销信息内容服务管理，发现违法和不良信息，应当立即采取处置措施，保存有关记录，并向有关主管部门报告。

直播营销平台应当防范和制止违法广告、价格欺诈等侵害用户权益的行为，以显著方式警示用户平台外私下交易等行为的风险。

直播营销平台应当根据直播间运营者账号信用评价、关注和点击数量、营销金额及其他指标维度，建立分级管理制度，对重点直播间运营者采取安排专人实时巡查、延长直播内容保存时间等措施。

直播营销平台应当建立健全风险识别模型，对高风险行为采取弹窗提示、违规警告、限制流量、阻断直播等措施。

第十条　直播营销平台应当加强新技术新应用新功能上线和使用管理，对利用人工智能、数字视觉、虚拟现实等技术展示的虚拟形象从事互联网直播营销信息内容服务的，应当以显著方式予以标识，并确保信息内容安全。

第十一条　直播营销平台应当建立健全未成年人保护机制，注重保护未成年人身心健康。对不适宜未成年人参与的互联网直播营销信息内容服务，直播营销平台应当在信息展示前予以提示。

第十二条　直播营销平台应当建立直播间运营者账号信用评价管理制度，将用户评价和投诉举报、平台处理、监管部门通报等信息作为信用评价指标，根据信用情况确定服务范围及功能，并对直播间运营者账号信用情况进行公示。

直播营销平台应当对违反法律法规和服务协议的直播间运营者账号，视情采取警示提醒、限制功能、暂停发布、注销账号、禁止重新注册等处置措施，保存记录并向有关主管部门报告。

直播营销平台应当建立黑名单制度，将严重违法违规的直播营销人员及因违法犯罪或破坏公序良俗造成恶劣社会影响的人员列入黑名单。

第十三条　直播营销平台应当建立健全投诉、举报机制，明确处理流程和反馈期限，及时处理公众对于违法违规信息内容、营销行为投诉举报。

用户通过直播间内链接、二维码等方式跳转到其他平台购买商品或者接受服务，发生争议时，相关直播营销平台应当积极协助用户维护合法权益，提供必要的证据等支持。

第十四条　直播营销平台应当记录、保存直播内容，保存时间不少于六十日，并提供直播内容回看功能；直播内容中的商品和服务信息、交易信息，保存时间自交易完成之日起不少于三年。法律、行政法规另有规定的，依照其规定。

二、直播间运营者和直播营销人员规范

第十五条　直播营销人员或者直播间运营者为自然人的，应当年满十六周岁；十六周岁以上的未成年人申请成为直播营销人员或者直播间运营者的，应当经监护人同意。

第十六条　直播间运营者、直播营销人员从事互联网直播营销信息内容服务，应当遵守法律法规和国家有关规定，遵循社会公序良俗，真实、准确、全面地发布商品或服务信息，不得有以下行为：

（一）违反《网络信息内容生态治理规定》第六条、第七条规定的；

（二）发布虚假信息，欺骗、误导用户；

（三）虚构或者篡改关注度、浏览量、点赞量、交易量等数据流量造假；

（四）知道或应当知道他人存在违法违规或高风险行为，仍为其推广、引流；

（五）侮辱、诽谤、骚扰、诋毁、谩骂及恐吓他人，侵害他人合法权益；

（六）可能引发未成年人模仿不安全行为和违反社会公德行为、诱导未成年人不良嗜好等；

（七）涉嫌传销、诈骗、赌博、贩卖违禁品及管制物品等；

（八）其他违反国家法律法规和有关规定的行为。

第十七条　直播营销人员不得在涉及国家安全、公共安全、影响他人及社会正常生产生活秩序的场所从事互联网直播营销信息内容服务。

直播间运营者、直播营销人员应当加强直播间管理，在下列重点环节的设置应当符合法律法规和国家有关规定，不得含有违法和不良信息，不得以暗示等方式误导用户：

（一）直播间运营者账号名称、头像、简介；

（二）直播间标题、封面；

（三）直播间布景；

（四）直播营销人员着装、形象；

（五）其他易引起用户关注的重点环节。

第十八条　直播间运营者、直播营销人员应当依据平台服务协议做好语音和视频连线、评论、弹幕等互动内容的实时管理，但不得以删除、屏蔽相关不利评价等方式欺骗、误导用户。

直播间运营者、直播营销人员与直播营销人员服务机构合作开展直播营销信息内容策划、生产等合作的，应当共同履行信息安全管理责任。

第十九条　直播间运营者、直播营销人员使用其他人肖像作为虚拟形象从事互联网直播营销信息内容服务的，应当征得肖像权人同意，不得利用信息技术手段伪造等方式侵害他人的肖像权。对自然人声音的保护，参照适用前述规定。

三、监督管理规范

第二十条 各级网信部门会同有关主管部门建立健全信息共享、教育培训、联合检查执法等工作机制，协同开展互联网直播营销信息内容监督管理工作。

各级网信部门会同有关主管部门对平台履行主体责任情况开展监督检查，对存在问题的平台开展专项督查。直播营销平台对网信等部门依法实施的监督检查和调查，应当予以配合。

第二十一条 违反本规定，给他人造成损害的，依法承担民事责任；构成犯罪的，依法追究刑事责任；尚不构成犯罪的，由网信等有关主管部门根据各自职责依照有关法律法规予以处理。

法条解析： 直播行业炙手可热，是互联网经济的风口，为了避免野蛮生长，为行业健康、长远发展护航，国家相继出台了多部法律法规规范直播行业。

一、国家市场监督管理总局印发《关于加强网络直播营销活动监管的指导意见》

为加强网络直播营销活动监管，保护消费者合法权益，促进直播营销新业态健康发展，依据《电子商务法》《消费者权益保护法》《反不正当竞争法》《广告法》《产品质量法》《食品安全法》《价格法》《商标法》《专利法》等有关法律法规，2020 年 11 月 9 日，国家市场监督管理总局印发《关于加强网络直播营销活动监管的指导意见》。

（一）《关于加强网络直播营销活动监管的指导意见》的出台背景

近年来，"直播带货"的模式发展迅猛，成为商家进行电子商务推广的重要销售渠道之一。但网络直播营销活动也存在着假冒伪劣、虚假宣传、交易数据弄虚作假等一系列问题，有针对性地加强对网络直播营销活动的监管十分必要。

网络直播营销活动作为互联网电子商务的新业态，兼具"电子商务＋宣传促销＋导购卖货"等特点，又采取互联网直播的形式，模式新、主体多、法律关系复杂，一个主体或行为可能涉及多部法律、法规，在不同模式下主体或行为的法律责任和法律性质也不相同。《关于加强网络直播营销活动监管的指导意见》出台，明确网络直播营销活动中相关主体的法律责任，特别是明确直播营销活动中网络平台和网络直播者的法律责任和义务，对指导基层执法和促进行业规范具有十分重要的意义。

（二）《关于加强网络直播营销活动监管的指导意见》的主要内容和特点

《意见》充分考虑网络直播营销活动属性特点、行业现状、监管制度等，以相关法律法规为依据，内容主要包括总体要求、压实有关主体法律责任、严格规范网络直播营销行为、依法查处网络直播营销违法行为等 4 部分内容，明确参与网络直播营销活动各方主体的责任义务、禁止性规定、经营活动规范和市场监管部门重点打击的违法行为，以促进网络直播营销新业态健康发展。

第一部分为总体要求。强调要以习近平新时代中国特色社会主义思想为指导，全面贯彻党的十九大和十九届二中、三中、四中、五中全会精神，认真落实党中央、国务院决策部署，坚持依法行政，坚持包容审慎，创新监管理念，积极探索适应新业态特点、有利于各类市场主体公平竞争的监管方式，依法查处网络直播营销活动中侵犯消费者合法权益、侵犯知识产权、破坏市场秩序等违法行为，促进网络直播营销健康发展，营造公平有序的竞争环境、安全放心的消费环境。

第二部分为压实有关主体法律责任。主要对网络直播营销活动中的三大主体（网络平台、商品经营者、网络直播者）的责任进行梳理，分层次进行责任划分。在三个方面首次作了责任明确：一是针对直播平台跳转至传统电子商务平台的网络直播营销模式，明确直播平台履行电子商务平台经营者的责任和义务；二是针对网络平台提供付费导流服务，构成商业广告的，应履行广告发布者或广告经营者的责任和义务；三是明确网络直播者应按照《反不正当竞争法》履行经营者的责任和义务，构成商业广告的还应根据具体情形履行广告发布者、广告经营者或广告代言人的责任和义务。

第三部分为严格规范网络直播营销行为。主要对建立并执行商品进货检查验收制度、禁止销售的商品或服务、禁止发布的商业广告、规范广告审查发布等方面作了规定。同时，针对保障消费者知情权和选择权，从公示有关资质、提供基本经营信息和网络平台提供技术支持等方面提出明确要求。

第四部分为依法查处网络直播营销违法行为。主要列举目前网络直播营销活动中的电子商务违法、侵犯消费者合法权益、不正当竞争、产品质量违法、侵犯知识产权、食品安全违法、广告违法、价格违法等八大重点违法行为，并明确应依据相应的法律予以查处。

二、中国广告协会发布了《网络直播营销行为规范》

2020 年 6 月 26 日，中国广告协会发布了《网络直播营销行为规范》，《网络直播营销行为规范》于 2020 年 7 月 1 日正式施行。

《网络直播营销行为规范》属于行业自律规范，虽然不能直接作为行政执法、司法裁判依据，但是作为倡导性的行业自律规范，能够为相关主体从事网络直播营销行为提供行为指南，对加强行业自律、促进行业健康发展具有重要作用。《网络直播营销行为规范》内容十分庞杂，涉及网络直播营销行业各方面的法律问题，而这些法律问题大多数已经散见于合同法、著作权法、反不正当竞争法、广告法等法律、行政法规、部门规章中，《网络直播营销行为规范》进行了融合。《网络直播营销行为规范》虽然不能作为执法、裁判依据，但是，如果某种行为在违反《网络直播营销行为规范》的同时又违反了其他法律法规，就可以直接依据相关法律法规进行规制。同时，对违反《网络直播营销行为规范》的，中国广告协会将进行提示劝诫、督促整改、公开批评，对涉嫌违法的，提请政府监管机关依法查处等。

三、中国商业联合会发布《视频直播购物运营和服务基本规范》（征求意见稿）

由中国广告协会发布的《网络直播营销行为规范》（以下简称《规范》）正式出台，对网络直播营销平台经营者、网络直播营销主播服务机构、主播、商家等参与各方的权利、义务及责任均进行了详细规定，一举打破"群龙无首"的局面。

2020 年 5 月 18 日，由中国商业联合会媒体购物专业委员会牵头起草行业内首部全国性社团标准《视频直播购物运营和服务基本规范》出台了相关征求意见稿（以下简称《意见稿》）。

《意见稿》对"直播带货"进行了明确定义，即，直播带货 Live goods，明星、网红、社会名人或公众人物对某一商品有意无意助销。

而与此相对，《规范》中对"直播带货"的定义是指，为商家、主播等参与者在电商平台、内容平台、社交平台等网络平台上以直播形式向用户销售商品或提供服务的网络直播营销活动。

《规范》中未直接写明"直播带货"四字,而《意见稿》中的定义则要明确得多。此外,《意见稿》更对"社交媒体""社交电商""网络视频直播",甚至"网红"等进行了明确的定义。由此可见,《意见稿》相比于《规范》在相关用词的定义上更为详细、清晰。

(一)"直播带货"必须要遵守义务和规定

《规范》中除了在总则中规定了适用原则、禁止发布的相关内容以及所有参与的主体都需要遵守的义务之外,还在规范各主体的分则中明确了相应主体的相关义务。例如,针对商家规定了合法经营、提供的商品和服务符合安全标准、禁止虚假宣传、保障售后服务等义务;针对主播明确了需要掌握一定的专业技能、禁止相关言行、保证信息真实合法,以及不得导流用户私下交易等义务;针对网络直播营销平台则明确了知识产权保护、网络安全与个人信息保护、健全平台规则等合规要求。

《意见稿》中一反《规范》针对各主体明确相关义务和要求的形式,将参与社交媒体和视频直播购物经营者相关的义务进行了统一规定,并对社交媒体和视频直播购物从业人员的相关培训、持证上岗等进行了明确,此外,还明确了特定岗位从业人员应具有相应的从业资格证,经理人应取得由媒体购物行业主管机构核发的从业资格证。当然,针对特殊的参与人员"主播"(《意见稿》称之为"社交媒体视频直播购物出镜者"),《意见稿》也明确了较为严格的准入条件,即:

1. 年龄不得低于 10 周岁;

2. 取得相关机构核准;

3. 具有相关专业资质;

4. 经过专业培训;

5. 必须进行过消费体验,不得为其未使用过的商品或者未接受过的服务作推荐、证明;

6. 严格遵守广告法有关规定。

(二)针对消费者保护

《规范》中有诸多保护消费者权益的相关条款,例如,总则中明确保障消费者知情权和选择权、严格履行产品责任、积极兑现售后承诺等。在第二章中也明确了作为商家在保护消费者权益的应尽义务,如提供的商品或服务不存在危及人身或财产安全的不合理风险,依法保障消费者合法权益,积极履行自身作出的承诺,不得进行虚假宣传、欺骗、误导消费者,依法提供退换货保障等售后服务;网络直播营销平台经营者需要与入驻主体签订的协议中明确消费者权益保护、要完善平台争议处理机制积极维护消费者合法权益。

相对《规范》中较为抽象的消费者权益保护的相关内容,《意见稿》中则更为明确和细化。例如,在第四条总体要求中,明确了①社交媒体和视频直播购物经营者应为销售商品提供盖有公司印章的正式发票,并根据消费者意愿适时送达消费者。②社交媒体和视频直播购物经营者应采取措施确保消费者信息安全。③消费者在接到货物 7 天内,在不影响二次销售的情况下想要退货的,社交媒体和视频直播购物经营者应无条件接受消费者退货,同时按原价退款。同时,将"商品质量"作为一个单项在 8 个条文中予以了明确，如经营者有对确定销售的商品进行审查的义务，并需确认相关资质；商品说明书必须符合国家标准的要求；特殊商品时需要明确批号、出厂及质保期、注意事项等；对外包装的明确要求；进口商品的还需要明确原产地、代理商进口商或经销商等的信息；无产品质量合格证明、说明书的可拒付货款且可无条件退货等。除此之外，还明确了售后服务管理应符合商品售后服务评价体系 SB/T 10401—2006 的要求。

（三）"直播带货"的商家、平台等主体的职责

《规范》第三十三条对网络直播营销平台提出了合规要求，即，需要其建立、健全和执行平台相关规则，包括与入驻主体签订协议，明确行为规范、消费者保护等权利义务；制定平台内禁止推销的商品或服务目录及相应规则；建立信用评价奖惩等信用管理体系；完善交易信息保存制度、平台间争议处理衔接机制、知识产权投诉处理机制等。

《意见稿》不仅提出了通过内部管理制度汇编、员工手册、组织结构图、业务流程图、岗位描述、权限指引等适当方式细化内部职责分工，进行管理，而且明确了商品采购管理制度，要求社交媒体和视频直播购物经营者应设立专门的商品采购部门或商品开发部门负责与生产厂家洽谈商品合作，且应制订完善的采购流程和规章。同时，在供应商的选择中也提出了被列入信用黑名单的企业不应作为供应商的要求。此外，采购过程要进行信息记录和管理，确保真实性、完整性和可追溯性，并完整保存三年。

《意见稿》在内部合规、商品采购之外，还将物流外包管理及外部服务管理进行了明确和细化，包括所选择的物流服务商应符合快递服务标准 YZ/T 0128—2007 的要求；对消费者相关数据保密、要求服务商提供开箱验货后付款服务等要求与服务商签订书面协议。

（四）监管趋势

《规范》中对直播带货领域的监管并未深入涉及，也许是为了弥补《规范》此点的不足，《意见稿》使用了约六分之一的篇幅详细对监管进行了规定。包括：

1. 监管体系的设立，即社交媒体和视频直播购物的运营应设监管部门，社交媒体和视频直播购物经营者的负责人或指定的人员为监管部门的负责人，必须要进行专业培训；

2. 监管制度的制订及严格执行；

3. 建立完善的监管流程且严格按其开展工作；

4. 将监管工作彻底落实；

5. 监管工作完毕后的备案并长期留存；

6. 及时、主动向监管部门反馈并接受其监督和检查。

案例　抖音、快手、京东共同发布《网络直播和短视频营销平台自律公约》

在北京市市场监督管理局和海淀区市场监督管理局的指导下，抖音（北京微播视界科技有限公司）、快手（北京快手科技有限公司）、京东（北京京东世纪信息技术有限公司）3 家企业共同发布了《网络直播和短视频营销平台自律公约》（以下简称《自律公约》）。这 3 家企业成为加入该《自律公约》的首批倡议企业，《自律公约》自 2020 年 10 月 1 日起开始执行。

一、总则

第一条 为促进直播和短视频营销业态健康发展，引导网络市场营销活动更加规范，保护消费者合法权益，根据法律、法规、规章等有关规定，北京微播视界科技有限公司、北京快手科技有限公司和北京京东世纪信息技术有限公司共同倡导发起本自律公约。

第二条 倡议广大网络直播和短视频营销平台经营者加入本自律公约，积极促进行业自律，共同规范网络经营行为，维护消费者合法权益，营造良好网络市场环境。

第三条 本公约所称网络直播和短视频营销是指商业推广者在网络直播和短视频营销平台上，以发布直播和短视频内容等形式，向用户推广商家销售的商品或者服务的商业活动。

商家是指在网络直播和短视频营销活动中通过商业推广销售商品或者提供服务的经营者。

用户是指在网络直播和短视频营销活动中购买商品或者服务的组织或者个人。

第四条 本公约遵循导向正确、诚实信用、信息真实、公平竞争、多元共治的原则。

第五条 网络直播和短视频营销平台主动接受政府监管、社会监督，遵守行业协会规范，在有关部门指导下，共同制定并签署本公约，构建良好社会共治格局。

二、平台自律

第六条 积极履行平台核验登记义务，依法对申请开通商品或者服务推广功能的商业推广者提供的身份、地址、联系方式、行政许可等信息进行登记，建立登记档案，积极采取技术措施进行核验，并定期核验更新。

第七条 督促商业推广者落实身份信息公示义务，商业推广者应当在推广者主页显著位置持续公示主体相关信息或者链接标识。

第八条 建立网络直播营销信息公示制度。商业推广者在网络直播和短视频营销平台上以直播形式推广商品或者服务的，应当以直播场次为单位，在虚拟直播场所以链接方式公示直播营销的商品或者服务名称，商品或者服务所属商家的姓名、名称，商家售后服务联系方式等真实信息；自然人商业推广者隶属网络直播营销主播服务机构的，应当同时公示服务机构名称。

第九条 遵循公开、公平、公正的原则，建立健全网络直播和短视频营销服务协议与行为规范，明确开通和关闭商品或者服务推广功能、商品服务质量、商业宣传推广、消费者权益保护、知识产权保护等方面的权利和义务，并持续公示服务协议与行为规范等信息，或者上述信息的链接标识。

第十条 制定平台禁止、限制营销的商品或者服务目录，明确禁止、限制营销的商品或者服务事项，督促商业推广者按照目录要求规范开展营销活动。

第十一条 网络直播和短视频营销活动中所发布的信息不得包含以下内容：

（一）反对宪法所确定的基本原则及违反国家法律、法规禁止性规定的；

（二）损害国家主权、统一和领土完整的；

（三）危害国家安全、泄露国家秘密以及损害国家荣誉和利益的；

（四）含有民族、种族、宗教、性别歧视的；

（五）散布谣言等扰乱社会秩序，破坏社会稳定的；

（六）淫秽、色情、赌博、迷信、恐怖、暴力或者教唆犯罪的；

（七）侮辱、诽谤、恐吓、涉及他人隐私等侵害他人合法权益的；

（八）危害未成年人身心健康的；

（九）其他危害社会公德或者民族优秀文化传统的。

第十二条　加强网络直播和短视频营销活动管理。商业推广者在营销活动中不得有以下违法或不当行为：

（一）为法律法规禁止售卖的商品和服务进行推广、营销；

（二）为应经许可或者批准但未获许可或者批准的商品和服务进行推广、营销；

（三）在推广、营销中引导脱离平台进行私下交易；

（四）以流量或者数据造假、虚构交易、编造用户评价等方式进行虚假或者引人误解的商业宣传，欺骗、误导消费者；

（五）在推广、营销中违反国家关于商业广告的相关管理规定，推广内容违背公序良俗。

第十三条　建立网络直播和短视频营销信息检查监控制度。发现商业推广者存在违法违规行为的，应当及时向有关主管部门报告，并采取必要处置措施。处置措施应当包括但不限于：

（一）对违法违规推广内容进行删除屏蔽；

（二）对开展违法违规宣传推广活动并造成一定不良后果的商业推广者账号做降权降级处理；

（三）对经核实存在严重违法违规行为的商业推广者予以清退、终止服务并及时进行跨平台信息通报。

第十四条　建立违法行为处置公示制度，对商业推广者违法违规行为采取必要处置措施的，应当在平台显著位置及时公示处置结果。

第十五条　记录保存平台上发布的直播和短视频营销信息及历史直播公示信息，确保信息的完整性、可用性。平台应根据自身实际情况，结合商品或者服务特性，制定营销信息及历史直播公示信息保存规则，确保保存方式和时限的合理性，从而保障消费者合法权益，维护网络直播和短视频营销行业市场秩序。

第十六条　建立商业推广者信用管理体系，建立信用评价奖惩机制，对违法违规的商业推广者实施信用惩戒，强化合规守信意识。信用评价奖惩机制应在平台内进行公示。

第十七条　加强开展网络直播和短视频营销活动的机构人员培训，督促网络直播营销主播服务机构和从业人员严格遵守法律、法规、相关规定和职业道德，加强考核及管控机制。

第十八条　完善对未成年人的保护机制，注重对未成年人身心健康的保护。

三、消费者权益保护

第十九条　建立便捷的投诉、举报机制，显著公示投诉、举报方式等信息，及时处理投诉、举报。

第二十条　明确争议处理规则，完善跨平台争议处理衔接机制，依法为消费者做好信息支持，积极协助消费者维护合法权益。

第二十一条　加强消费风险提示，在网络直播和短视频营销中，以显著方式向消费者提示跨平台的交易链接跳转去向，提醒消费者注意防范脱离平台进行私下交易的风险。

第二十二条　督促商家和商业推广者遵循公平诚信原则，遵守商业道德，按照网络直播和短视频营销活动中作出的承诺，落实七日无理由退货、商品服务质量保障等责任义务。

四、协同共治

第二十三条　积极配合有关部门对违法违规行为采取必要处置措施，建立联合应急响应机制，提供协查数据，配合协助执法，及时制止违法违规行为。

第二十四条　与自律公约成员单位合作建立联防联控工作机制，共享违法风险信息，防范跨平台违法风险。

第二十五条　与广告联盟平台、网络直播营销主播服务机构等关联主体建立违法信息共享机制，共同促进直播和短视频营销行业发展。

案例　今日头条、抖音短视频、西瓜视频和火山小视频四大平台联合发布《2019平台直播自律白皮书》

报告中对直播平台出现的涉黄、涉暴等违反法律法规和社会公序良俗的内容，提出了违规内容必须实时阻断的技术要求，要求除制定严格的法律规章外，网络直播平台本身的平台自律也不可或缺。

平台方必须不断完善自律机制，将社会监督与内部自律相结合，才能形成互相监督、互相促进、共同进步的良好风尚。

一、不断完善直播内容审核的流程与机制

做好平台自律，首先要建立、健全直播内容风险发现和防范的流程与机制，这是平台自律的坚实骨架。

为了防范直播各环节产生的风险，今日头条、抖音短视频、西瓜视频和火山小视频平台建立了完整的审核流程。从主播注册与开播，到直播过程中，再到直播结束后的举报环节，层层加码，不断完善直播内容审核的流程与机制。

二、内容审核流程机制

（一）主播注册与开播的审查机制

今日头条、抖音短视频、西瓜视频和火山小视频的直播平台实行严格的实名开播制度。成为主播前，必须登记包括但不限于真实姓名、联系电话、身份证号码等相关详细信息，并通过芝麻信用进行人脸认证，以保证"人证一致、有案可查、有据可依"。

第一步，填写用户身份信息，如真实姓名、联系电话、身份证号码。

第二步，签署主播签约协议。主播阅读完"主播签约协议"，明确自己的权利和义务后，点击同意协议。

第三步，利用芝麻认证，进行人脸识别，确保开播人和身份证持有人一致。

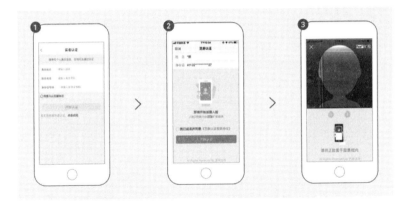

平台自律，除严格规定"具备什么资质可以开播"之外，也对"什么资质的用户完全无法开播"制定了相应标准。在今日头条、抖音短视频、西瓜视频和火山小视频的直播平台上，以下用户不允许进行主播注册和开播：

①不满十八岁的未成年人；②港澳台、外籍人士（需向监管部门报备同意）；③曾被列入身份证黑名单的用户（身份证黑名单用户均为严重违规用户，拉黑身份证时，对其身份证认证过的历史账号，也采取永久封禁账号处理）。

（二）直播内容的审核机制

直播内容，是直播行业风险的主要载体，也是审核机制和平台自律发挥其作用的重中之重。直播平台上的所有内容都需要经过系统审核，审核通过后才会被推荐给用户。

今日头条、抖音短视频、西瓜视频和火山小视频的直播审核系统采用人工审核和机器模型拦截相结合的方式。

1. 内容审核范围

营造清朗的网络环境，应实现对直播平台内所有内容的无死角、全覆盖式的审核，压实平台的主体责任。在今日头条、抖音短视频、西瓜视频和火山小视频的直播审核系统中，直播内容审核不仅指主播在直播间的行为，还包括了主播及用户在直播平台上的所有个人资料、直播、发言等。包括但不限于：主播行为——①个人昵称、②头像、③直播间封面、④直播间背景、⑤直播间标题、⑥直播间贴纸、⑦直播间行为；用户行为——①个人昵称、②头像、⑧直播间评论。

2. 内容审核标准

根据法律法规和监管部门要求，今日头条、抖音短视频、西瓜视频和火山小视频制定了一套严格的审核标准《直播间行为规范》以及对应的违惩制度，打击直播间的违规行为。这套标准不仅规定了主播行为的基本准则，也列出了每一个具体的违规行为，将监管部门的要求落实到细节中、落实到实处去。

以色情低俗为例，在监管部门"禁止一切色情、大尺度、带有性暗示直播内容"的要求和方针下，今日头条、抖音短视频、西瓜视频和火山小视频的直播审核系统列出了现已知的所有带有性暗示的行为，如色情偷拍、展示动物性行为、两性话题等。针对每一个违规行为，直播平台会根据严重程度给予中断到永久封禁的不同处罚。

此外，社会公序良俗也在平台制定标准的考量范围内。哗众取宠、恶搞、拜金、抽烟喝酒、迷信封建、侮辱女性等内容，都被直播平台严厉禁止。

面对层出不穷、花样百出的违规行为，审核标准会不断进行调整和更新。每周直播平台的运营人员会根据一线审核人员反馈的案例和运营需求更新标准。如有突发的舆情和指令，标准会做到实时调整。

3. 内容审核流程

机器审核是指基于全产品线海量数据训练的神经网络视频理解模型、人脸识别模型和针对黄色暴力文本强化的OCR技术等。这些技术可精准识别出视频中出现的违规人物，如反动人物和未成年人，以及一些违规场景，如色情、低俗场景；还有一些违规的文本和图案，如色情文本、反动/恐怖组织的标志。

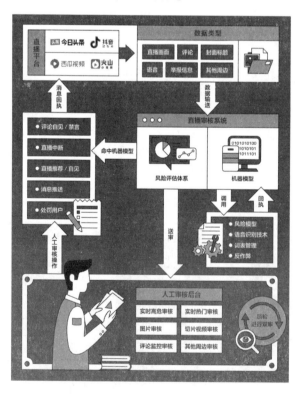

针对直播审核工作,今日头条、抖音、西瓜视频和火山小视频配备了一支高素质的审核队伍。基于直播实时的特性,审核团队实行三班制。

直播平台还会不定期在公司内部的测试环境中放出部分违规内容,以测试机器审核技术和人工审核团队的处理速度和识别精度。直播审核人员会定期对审核标准和案例进行复盘和培训,并通过多个维度进行考核,最大程度保证风险内容的识别和拦截。

三、用户举报监督的处理机制

平台自律,指平台自身要严格遵守相关法规制度,落实企业主体责任、不断夯实自律基础。平台自身积极接受社会监督,畅通举报渠道,健全受理流程,提升监督效果,将社会监督与内部自律相结合,形成互相监督、互相促进、共同进步的良好风尚, 这也是平台自律的应有之意。

今日头条、抖音短视频、西瓜视频和火山小视频的直播平台还提供了多种社会投诉举报渠道,主动接受用户、社会公众的监督。今日头条、抖音短视频、西瓜视频和火山小视频在 App、官网页面都设置了便捷的投诉举报入口,会有专门的运营人员处理投诉举报。

案例 直播带货中常见的违规行为和案例

一、虚假宠粉

释义:为谋取自身利益,如提升自己直播间的热度向粉丝作出虚假承诺。

错误示范:

"老铁们评论区扣 666,新进来直播间每人送一块全自动机械手表。"

"咱家粉丝在评论区刷屏自动涨粉 3000+,抱团取暖,互帮互助。"

"观看半小时直播可赠送口红、机械手表!。"

"所有粉丝 9.9 元秒杀酸奶,直播间购物车酸奶件数就一件。"

解释:不得以宣传宠粉的形式进行虚假送礼等利益承诺,或通过涨粉、抽奖等刻意制造不实猎奇噱头吸引粉丝,为自身谋取不正当利益。

二、引导私下交易多渠道导流

释义:将用户引导至其他渠道进行私下交易。

错误示范:

"扫客服二维码进群可得秒杀价,机不可失!"

"看我主页有联系方式,咱们线下可免息分期。"

"今天商品数量有限,加我联系方式沟通可快速购买!"

解释:为了保护消费者权益,禁止发布含有明确"私下销售"或"绕过平台"意图的内容进行交易。

三、医疗描述

释义:刻意夸大医疗保健功效。

错误示范:

"吃这个饼干,可以消炎。"

"我家的商品对于治疗 XX,有奇效!"

解释:普通食品不得涉及含有调节人体机能、治疗疾病等夸大和不实的宣传内容。

四、挂机直播、录播

释义：直播过程中拍摄单一画面且主播全程无交流无互动，或在直播间内播放其他录制好的视频内容。

错误示范：

直播中长时间拍摄做饭过程，但全程并没有和粉丝进行互动；

主播有直播内容但长时间脱离直播镜头；

全程播放剪辑后的成品视频（没有版权）；

直播间内录制播放或循环播放纪录片节目或电影。

解释：尽量有真人出现在直播画面前，并与直播间观众做实时互动，耐心讲解您的商品，传递正向积极的直播内容。

五、衣着暴露

释义：直播过程中穿低领或过度暴露的着装。

错误示范：领口过低，露出"事业线"。

解释：请穿着适宜的衣服进行直播，避免过于暴露。

六、语言过激

释义：侮辱、谩骂、用低俗语言攻击他人。

错误示范：

"他粉丝都跟他一样，是傻 X。"

"粉丝都太穷，不给我 X 礼物。"

解释：应使用文明用语，避免用过激且低俗语言博取关注、对用户发起挑衅，传递负面信息造成不良影响。

七、吸烟、饮酒

释义：在直播过程中吸烟、饮酒造成不良影响。

错误示范：

直播过程中吸烟、饮酒；

吸烟不在直播过程中体现，但直播间内可看到烟雾或听到打火机点火、吸烟声音等；在直播间内拍摄到酒瓶或直播过程饮酒。

解释：切勿在直播过程中吸烟饮酒传递负面内容，始终注意保持直播间内容、元素、氛围等积极健康向上。

八、言语低俗

释义：在直播过程中说低俗类擦边球的话语。

错误示范：

直播间内谈论低俗话题；

将正常歌词改编为低俗类语言；

低俗暗示或模拟低俗声音。

解释：请传导绿色健康的直播内容，凭实力"带货"。

九、封建迷信

释义：传播无事实依据的民间迷信说法。

错误示范：

"此物放家中保你辟邪，化解小人。"

"人会六大轮回，让我给你算一卦看看如来那边给你的备案是什么命。"

"带上这个项链，一定会镇宅消灾。"

解释：相信科学，切勿宣传封建迷信。

十、谋取利益

释义：禁止通过以自称导师 / 专家卖课教学的形式牟利。

错误示范：

"这个课程教你上热门助你获得大波流量，买不了吃亏买不了上当，月入六位数。"

"只要课程费 998 手把手教你做互联网电商，在家就能赚钱！"

解释：平台禁止以自称导师卖课、帮上热门、教学开通电商的名义牟利。

十一、未成年人单独直播 / 带货

释义：禁止未成年人单独出现在直播间内进行直播以及带货行为。

错误示范：

只有未成年人在直播间内单独进行直播；

未成年人在视频中讲解商品。

解释：直播间内不可以单独出现未成年人进行直播，若成年人直播过程中出现未成年人是可以的，但不可讲解、推广商品或存在不满十周岁的未成年人构成广告代言人的情形。

十二、低俗意味宣传商品

释义：穿着过度暴露或做出低俗动作博眼球售卖商品。

错误示范：

穿着不适宜的衣服做出低俗引诱动作售卖商品；

为售卖商品裹在被子里进行直播或裸露身体部位博眼球。

解释：请穿着适宜的衣服售卖商品，切勿为了博眼球做出低俗不雅动作。

十三、视频无相关性

释义：商品在分享内容视频中出现的部分，与购物车展示信息需具有关联性。

错误示范：

视频分享的商品为牛奶，购物车展示水杯；

视频展示牛奶的图片，购物车商品为牛奶实体商品。

解释：将自己想要分享的商品展示在视频内容中，充分展示商品本身，并提升视频创作质量。

案例　　重点行业直播带货规范要求

一、化妆品行业

（一）不得涉及效果保证或承诺

1. 不得通过产品使用前后效果对比，夸大展现商品效果。

错误示范："使用前皮肤是偏黑色的，使用我们产品一洗就变白。"

正确示范：可宣传"清洁、补水保湿、镇定肌肤"的效果。

2. 不得使用绝对化用语宣传，不得进行效果承诺，明示或暗示商品效果。

错误示范："使用了我们的贵妇膏绝对能美白，坑坑洼洼的皮肤绝对变成鸡蛋壳似的。"

正确示范："我们的贵妇膏含有的烟酰胺成分，该成分具有美白功效，不过使用效果是因人而异。"

3. 不得使用可能对其他用户产生视觉和心理上不适感的元素，进行效果暗示或保证，扩大宣传产品功效。

错误示范：展示大量皮肤黑头、清理脚后跟厚重的角质等易引起用户观感不适宜的内容。

正确示范：充分展示视觉效果上明亮、干净、整洁的内容。

（二）不得超范围宣传

1. 非特殊用途化妆品不得宣传特殊功效

特殊用途化妆品是指用于染发、烫发、祛斑美白、防晒的化妆品。

特殊化妆品包括但不限于：

祛斑美白化妆品：淡化皮肤表皮色素沉着、淡化各种色斑（包括但不限于老年斑、老人斑、妊娠斑、黄褐斑）、抑制/阻断黑色素、美白；

防晒化妆品：吸收紫外线、减轻因日晒引起皮肤损伤功能、防晒黑（不可直接宣传美白效果）。

2. 怎样明确商品是否为特殊用途化妆品

一般可以在商品详情页面的商品参数部分可以看到对应的参数，在确认商品为特殊用途化妆品后才可以宣传特殊用途效果。

商品详情	累计评价 58680		手机购买

品牌名称：修正

产品参数：

产品名称：修正 凝肌透白淡斑霜	品牌：修正	乳液/面霜单品：凝肌透白淡斑霜
批准文号：国妆特字G20140797	适合肤质：所有肤质	上市时间：2018年5月
是否进口：国产	功效：祛斑 淡斑	化妆品净含量：30ml
规格类型：正常规格	是否为特殊用途化妆品：是	限期使用日期范围：2023-08-06至2023-...
化妆品保质期：36个月		

消费提醒：国家药监局提示您：法规规定的特殊用途化妆品，如祛斑美白、防晒等化妆品，产品标签应标注"国妆特字"或"国妆特进字"的批准文号。

3. 特殊用途化妆品不得跨类别宣传

特殊用途化妆品，所宣传的特殊功效需与其所属"特殊用途类别"一致，不得跨类别宣传。例如防晒类产品宣传美白。

4. 化妆品类商品分享不得涉及"医疗疾病"相关元素，包括但不限于：

涉及医疗器械；

涉及医生形象保证、推荐、效果承诺；

未将化妆品与医疗类产品效果作出明确区分，混淆商品效果；

涉及医疗效果、治疗作用、医学、药用、医用、疾病相关内容。

（三）不得贬低第三方及第三方商品

通过吹捧一方贬低另一方的方式进行商品分享，包括但不限于：

对另一方品牌（商品）的贬低、负面感触或对该品牌及该品牌的商品作出负面行为。例如：将另一方品牌商标进行涂抹，并将其扔进垃圾桶；

明确指出当前用户所分享的商品，要优于"X 品牌的商品"；

其他以任何形式涉嫌恶意对比贬低第三方的情形。

（这里的"品牌"指：以任何形式传达或展示商品品牌 logo、名称、俗称，或展示商品标志性外包装，让其他用户可直观知晓商品品牌的情形。）

（四）不得涉及无法核实的数据和信息

1. 生产研发及效果相关

不得在研发团队、生产线、销售渠道或其他非成分相关的维度上，进行宣传两个商品／品牌之间存在某种替代关系。例如："我们跟那个大牌神仙水用的是同一条生产线，是同一个研发团队研发出来的。"

不得借用其他知名度相对较高、品牌影响力相对较大的商品／品牌，与当前所分享商品的市场地位或商品效果进行混淆，致使其他用户对当前所分享商品的效果产生不实认知；

若存在介绍两款及以上商品成分相同或差异的情形，不得将产品的功能归集到对比产品相同的成分的一种或几种；

其他容易误导消费者、用户的宣传／暗示。

2. 专利及具体数据相关

宣传涉及专利、荣誉、销量、效果指数等内容时，需同时明确相应的专利号、专利种类、数据来源、质检资质报告等，或以上数据在第三方商品详情页公开可查。

二、食品行业

（一）不得涉及食品安全隐患

非初级农产品不得涉及"自家产"相关表述。

不得分享过期／变质食品，或其他危害人体健康的商品。

（二）不得包含虚假及暂无法核实的信息

商品的价格、产地、数量、质量、品种、品牌，及其展现的商品信息均需与所售卖的商品属性、参数一致。

（三）不得超范围宣传

普通食品不得宣传"含有新资源食品中的成分"或者"特殊营养成分"。

不得明示或暗示食品可以替代母乳。

普通食品不得宣传保健或医疗功效，不得借助宣传某些成分的作用，明示或暗示食品具有保健或医疗功效，包括但不限于：

未将"普通食品"与"保健食品""药物"作出明确区分，混淆商品功效；

涉及医疗机构、医生（护士）、专家推荐或保证效果；

涉及医疗效果、治疗作用、保健作用、疾病预防、医学、药用及其他医疗保健相关内容；

不得出现保健功效或其他常见违规表述。

三、酒类行业

不得在售卖时诱导、怂恿饮酒或者宣传无节制饮酒；

不得在镜头内外出现任何饮酒行为；

不得使用未成年人的形象（包括卡通形象）进行商品传播，以及不得诱导未成年人购买；

不得含有诸如可以"消除紧张和焦虑、增加体力、强身健体、延年益寿、解除疲劳"等不科学的明示或者暗示；

不得含有把个人、商业、社会、体育或其他方面的成功归因于饮酒的明示或者暗示，如"壮阳、补肾、事业有成、企业家、成功人士、重振雄风"等；

不得在直播过程中表达出该商品为"自家产"及相类似信息（包括但不限于口播、标题等），除非该商品符合国家法律法规要求的可自行生产的类目，符合平台要求，并已向平台提供相关承诺及材料证明相关商品确实由其生产的除外；

不得"挂羊头卖狗肉"，借用合规商品进行售卖假冒伪劣的酒类产品；

不得虚构原价、划线价及历史售卖价格欺骗用户。

四、玉石行业

（一）不得出现违规内容展示，包括但不限于：

不得在直播过程中出现人民币或其他国家货币等画面；

不得售卖无法出具指定检测机构出具的权威证书的产品；

不得在直播间使用不正常颜色的灯光或滤镜等手段误导用户；

不得使用"免税""缅甸直供"等不符合海关进口规定的宣传卖点；

不得虚构原价、划线价及历史售卖价格欺骗用户；

不得为逃避平台管控售卖野生动植物制品；例如为售卖禁售商品红珊瑚，直播间口播为红珊珊。

（二）不得对产品的功效做出不实宣传，包括但不限于：

增高、排毒、延年益寿、降三高等治疗性宣传；例如戴上这个手镯就能促进排毒；

改善睡眠、增强免疫力、促进消化等保健类宣传；例如：戴上这个金项链就能改善睡眠；

虚假宣传"玻璃种""正阳绿"等不实描述；

未如实告知"有棉""有裂"等瑕疵情况；

对"种水""厚度""大小"等做出不实描述，建议在直播间采用1元道具硬币，直观展示。

（三）不得赠送不合规的赠品，包括但不限于：

不符合中华人民共和国法律法规、平台禁售的商品；

以任何形式赠送通过填充、染色、覆膜、表面扩散等方法处理的以假充真、以次充好的珠宝玉石；售卖以人工（合成、拼合、再造等）冒充的珠宝玉石；

赠送食品药品、母婴、化妆品、农资绿植、图书音像类等商品；

赠送市场价值大于 5 万元的赠品（含使用权）。

（四）不得以任何手段向用户索要额外费用（包括但不限于：好处费、证书费等）。

（五）不得出现违背平台规则的霸王条款，如"代购商品不退不换""超出 24 小时品鉴期概不退换"等；如为定制类商品需告知客户非质量问题不退不换的规则。

（六）宣传售卖建议：

商品需展示在屏幕中央，方便客户查看货物；

每件货品需要通过卡尺测量尺寸厚度；

每件货品需通过手电查看瑕疵并通报客户；

直播桌面需干净整洁，方便用户关注货品。

案例　网络直播和短视频平台食品交易违法违规行为

2020 年 3 月 15 日，最高人民检察院发布 8 件食品药品安全消费者权益保护检察公益诉讼典型案例，其中包括督促整治直播和短视频平台食品交易违法违规行为行政公益诉讼等案例。

据介绍，部分短视频平台用户在"直播带货""视频推荐"时存在违法行为，比如：

销售没有食品标签、生产许可证编号不真实等"三无"食品；

在食品销售详情页面对成分或者配料表、净含量、生产日期、生产者的名称、地址、联系方式和保质期等信息未予明示；

对普通食品宣传具有保健、治疗功能；

通过直播、短视频的形式展示所销售的食品后，在个人主页标明微信号或其他联系方式要求线下交易，以逃避平台对交易的监管。

上述行为造成了食品安全隐患，损害消费者权益和社会公共利益。

最高人民检察院通过媒体发现线索后交办北京市检察机关。在北京市人民检察院指导下，北京铁路运输检察院（以下简称"北京铁检院"）与北京市消费者协会、"12345"热线等取得联系，进一步收集消费者对此类问题的投诉举报情况，审查后认为有必要督促加强网络营销食品新业态监管，2020 年 5 月 26 日决定立案调查。

北京铁检院重点围绕以下问题依法展开调查：

一是迅速圈定重点人群。从违法行为多发的"网红食品""手工自制食品"等领域，以关键字检索的方式锁定部分主播，对其直播带货和短视频宣传行为实时关注、持续跟踪。

二是多种手段固定证据。针对直播、短视频用户名称变化快、违法视频删除快、违法商品下架快和即时直播没有视频留存等难点问题，采取"技术＋人工"手段，综合运用录屏、截图、录音和人工记录等多种方式固定违法行为证据。

三是分门别类确定违法情形。通过调查发现，有两个短视频平台内 30 余个用户存在销售不符合安全标准食品、对食品功能虚假宣传、销售信息展示不全和引导线下交易等违法违规行为。

2020 年 6 月 5 日，北京铁检院依法向两家平台住所地的北京市海淀区市场监督管理局送达检察建议书，建议该局依法履行监督管理职责，及时对直播和短视频营销平台中的违法行为进行查处；加大对平台内直播和短视频电子商务行为的监督管理力度，开展专项整治。

接到检察建议后，海淀区市场监督管理局高度重视，对案件涉及的平台立案调查，发出行政告诫书，要求依法建立日常巡查机制、加强短视频内容审核等，督促平台积极整改；在辖区内开展为期一个月的网络食品安全专项整治活动，重点核查企业 1319 户次，下线问题商户 950 户，规范信息公示问题 741 户。

为建立健全长效机制，北京铁检院持续跟进监督，协同市场监督管理部门引导在京短视频行业领域龙头企业联合签署《网络直播和短视频营销平台自律公约》，从平台自律、保护消费者权益、协同共治等方面压实平台管理责任；推动北京市海淀区市场监督管理局出台《促进网络视频营销主体规范经营的指导意见（试行）》，加强对辖区内直播和短视频营销活动的统一、全面监管，达到"办理一案、规范一片"的目的。

在最高检、国家市场监督管理总局、国家药品监督管理局于 2019 年 9 月至 2020 年 12 月联合开展落实食品药品安全"四个最严"要求专项行动期间，各级检察机关共立案食品药品领域公益诉讼案件 3.5 万余件，办理诉前程序案件 3 万余件，提起诉讼 1600 余件，取得了显著成效。

自 2020 年 7 月，最高检部署开展了为期三年的"公益诉讼守护美好生活"专项监督活动。截至 2020 年 12 月，全国检察机关共立案办理食品药品安全公益诉讼案件 7569 件。

案例 图文不符，推荐产品与实物不一致

某知名主播在电商平台直播间销售某品牌脱毛仪，后消费者在豆瓣、微博等平台集中反映该产品存在版本不一致的问题，实际收到的产品不是主播宣称的含蓝光消毒功能的版本。本案即"图文不符"的典型表现。主播和商家在接到大量反馈后，最终同意消费者进行退换货处理，并给予一定数额的补偿金。

案例 夸大宣传，毫无根据地夸大产品功效

浙江一公司在某直播平台高人气直播间销售其生产的药浴产品，宣称产品可以"祛湿驱寒，疏通经络，护肝养肾"，但产品实际上并不具备上述功效，公司也无法提供有关证明。商家违反了《反不正当竞争法》第八条的规定，存在明显的虚假宣传。

案例 退换货难

根据《消费者保护法》第二十五条规定，直播带货作为新型网络购物方式，应提供七天无理由退换货服务。

长春一位消费者通过某直播平台以 1000 多元的价格购得两件皮衣，收货后发现皮衣

与直播间所展示的完全不一样。当消费者申请退款时，主播不仅没有同意，还将该消费者拉黑。在当地消协联系商家后，商家仍不承认产品系其销售。

《侵害消费者权益行为处罚办法》第九条规定："经营者采用网络、电视、电话、邮购等方式销售商品，应当依照法律规定承担无理由退货义务，不得故意拖延或者无理拒绝。"消费者在直播中购买产品，除了某些特殊商品，如定制类、鲜活易腐类、数字化商品、交付的报纸、期刊等，都享有七天无理由退货的权利，主播不应逃避责任，拒绝退货。

案例 **直播过程中涉嫌虚假宣传**

2020 年 11 月 10 日，成都市市场监管局通报了以下案例：近日，有消费者举报成都某贸易有限公司在饶某组织的快手直播平台清货活动中涉嫌虚假宣传。

经调查，在直播中销售的是牙膏、海盐皂等日化用品。直播中，在主播身后展示了12 台苹果手机、10 台 ipad 平板电脑和一张购买苹果手机的发票。发票上赫然写着"大写为：柒拾玖万陆仟捌佰伍拾元整，小写：7968500 元整"（原文如此，大小写不一致——编者注），声称拍货就有 70 台苹果手机和 20 台 ipad 等礼物送。调查证实当事人直播现场出示的购买手机票据为其公司伪造，且当事人不能提供上述手机、平板电脑的购买地点，也不能提供出相关的赠送证据，只是想通过这种"宣传"达到销售的目的，在这次活动中当事人没有制定有奖销售规则并对外公布。

当事人的上述行为违反了《反不正当竞争法》第十条第一、二项"经营者进行有奖销售不得存在下列情形：（一）所设奖的种类、兑奖条件、奖金金额或者奖品等有奖销售信息不明确，影响兑奖；（二）采用谎称有奖或者故意让内定人员中奖的欺骗方式进行有奖销售"的规定，构成违法有奖销售行为。

根据《反不正当竞争法》第二十二条"经营者违反本法第十条规定进行有奖销售的，由监督检查部门责令停止违法行为，处五万元以上五十万元以下的罚款"的规定，责令当事人停止违法行为，决定对当事人罚款 1.5 万元。

6.3 本章小结

随着新技术的层出不穷，新媒体全面发展和普及，网络短视频和直播风生水起。在利益的驱使下，不少短视频和直播充斥着低俗、色情、暴力等乱象，给社会造成严重不良影响。随着我国多部规范网络短视频和直播的法律法规的出台，有效地加强行业服务体系建设，规范行业走向，将内容质量安全视为短视频和直播行业的生命线，推进了我国短视频与直播行业的健康发展。

6.4 案例分析——直播带货违法被罚 70 万元

当事人委托天津某科技发展有限公司创建网络直播链接，通过网络直播节目邀请医生、电视主持人、热门主播等嘉宾在直播中介绍处方药的功效、使用方法、有效率以及讨论"挑逗男生，制服诱惑"等内容，违反《广告法》第九条、第十五条和第十六条被处以 70 万元的行政处罚。

解读：

广告主委托主播在直播带货中推介商品，不能规避《广告法》的监管。本案中，广告主违反《广告法》的规定，直播广告中含有淫秽、色情、赌博、迷信、恐怖、暴力的内容，对麻醉药品、精神药品、医疗用毒性药品、放射性药品等特殊药品进行广告宣传，药品的直播广告中含有表示功效、安全性的断言或者保证，分别违反了《广告法》第九条、第十五条和第十六条规定，应当受到市场监管部门的行政处罚。直播中存在虚假违法广告行为，广告主应根据《广告法》第五十五条第一款的规定承担停止发布广告、消除影响，甚至吊销营业执照，撤销广告审查批准文件、一年内不受理其广告审查申请的行政责任；广告发布者如果明知或者应知广告虚假仍发布的，应根据《广告法》第五十五条第三款的规定承担没收广告费用、罚款，甚至暂停广告发布业务、吊销营业执照、吊销广告发布登记证件的行政责任。

此外，主播如果以自己的名义或者形象对商品、服务作推荐、证明，即作为广告代言人，根据《广告法》第六十二条的规定，不得为其未使用过的商品或者未接受过的服务作推荐、证明，也不得明知或者应知广告虚假仍在广告中对商品、服务作推荐、证明。否则将被处以没收违法所得，并处违法所得一倍以上二倍以下罚款的行政处罚。